Jürgen Dieckert

Touren-Buch Toskana

2. Auflage 2003

Herausgegeben von Adi Kemmer

▶▶ DIE PRÄCHTIGEN STÄDTE

1 Florenz: Auf den Spuren der Medici — 8
Zeugnisse einer großen Vergangenheit. Plus: Stellplätze.

2 Siena/Val d'Elsa: Glanzstücke der Toskana — 18
Nirgendwo zeigt sich die Toskana typischer. Plus: Stellplätze.

3 Lucca: Schlafende Schönheiten — 28
Das Hügelland zwischen Meer und Florenz. Plus: Stellplätze.

4 Arezzo: Mit Stil und Geschmack — 38
Kunst und Kunstsinniges auf Schritt und Tritt. Plus: Stellplätze.

▶▶ WEGE ZUM WEIN

5 Chianti: Wo der Hahn stolziert — 48
Ein Gebiet für Kenner und Liebhaber. Plus: Stellplätze.

6 Montalcino: Der Himmel auf Erden — 56
Begegnungen in der südlichen Toskana. Plus: Stellplätze.

7 Montepulciano: Der Garten der Toskana — 66
Ein Städtchen auf dem Höhepunkt. Plus: Stellplätze.

▶▶ KUR UND NATUR

8 Thermenland: Zur Quelle der Schönheit — 76
Heilendes Wasser, Salz und Schwefel. Plus: Stellplätze.

9 Maremma: Sonne, Sand und Mehr — 86
Eine Küste zeigt ihre besten Seiten, Plus: Stellplätze.

10 Insel Giglio: Wie ein Fisch im Wasser — 96
Tauchfieber im Archipel. Plus: Stellplätze.

11 Insel Elba: Eine Insel mit viel Bergen — 102
Ein bergisches Stück Toskana im Mittelmeer. Plus: Stellplätze.

▶▶ DAS REIZVOLLE UMLAND

12 Cinque Terre: Immer an der Wand lang 110
Malerische Dörfer an der Felsküste. Plus: Stellplätze.

13 Lago di Trasimeno: Stille Wasser sind tief 116
Rund um den größten See Umbriens. Plus: Stellplätze.

14 Marken: Der Duft des milden Südens 124
Zwischen Adria und Apennin. Plus: Stellplätze.

▶▶ REISE-SERVICE

15 Campingplätze: Stellplatz mit Komfort 134
Ausgewählt: Die elf besten Campinganlagen in der Toskana.

16 Reise-Infos: Ein klarer Spitzenreiter 148
Alles, was Sie über die Region wissen müssen.

17 Fährlinien: Fahrt ins Blaue 156
Die wichtigsten Verbindungen von und nach Italien.

18 Anhang: Ortsregister (1) 158
Ausgewählte Stell- und Campingplätze.

▶▶ HALLWAG-KARTENTEIL

19 Extra: Straßenkarte Toskana 160
40 Seiten Sonderteil im Maßstab 1:700 000, Transitpläne.

Anhang: Ortsregister (2)
Das komplette Ortsverzeichnis von A bis Z.

Impressum, Vorwort 4, 5
Übersichtskarte: Alle Touren auf einen Blick. 6

IMPRESSUM
Zweite Auflage 2003

[**Herausgeber, Chefredakteur**] Adi Kemmer

[**Autor**] Jürgen Dieckert

[**Mitarbeit**] Jürgen Bartosch,
Pietro Zollino, Alexandra Eppinger

[**Text, Recherche**] Redaktionsbüro Berse + Dieckert

[**Fotos**] Redaktionsbüro Berse + Dieckert,
Adi Kemmer, Andreas Weise, factum/Stuttgart,
Jürgen Bartosch, Pietro Zollino, Michael Adler
Titelfoto: Jürgen Bartosch

[**Art Direction, DTP**] Thomas Hiebsch

[**Produktion, Organisation**] Erika Wouda

[**Kartografie**] Hallwag Kümmerly + Frey AG,
Schönbühl-Bern

[**Druck**] Benteli Hallwag AG, Wabern-Bern

© Vereinigte Motor-Verlage GmbH & Co. KG,
Geschäftsbereich Outdoor-Freizeit, 70162 Stuttgart
Leitung des Geschäftsbereichs: Adi Kemmer

Sämtliche Rechte der Speicherung,
Vervielfältigung und Verbreitung sind vorbehalten.
Printed in Switzerland

[**Stand**] März 2003

Vorwort: **Toskana, die Zweite**

ADI KEMMER

Wir haben uns aufgrund eigener Beobachtungen nicht allein auf die Auskunft von Behörden und Touristikern verlassen, sondern alle hier genannten Angaben nochmals mit verschiedenen Teams vor Ort überprüft. Sollten Sie dennoch unterwegs einmal schlechte Erfahrungen machen, lassen Sie uns dies bitte wissen – nur so bleibt unsere Stellplatz-Datenbank weiter aktuell. Die Vielfalt der hier beschriebenen Touren aber wird es Ihnen leicht machen, Alternativen zu finden.

Die goldene Mitte lockt

Toskana: Diese Vokabel hat über Jahrzehnte nichts von ihrem Reiz eingebüßt. Klar, fast jeder war schon mal da, und mancher Kenner meint, er müsse schon deshalb nicht mehr hin, weil inzwischen halt jeder schon mal da war. Zugegeben, ein Geheimtipp ist dieser viel beschriebene Landstrich im Herzen Italiens, die goldene Mitte des Stiefels, ganz sicher nicht, schließlich gilt er seit vielen Jahren als Top-Favorit der deutschen Reisemobilisten. Aber gerade deshalb ist dieses Touren-Buch so gefragt, denn es führt Sie nicht nur dorthin, wo die Toskana am schönsten ist, sondern es nennt überdies die besten Stellplätze und Campingparks.

Das ist das Besondere an der Toskana: Während andere Traumziele, Südfrankreich zum Beispiel, uns Reisemobilisten nach wie vor wenig gastlich begrüßen, hat sich die Region zwischen Bologna und Rom zunehmend auf den Reisemobil-Touristen eingestellt. Allerdings ist die Stellplatzszene im Umbruch. Viele Plätze, die jahrelang als sicheres Quartier für Mobile galten, sind längst überbaut oder auch gesperrt. Andererseits wurden gerade in den touristischen Zentren neue, meist größere Plätze geschaffen.

Das ist auch der Grund, warum dieses Buch gründlich überarbeitet wurde:

Apropos finden: Den jeweiligen Tourverlauf haben wir im Kartenteil gekennzeichnet. Das macht Ihnen unterwegs, aber auch zu Hause – bei der Vorbereitung – die Orientierung leichter. Entsprechende Informationen finden Sie jeweils im redaktionellen Teil.

Wir haben aus der Vielzahl schöner Strecken übrigens nicht nur jene ausgewählt, die zu den Klassikern gehören, sondern auch ein paar echte Geheimtipps und nicht zuletzt auch solche, die sich selbst mit größeren Reisemobilen meistern lassen. Dabei beschränken wir uns ganz bewusst nicht nur auf das Kerngebiet der Toskana, sondern empfehlen Ihnen auch Ausflüge ins Umland, zu den malerischen Cinque Terre in Ligurien zum Beispiel, durch Umbrien zum Lago di Trasimeno und in die Marken bis zur Adria-Küste.

Die letztgenannten Touren stammen übrigens aus dem Touren-Buch Italien, das parallel zu diesem Band erscheint. Schließlich ist die Toskana keine Insel. Was also liegt näher, als auf der Fahrt dorthin auch in anderen Regionen Neues zu entdecken? Sie reisen – wir führen Sie hin! Und wenn Sie noch mehr Stellplatz-Tipps erwarten: Auch der Stellplatz-Atlas Italien wurde neu aufgelegt.

Ziehen Sie los: Ab in die Mitte!

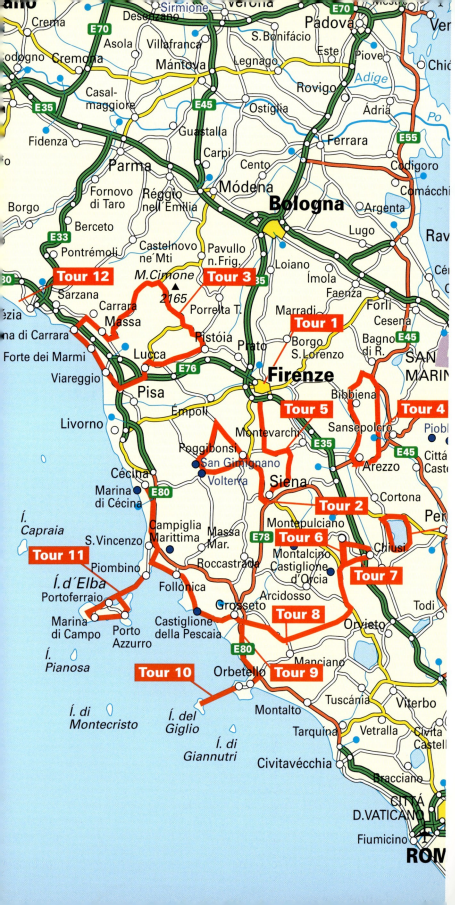

1 Florenz

Auf den Spuren der **Medici**

Ein Spaziergang durch das Renaissance-Juwel Florenz gestaltet sich schnell zu einer spannenden Spurensuche nach den einflussreichen Mitgliedern der Familie Medici.

Die prächtigen Städte: **Florenz**
Zeugnisse einer großen Vergangenheit

Gleißende Sonne scheint auf die Festungsmauern. Der Schutzwall trennt das Land von der Stadt, das Weite vom Nahen, das Fremde vom Vertrauten. Auf der einen Seite fällt der Blick in die mit Pinienbäumen bewachsene, reizvolle und scheinbar unberührte toskanische Landschaft. Vereinzelt akzentuieren lehmfarbene Landhäuser die Natur und fügen sich gleichsam übergangslos in die Gegend ein. Lichtreflexe auf Bäumen und Gebäuden lassen den Anblick wie ein kunstvoll arrangiertes Landschaftsgemälde erscheinen. Auf der anderen Seite liegt Florenz. Die Mauer erstreckt sich am höchsten Punkt des Boboligartens, sie umgrenzt das Stadtzentrum und eröffnet gleichzeitig eine erhabene Aussicht über die Dächer von Europas Kunstmetropole.

Die Wölbung der Domkuppel scheint hier gegenwärtiger als anderswo, zum Greifen nahe ist das aufragende Gebäude des Palazzo Vecchio. Voller Stolz muss im 16. Jahrhundert Cosimo I. de Medici, Herzog von Florenz und Großherzog der Toskana, mit Blick auf die Stadt durch seine Parkanlage geschritten sein, dort, wo heute Einheimische auf einem Fleckchen Grün die Sonne anbeten, Touristen sich vom Stress erholen.

Zu seinen Füßen lag ihm sein Wohnsitz, der Palazzo Pitti. Der Fürstenpalast war damals, obwohl etwas außerhalb des Zentrums gelegen, der politische und künstlerische Mittelpunkt der gesamten Stadt.

Zum Einzug hatte Cosimo I. den Bau am linken Ufer des Arno beträchtlich vergrößern lassen. Um der Familie Schutz vor feindlichen Angriffen zu gewähren, ließ Sohn Ferdinando I. jene Schutzmauer errichten, auf der sich die Spaziergänger von heute ausruhen und die Beine in die Tiefe baumeln lassen können. Cosimo I. stammte aus der jüngeren Linie des Florentiner Geschlechts der Medici, das seit dem 14. Jahrhundert mit Unterbrechungen über 300 Jahre lang die politische und künstlerische Szene von Florenz prägte.

Die kunstsinnige Familie verwandelte die Stadt am Arno in ein Juwel und Sinnbild der Renaissance zugleich. Viele Bauwerke und die Kunstschätze, für die Florenz so berühmt ist, gehen auf diese Familie zurück. Unter Cosimo I. gelangte sie im 16. Jahrhundert noch einmal an die Macht, ehe die Dynastie mangels

Den Tourverlauf finden Sie im Kartenteil auf den Seiten 4 und 5.

Michelangelos David stand bis 1873 vor dem Palazzo Vecchio, heute steht er in der Accademia. ▶

◀ Der Dom Santa Maria del Fiore mit dem Marmorschmuck ist die viertgrößte Kirche der Christenheit, 414 Stufen führen auf den Campanile.

ernst zu nehmender Nachfolger schließlich doch dem Untergang geweiht war.

Im Palazzo Pitti sind die Zeugnisse dieser großen Vergangenheit zu bewundern: Erhabene Architektur geht einher mit zahlreichen Kunstwerken, die im 16. Jahrhundert politisches Prestige verkörperten. Um möglichst viele Schätze anzuhäufen, kaufte Cosimo I. sogar einen Großteil der Kunstgegenstände zurück, die seine Vorfahren gesammelt und bei der Plünderung ihres Sitzes in der Via Cavour verloren hatten.

Nach der Besichtigung des Palazzo Pitti drängen sich die Mengen auf der abgasverhangenen Straße, schieben sich auf den schmalen Gehwegen Richtung Zentrum, auf der Suche nach der Pracht der Medici. Eine Erkundung durch Florenz gelingt am besten zu Fuß.

Fast das gesamte historische Zentrum ist für den Autoverkehr gesperrt, und die meisten Sehenswürdigkeiten liegen nicht allzu weit auseinander. Viele Fußgänger wollen natürlich den Ponte Vecchio, die älteste Brücke der Stadt und ein bezauberndes Schmuckparadies zugleich, passieren. Dann streifen sie vorbei an Souvenirläden, Bars und Eistheken, um schließlich zu den Uffizien und dem Palazzo Vecchio zu gelangen.

Der Herzog hatte es zu seiner Zeit um einiges leichter: Auf einer Sänfte ließ er sich und seine Familie hoch über den Straßen auf die andere Seite des Arnos tragen. Der so genannte Vasarikorridor, der den Palazzo Pitti mit den Uffizien und dem nebenan stehenden Palazzo Vecchio verbindet, ist auch heute noch begehbar und als Anbau von der Straße aus gut zu erkennen.

In regelmäßigen Abständen bieten die kleinen Fenster des fürstlichen Korridors der Sonne Einlass. Von oben ist das Treiben auf den Straßen zu verfolgen, innen säumt eine Sammlung von Künstlerporträts den schmalen Gang.

In den Uffizien angelangt, ergötzen sich heute Kunstinteressierte an den Gemälden und erhaschen den schöns-

Land & Leute

Von April bis September ist Florenz stark vom Tourismus geprägt. Im Hochsommer machen die Kessellage und das hohe Verkehrsaufkommen die Kunstmetropole stickig und eng. Wer Florenz genießen will, kommt am besten im Frühling, Herbst oder Winter.

Sehen & Erleben

Den Florentiner Alltag erleben Urlauber auf den Märkten. Außer frischem Obst und Gemüse, Wurst, Fleisch und Käse werden dort Lederwaren, Schuhe und Kleidung angeboten. Der größte Markt findet dienstags in Le Cascine statt.

Essen & Trinken

Zu kulinarischen Genüssen bietet Florenz genügend Gelegenheiten. Typisch toskanische Küche und preiswerte Gerichte finden sich in den gemütlichen Restaurants des Viertels Santo Spirito. In der Nähe des Bargello in der Via Ghibellina essen auch Einheimische gerne im „Il gatto et la volpe". Neben der Hausmannskost sind dort besonders Pizza und Pasta empfehlenswert.

Die prächtigen Städte: **Florenz**
Zeugnisse einer großen Vergangenheit

ten Blick auf den Arno, wenn die Sonne untergeht: Auf der Südgalerie öffnet sich die Sicht auf den Ponte Vecchio, darunter funkelt das stehende Wasser. Die Fassaden der Häuser, die sich entlang der Promenade aneinander schmiegen, reflektieren noch die letzten rotgelben Lichtstrahlen. Die Zinnen des sich unmittelbar anschließenden Palazzo Vecchio erscheinen von hier aus befremdlich nahe.

Die Zentren seiner Macht hat Cosimo I. bewusst im Stadtgebiet verteilt, und damit ist sein Einfluss auf die Struktur von Florenz noch heute bestens präsent. Der machtgierige Herrscher – sein größter Erfolg war die Eroberung des ewigen Rivalen Siena – schneiderte die Stadt, die heutigen Besuchern einen so großen künstlerischen Reichtum beschert, für seine Zwecke zurecht: Er vereinte alle städtischen Ämter

Deckenfresko, das die Geschichte von Florenz und der Medici nacherzählt.

Der Blick nach unten fällt in die Tiefe, vorbei an Nischen, in denen die Medici als Statuen verewigt stehen. Auf Schritt und Tritt ist die große Macht und Pracht der Familie in diesem Gebäude gegenwärtig. Stufe um Stufe fügen sich die Bausteine des politischen und künstlerischen Programms zu einem Herrschaftskonzept zusammen.

Die berühmte Bronzegruppe „Judith und Holofernes" von Donatello beherrscht erhaben den großen Raum im zweiten Stock. Sie wurde vom Palazzo Medici-Riccardi, der sich ganz unscheinbar in die Häuserzeile der Via Cavour eingliedert, hierher gebracht und ist eine symbolische Warnung an alle, die die Freiheit der Bürger von Florenz bedrohen. Sie stammt aus jener Zeit, als die ältere Linie der Medici an der Macht

Ein Bild von einer Stadt: Blick auf das Zentrum von Florenz über die Dächer von Europas Kunstmetropole Nummer 1. ▶

und ließ sich von dem Architekten Vasari die Kunstsäle der Uffizien erbauen.

Die weltberühmte Sammlung ging aus der Privatgalerie der Medici-Fürsten hervor. Die letzte Erbin, Kurfürstin Anna Maria Ludovica von der Pfalz, hatte sie im 18. Jahrhundert der Stadt Florenz hinterlassen. Der daneben stehende Palazzo erscheint wie eine Festung.

Im Saal der Fünfhundert, den die Stadtfürsten für Empfänge und Zeremonien nutzten, ragen die Wände ins scheinbar Unendliche auf. Auf der Balustrade erblicken die Besucher ein

war: Cosimo der Ältere und sein Enkel und Nachfolger Lorenzo der Prächtige.

Mit geschickten Bankgeschäften vervielfachten die mächtigen Männer seinerzeit ihren Einfluss und ihren Reichtum. Sie errichteten Bankfilialen und Handelsniederlassungen in nah und fern, förderten großzügig die Künste und sicherten sich die Vorherrschaft in ihrer toskanischen Heimatstadt.

Während die frühen Medici die Kunst und die Künstler eher um ihrer selbst willen unterstützten, hatte Cosimo I. vornehmlich die Absicht, Macht und Bedeutung der Familie durch die Kunst zu repräsentieren.

An jeder Straßenecke sind die Medici bis heute verewigt. Häuserfassaden, Innenwände und Decken sind mit dem Familienwappen geschmückt. Ihre Waffen über der Schulter, umschritten zu Cosimos Zeiten die Palastwächter die Innenmauer des Familiensitzes. Durch die kleinen Spalten zwischen den Zinnen hatten sie einen weiten Ausblick über die Dächer der Stadt und eine gute Beobachtungsmöglichkeit für das Treiben unten auf dem Platz.

Ein ungebetener Gast kam schnell ins Blickfeld. Auf der Piazza della Signoria versammelte sich das Volk damals zu politischen Anlässen. Heute tummeln sich dort Touristen in großer Zahl, bestaunen die Statuen auf dem Platz und scharen sich in Trauben zusammen, um den Straßenkünstlern zuzusehen.

Von der Terrasse aus ist die Monumentalskulptur kaum zu übersehen: Das Reiterstandbild Cosimos I., von Giambologna ausgeführt, verherrlicht den Mann, der die Herrschaft der Medici auf

▲
Der wuchtige Palazzo Vecchio im Zentrum der Altstadt steht im Schnittpunkt der wichtigsten Touristenpfade.

die gesamte Toskana ausdehnte. Vorplatz und Palazzo Vecchio markieren den Drehpunkt der Medici. Selbst auf der Piazza della Signoria stehen Symbole der Macht, die auf die ältere Linie der Familie verweisen: Die Statue des David hatte die Familie als Symbol für ihren Freiheitssinn bei Michelangelo in Auftrag gegeben. Heute steht das Kunstwerk als Kopie auf dem Platz. Das Original des David können sich Florenzbesucher in der Galeria dell'Accademia vor Augen führen.

So schön die von den Medici überlieferten Kunstschätze auch sind, die Geschichte der einflussreichen Familie ist nicht ohne Dramatik verlaufen. Als die Messglocke am 26. April 1478 ertönte und der Priester im Dom die Hostie erhob, fielen Attentäter über Lorenzo den Prächtigen und seinen Bruder Giuliano her. Dieser wurde mit 26 Messerstichen getötet, Lorenzo konnte mit knapper Not dem Attentat entfliehen.

Der Angriff war der Höhepunkt der Auseinandersetzungen mit der verfeindeten Familie Pazzi. In Florenz kam es zu schweren Kämpfen zwischen den Clans, bei denen alle Mitglieder der Pazzi den Tod fanden. Die Kunst, die als Zeugnis der erfolgreichen Medici-Herrschaft übrig blieb, lässt Neid und Missgunst von damals schnell verblassen.

Gestern & heute

Ein Gang über den Ponte Vecchio, die Brücke der Schmuckhändler, darf bei einem Florenzbesuch nicht fehlen. Im 14. Jahrhundert allerdings war die heute so feine Brücke der Markt für nichtansässige Metzger, Gerber und Kürschner, die vorne schlachteten und hinten ihre Abfälle in den Arno warfen.

Wandern & Radeln

Dem hektischen Treiben auf den Straßen zu entrinnen, ist in Florenz kein Problem. Mit einem Picknickkorb ausgerüstet geht es hinauf zur Forte Belvedere. Bei der 1590 erbauten Festung gibt es genügend Grünflächen zum Entspannen.

promobil-Tipp

Nur etwa 15 Fahrminuten von Florenz entfernt liegt Fiésole. Das heute beschauliche Städtchen war einst sogar noch mächtiger als Florenz. Besucher können den Medici-Bau Badia di Fiésole besichtigen, den romanischen Dom und einen archäologischen Bezirk mit römischem Theater, Thermen und Tempel.

Die prächtigen Städte: **Florenz**
Zeugnisse einer großen Vergangenheit

INFOTHEK: DIE TOUR IM DETAIL

▶ Route

Die Anreise über München führt auf der A 8 nach Rosenheim und von dort aus auf der A 12 nach Innsbruck. Ab dem Brennergrenzübergang gelangen die Mobilisten auf der A 22 über Bozen, Trient und Verona nach Bologna. Von dort führt die A 1 direkt in die Hauptstadt der Toskana.

▶ Reisezeit

Dank der zahlreichen Kulturdenkmäler, Bauten, Museen ist die Stadt ein Ziel für das ganze Jahr. Im Hochsommer ist der Stadtspaziergang allerdings kein reines Vergnügen mehr.

▶ Camping

Mehrere Campinganlagen befinden sich in nicht allzu weiter Entfernung zum Zentrum von Florenz:
Fiésole: Camping Panoramico. Terrassiertes Gelände mit Bäumen und Büschen, etwa 1 km nördlich von Fiésole, Ortsdurchfahrt schmal und Platzzufahrt sehr steil. 7 Kilometer ins Zentrum von Florenz. Ganzjährig geöffnet. Tel. 00 39/0 55/59 90 69, Fax 00 39/0 55/5 91 86, www.florencecamping.com.
Bottai-Impruneta: Camping Internazionale Firenze. Terrassiertes Wiesengelände, teils Schatten durch Bäume. 5 Kilometer zum Zentrum von Florenz. Geöffnet von Anfang April bis Mitte Oktober. Telefon 00 39/0 55/2 37 47 04, Fax 00 39/0 55/2 37 34 12, www.florencecamping.com.
Troghi bei Florenz: Camping Il Poggetto. Gestuftes Wiesengelände mit Laub- und Nadelbäumen unterhalb eines Berges und in Hörweite der Autobahn. Freibad, gute Sanitärausstattung. 90 Touristenplätze. Von Anfang März bis Ende Oktober geöffnet. Telefon/Fax 00 39/05 58/30 73 23, www.campingtoscana.it/ilpoggetto/ (siehe auch Seite 142).

▶ Sehenswertes

Duomo Santa Maria del Fiore: Der Dom ist das Wahrzeichen von Florenz, zusammen mit dem achteckigen Baptisterium und dem Campanile ist er eines der großen Kunstwerke der Welt. Piazza del Duomo, täglich geöffnet, der Aufstieg zur Kuppel ist aber sonntags geschlossen.
Galleria dell'Accademia: Das äußerst sehenswerte Kunstmuseum enthält unter anderem die Marmorstatue des David von Michelangelo. Via Ricasoli 60, montags geschlossen.
Palazzo del Bargello: Wuchtiger Palast, im 13. Jahrhundert als Zeichen des Sieges über den Adel von den Bürgern errichtet, beherbergt heute das Nationalmuseum mit wichtigen Skulpturen der Renaissance. Via del Proconsolo 4, montags geschlossen.
Palazzo Medici-Riccardi: Prototyp des florentinischen Stadtpalastes, erbaut im 15. Jahrhundert von Cosimo de' Medici. Im ersten Stock prachtvolle Palastkapelle mit Entwürfen Michelozzos und dem Freskenzyklus Benozzo Gozzolis. Via Cavour 1, mittwochs geschlossen.
Palazzo Pitti: Herrschaftlicher Palast und ehemals königliche Residenz, daran anschließend der Giardino di Boboli, der einzige grüne Flecken in der Stadt mit schönem Ausblick über Florenz. Neben den Königsgemächern im Palast lohnt sich vor allem der Besuch der Galleria Pallatina. Piazza Pitti, Mo. geschlossen.
Galleria degli Uffizi: Medicibau, enthält die bedeutendste Gemäldesammlung der Welt. Piazza della Signoria, Mo. geschlossen.
Palazzo Vecchio: Seit dem 14. Jahrhundert das Rathaus der Stadt. Piazza della Signoria, täglich geöffnet.
San Lorenzo: Pfarrkirche der Medici, beherbergt die wertvolle Laurenziana-Bibliothek. Piazza San Lorenzo, täglich geöffnet.

▲
Farbenfrohe Feste wie das Calcio in costume alljährlich Ende Juni sorgen für Spannung.

Capelle Medice: Enthält die von Michelangelo bearbeitete Fürstengruft. Piazza Madonna degli Aldobrandini, Mo. geschlossen.
San Miniato al Monte: Basilika mit Marmorschmuck und herrlicher Aussicht. Monte alle Croci.
Santa Croce: Pfeilerbasilika mit Gräbern wichtiger Persönlichkeiten und Fresken des Künstlers Giotto. Piazza Santa Croce.
Santo Spirito: Renaissancekirche mit wunderbaren Glasfenstern. Piazza Santo Spirito. Etruskischer Grabhügel Montecalvarino mit vier Eingängen in den vier Himmelsrichtungen.

▶ Aktivitäten

Spaziergang: Nach einem gut 15-minütigen Fußmarsch vom Zentrum aus gelangen Liebhaber schöner Aussichten zum Piazzale Michelangelo, einem der wundervollsten Aussichtspunkte über die Stadt. Zentral auf dem Plateau steht ein Bronzeabguss des David von Michelangelo.
Villenrundfahrt: Rund um Florenz besaßen die Medici Villen, die sich harmonisch in die schöne Hügellandschaft der Toskana einfügen. Das besterhaltene Haus befindet sich in Poggio a Caiano. Richtung Sesto lohnt die Villa la Petraia einen Besuch, westlich davon die Villa Medicea di Castello, nördlich des Zentrums das Landhaus in Carregi.

▶ Essen & Trinken

Die kleinen Restaurants im Stadtteil Santo Spirito servieren Hausmannskost nach alten Rezepten. Ein klassisches toskanisches Gericht ist Bistecca alla fiorentina, ein gegrilltes T-Bone-Steak. Zu den herzhaften Speisen wie Eintöpfen, Suppen, in Olivenöl gebratenem Fleisch essen die Florentiner ungesalzenes Weißbrot.

▶ Bücher & Karten

Bewährt und passend für die Hosentasche: Ursula Romig-Kirsch, „Marco Polo Florenz", Mairs Geographischer Verlag, 2002, 7,95 Euro. Ausführlicher: Christoph Hennig, „Florenz", DuMont Verlag, 2002, 12 Euro. Kurz und knapp zu der berühmtesten Familie von Florenz: James Cleugh, „Die Medici – Macht und Glanz einer europäischen Familie", Piper, 2002, 13,90 Euro.

Weitere Informationen
Azienda di Promozione Turistica, Via Manzoni 16, I-50121 Firenze, Telefon 00 39/0 55/2 33 20, Fax 00 39/0 55/2 34 62 86, E-Mail apt@firenze.turismo.toscana.it, www.firenze.turismo.toscana.it

Stellplatz-Tipps: **Florenz**
Wo Reisemobilisten willkommen sind

Florenz bestätigt seinen guten Ruf nicht nur als Kunstmetropole Europas. Die viel besuchte Stadt zeigt auch ein Herz für Reisemobilisten: Sie finden mitten im Zentrum der Stadt einen offiziellen Stellplatz an der Fortezza da Basso. Da der Großparkplatz von Hauptstraßen umgeben und nur einen kurzen Spaziergang vom verkehrsberuhigten Zentrum entfernt ist, geht es hier tagsüber nicht gerade leise zu. Eine Schwäche leistet sich das Gelände: Gelegentlich ist es wegen Messen oder Ausstellungen gesperrt.

Reisemobilisten sollten dann auf die beiden anderen Stellplätze ausweichen: Im Stadtteil Careggi können sie auf dem Parkplatz Area Sociale Flog stehen, und im benachbarten Sesto Fiorentino können sie auf einem öffentlichen Großparkplatz in der Viale Aristo frei stehen.

Florenz

Anfahrt: A 1 Bologna–Florenz bis zur Abfahrt Firenze Nord. Weiter in Richtung Zentrum fahren und dann stets der Beschilderung „Fortezza da Basso" (mit dem Bussymbol) folgen.
Stellplätze: Gebührenpflichtiger Stellplatz für 30 Mobile auf dem Parkplatz an der Fortezza da Basso im Zentrum von Florenz. Gebühr: 1 Euro pro Mobil und Stunde. Untergrund geteert und weitgehend eben. Wegen angrenzender Hauptstraßen etwas laut. Ganzjährig nutzbar außer zu Messe-/Ausstellungszeiten. Alternative: Gebührenpflichtiger Stellplatz für 10 Mobile auf dem hinteren Bereich des Parkplatzes Area Sociale Flog im Stadtteil Careggi. Gebühr: ca. 10 Euro pro Mobil. Untergrund geteert, leicht schräg, Zufahrt etwas eng. Tagsüber mit Schranke versperrt, nutzbar von 19 bis 8 Uhr.
Ent-/Versorgung: Bodengully, Frischwasseranschluss, Gebühr: 5,20 Euro.
Informationen: Agenzia per il Turismo di Firenze, Via Manzoni 16, I-50121 Firenze, Telefon 00 39/0 55/2 33 20, Fax 00 39/0 55/2 34 62 86.

Sesto Fiorentino

Anfahrt: A 1 Bologna–Florenz bis zur Abfahrt Prato Calenzano, auf der Landstraße nach Sesto Fiorentino. Der Stellplatz befindet sich unweit des Bahnhofs in der Viale Ariosto, Nummer 490–492.
Stellplätze: Gebührenfreier Stellplatz für 10 Mobile auf dem Parkplatz in der Viale Ariosto, Nummer 490–492. Leicht unebener, asphaltierter Untergrund. Sehr ruhige Lage. Mülleimer vorhanden. Ganzjährig nutzbar. Gute Bahnanbindung nach Florenz.
Ent-/Versorgung: Bodengully, Frischwasser am Platz vorhanden.
Informationen: Comune di Sesto Fiorentino, Piazza V. Veneto 1, I-50019 Sesto Fiorentino, Telefon 00 39/0 55/4 49 08 60.

Mitten im Zentrum liegt der Großparkplatz für Reisemobile. Von hier sind die architektonischen Juwelen der Stadt schnell erreicht. ▶

ÜBER ALLE BERGE

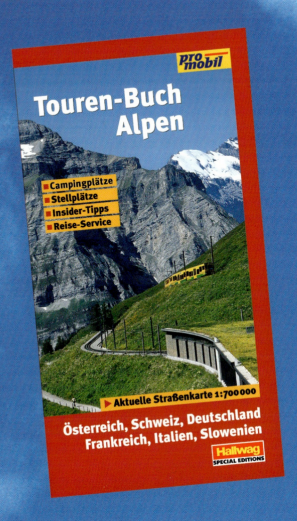

Die schönsten Höhepunkte der Alpen

Entdecken Sie die faszinierende Bergwelt: Dieser Band vereint erstmals 17 Mobil-Touren in die touristischen Gipfelregionen von Österreich, Schweiz, Deutschland, Frankreich, Italien, Slowenien.
1. Auflage, 13 x 24 cm, 260 Seiten

Am besten heute noch bestellen:
promobil-Bestellservice, D-70138 Stuttgart,
Fax 07 11/1 82-17 56, Telefon 07 11/1 82-23 23,
Internet www.scw-webshop24.de
oder direkt im Buchhandel.

2 | Siena/Val d'Elsa

Glanz-Stücke
der Toskana

Mittelalterliche Städte und jahrhundertealte Weinberge, dunkelgrüne Zypressen und einsame Landsitze – nirgendwo zeigt sich die Toskana typischer als in der lieblichen Landschaft um Siena.

2 Die prächtigen Städte: **Siena/Val d'Elsa**
Nirgendwo zeigt sich die Toskana typischer

Terzo heißen die Stadtviertel von Siena, und sie im Deutschen als „Viertel" zu bezeichnen ist natürlich grundfalsch. Korrekt müssten sie vielmehr Drittel heißen, denn Siena, die Stadt in Italien mit dem besterhaltenen mittelalterlichen Zentrum, besteht aus drei auf Hügeln erbauten Stadtteilen. Drei Hauptstraßen verlaufen auf diesen Höhenzügen und treffen sich in der Kreuzung Croce del Travaglio. Unterhalb davon liegen das Rathaus und die Piazza del Campo, für viele Bewunderer der charmanten Stadt ist es der schönste Platz der Toskana. Auf der Piazza findet auch der Palio statt, das berühmte Stadtfest von Siena.

Zu jeder Jahreszeit ein willkommenes Pausenplätzchen sind die Straßencafés und Restaurants am Rand der sich fächerförmig ausbreitenden Pflasterfläche. Da sitzen die Genießer, palavern und schlürfen ihren Cappuccino, bevor sie sich aufmachen in die Gassen, die steilen Sträßchen, die Stiegen und die überwölbten Treppen der Altstadt. Die Stirnseite des Campo schmückt der Palazzo Pubblico, das Rathaus, mit seinem 102 Meter hohen Turm, der Torre del Mangia. Wer die rund 200 Stufen hinauf in den Zuckerbäckeraufbau bewältigt, schnappt nicht nur der körperlichen Anstrengung wegen nach Luft.

Der Ausblick von oben ist atemberaubend. Erster Blickfang ist die grün-weiße Marmorfassade des Doms, der vom höchsten Punkt der Stadt, gut 30 Meter über dem Campo, herüberschimmert.

Etwas weiter hinten, im Nordwesten von Siena, erheben sich die großartigen Kirchen der Dominikaner und Franziskaner, und rundum breitet sich ein schier unübersehbares Gewimmel von Gassen und Dächern aus. Darüber hinweg schweift der Blick südwärts in die karge Landschaft der Crete mit ihren von Wind und Wetter ausgewaschenen Lehmhügeln. Gen Norden schließlich dehnen sich die Weinberge des Chianti aus, während im Südwesten eine grüne Hügellandschaft sanft in die Waldberge des Montagnola-Gebirges übergeht.

Den Tourverlauf finden Sie im Kartenteil auf Seite 10.

In eben diesem Gebiet führt eine Tour, die von Siena aus eine der typischsten Ecken der Toskana erschließt. Sie durchquert eine liebliche Landschaft, in der das Auge gemächlich die Hügel auf- und abwandert, hier eine Zypresse und dort eine Burg entdeckt.

Alte Landsitze und Bauernhöfe – die meisten dienen heute als Ferienhäuser –

Bei den historischen Festen lebt die große Vergangenheit von Siena wieder neu auf. ▶

◀ Ein Festessen unter freiem Himmel bildet den krönenden Abschluss des weltberühmten Palio von Siena.

liegen inmitten der duftenden Macchia. Das Städtchen Rosìa am südlichen Rand des Mittelgebirges wird beherrscht von einer mittelalterlichen Burg.

Wanderfreunde legen hier einen längeren Halt ein, um die Montagnola zu Fuß zu erkunden. Zahlreiche Wege führen durch die weiten, schattigen Steineichenwälder, nach Sovicille und Tegóia, Ancaiano und Pievescola. Sie verlaufen zum Teil auf mittelalterlichen, gepflasterten Lieferwegen zu alten Burgen oder einsamen Höfen. Weiter im Norden erhebt sich der 671 Meter hohe Monte Maggio, der höchste Berg des Gebirges. Eine weite Aussicht auf die Waldlandschaft und das angrenzende Tal des Flusses Elsa haben die Wanderer von der Ruine Montauto.

Als Kontrast zu dem Naturerlebnis bietet sich die Weiterfahrt zu einigen der schönsten Städtchen der Toskana an. Da ist zum Beispiel Colle di Val d'Elsa. Auch diese Stadt ist dreiteilig, sie besteht aus dem alten Dorf Il burgo, hoch oben auf einem Hügel, der sich anschließenden Burg, Il castello, und der sich in der Ebene ausbreitenden Neustadt, Il piano. In dem mittelalterlichen Dorf gibt es gerade Straßen und zahlreiche Stadtpaläste wie den Palazzo Usimbardi, den Palazzo Buoninsegni und den nicht vollendeten Palazzo Campana. Durch letzteren führt der Durchgang zur Burg.

Hier zeigt sich die Stadt ausgesprochen romantisch mit gepflasterten Gassen, steilen Wegen und hohen Geschlechtertürmen. Fast tunnelartig überdacht ist die Via della Volte. Vom Wall der Burg aus bietet sich ein herrlicher Ausblick auf die Neustadt.

Bekannt ist Colle di Val d'Elsa für seine hochwertige Glas- und Kristallproduktion. Wer schöne Gläser, Karaffen oder Schalen erwerben möchte, kann in der Colle Cristalleria im Ortsteil San Marziale fündig werden.

Überraschend schroff wird das Landschaftsbild auf der Weiterfahrt über Castèl San Gimignano. Im Nord-

Land & Leute

Siena ist die besterhaltene Mittelalterstadt Italiens. Sie liegt inmitten einer toskanischen Bilderbuchlandschaft zwischen den Weinbergen des Chianti, den Schluchten der Crete und den Wäldern der Montagnola am Rand des Val d'Elsa. Im Westen locken romantische Städte wie Volterra und San Gimignano.

Sehen & Erleben

Wer sich für die Alabasterverarbeitung interessiert, kann in Volterra nicht nur den Handwerkern in ihren Werkstätten über die Schulter schauen, sondern auch selber einen Wochenkurs belegen. Die Societa Cooperativa Artieri Alabastro lädt Interessierte zum Schleifen und Klopfen des Gipsgesteins ein.

Essen & Trinken

Der Besuch auf einem Weingut gehört zum Toskanaurlaub einfach dazu. Hier zwei Adressen von Winzern: Panizzi bei Santa Margherita zwischen San Gimignano und Racciano, Tel. 00 39/05 77/94 15 76. Montenidoli südöstlich von San Gimignano, Telefon 00 39/05 77/94 15 65.

2 Die prächtigen Städte: **Siena/Val d'Elsa**
Nirgendwo zeigt sich die Toskana typischer

westen von Volterra erheben sich die steilen Erosionshügel der Balze mit ihren tief eingeschnittenen Graten und Brüchen.

Hier haben Wind und Regen die weiche, brüchige Erde dramatisch tief ausgewaschen. Noch verschont die Erosion den Untergrund von Volterra, der alten Stadt mit hohen und würdigen Palästen und dem berühmten mittelalterlichen Stadtbild. Beim Gang durch die Straßen ist von allen Seiten ein Klopfen und Schleifen zu hören.

Volterra gilt als die Hauptstadt des Alabasters und beherbergt fast 250 Alabasterwerkstätten. Das schneeweiße bis elfenbeinfarbene Gestein wird in den nahen Bergen bei Santa Luce und Castellina Marittima abgebaut. Es ist ein manchmal fast durchscheinendes Gipsmaterial, das sich wegen seiner Weichheit gut bearbeiten lässt. Die entstandenen Produkte sind allerdings empfindlich gegenüber Hitze und Feuchtigkeit und können bei unsachgemäßer Lagerung schnell Sprünge erleiden.

Touristen können einige Werkstätten besichtigen und sich natürlich an jeder Ecke mit Alabastersouvenirs eindecken. Beliebt sind die verkleinerten Reproduktionen Michelangelos, es gibt viel Kitsch, aber auch wohlgeformte Vasen, Schmuck, Geschirr, Lampenschirme und Schachfiguren.

Das Volterra von heute gründet sich auf eine ehemalige Etruskersiedlung. Das einstige etruskische Stadttor, der Arco etrusco, ist in die noch stehenden römischen Stadtmauern mit eingebaut. Die Römer hinterließen dazu in Volterra ein großes Amphitheater. Die oberen Ränge dieses Bauwerks sind heute ein idealer Platz für ein Picknick mit einem wunderbaren Fernblick über die weit ausgedehnte und gut erhaltene Theateranlage, die Stadt und das umliegende Land. Ganz anders zeigt sich ein zweites, nicht minder berühmtes mittelalterliches Städtchen: San Gimignano.

Der bis in die letzte Gasse perfekt restaurierte und sehr gepflegte Ort wirkt gefälliger, lieblicher als das etwas düstere Volterra und fasziniert mit seinem dreifachen Mauergürtel und den typischen Geschlechtertürmen. 15 der einst 72 Hochbauten sind noch erhalten.

Die fast fensterlosen Türme dienten den Adligen früher als sichere Wohnsitze. Die feinen Herrschaften zogen sich dorthin in kriegerischen Zeiten oder bei Familienfehden zurück.

Gemütlichkeit strahlten diese Notwohnungen allerdings nicht aus, sie waren dunkel und muffig, wackelige Leitern schufen die Verbindung von Ebene zu Ebene. Für den Kontakt mit Freunden legten die Bewohner hölzerne Brücken von Turm zu Turm und überquerten damit gefahrlos die Gassen, in denen sie Meuchelmörder vermuteten.

Heutige Besucher genießen das Schlendern durch die Straßen der Alt-

Der Blick auf den Dom und die Backsteinhäuser in der Altstadt von Siena ist atemberaubend. ▶

stadt umso mehr. Sie entdecken einen lebendigen Wochenmarkt auf der Piazza delle Erbe mit Angeboten von ausgereiften Kirschen, Aprikosen und Pflaumen oder erstehen die beliebten Porcini, die aromatischen Steinpilze der Region.

Auch die Geschäfte in der Via San Giovanni bieten Köstlichkeiten für den Gaumen wie Wildschweinspezialitäten und Mandelgebäck. Der berühmte Wein von San Gimignano, der weiße Vernaccia, ist in der Weinhandlung Fattoria Tollena in der Via San Giovanni zu haben.

San Gimignano ist vor allem im Sommer tagsüber von Touristen überlaufen. Abends leeren sich die Gassen, und die fahrenden Urlauber, die ihr Mobil auf dem Übernachtungsgelände außerhalb des Ortes und unterhalb der Stadtmauer abgestellt haben, können das Flair der historischen Stadt in aller Ruhe auf sich wirken lassen.

Eine Reise zurück in der Zeit ist auch die Fahrt in das Örtchen Monteriggioni auf dem Rückweg nach Siena. Die Anlage der Burgstadt hat sich seit dem 13. Jahrhundert nicht verändert.

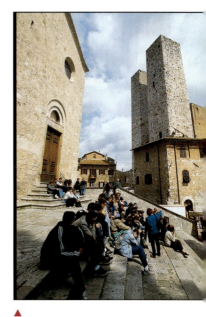

▲
Den vielen mächtigen Wohntürmen verdankt San Gimignano den ehrenvollen Ruf als Manhattan des Mittelalters.

Hoch oben auf einer Hügelkuppe liegt das Dorf, inmitten von Weinstöcken und Olivenbäumen.

Umgeben ist es von einem 570 Meter langen, elfkantigen Mauerring mit Tor- und Wachttürmen. Im Inneren der Befestigungsanlage entdecken Spaziergänger zwei gemütliche Piazze, eine kleine Kirche und eine erstaunlich große Anzahl von Obst- und Gemüsegärten zwischen den alten Häusern.

Die Rundreise endet da, wo sie begonnen hat: in Siena. Weinfreunde sollten hier nicht den Besuch in der Enoteca Italica Permanente versäumen. Italiens größte Weinhandlung befindet sich stilgerecht in einem alten Medici-Fort. Die Weinverkostung findet in einem Gewölbesaal statt, im Sommer können die Besucher die guten Tropfen auch auf einer Aussichtsterrasse zu sich nehmen.

In die Gläser fließt natürlich vor allem der typische toskanische Chianti in unzähligen klassischen und modernen Variationen. Daneben schenkt die Enoteca den tiefroten Brunello di Montalcino aus, den bernsteinfarbenen Ansonico von der nahen Silberküste, den süßen Dessertwein Aleatico di Portoferráio von der Insel Elba und den spritzigen Vernaccia aus San Gimignano – ein Genuss. Genau passend zur Toskana.

Gestern & heute

Am letzten Sonntag im September werden in Volterra die Fahnen geschwungen. Zum Gioco delle Bandiere, dem Spiel mit den Fahnen, treten Vertreter der zwölf Stadtteile auf. Das Fest erinnert an das Jahr 1406. Damals gehörte Volterra zu Florenz, und die Bevölkerung feierte den Sieg über Pisa.

Wandern & Radeln

Die Wälder der Montagnola nördlich von Rosìa sind ein ideales Revier für Wanderer. Die Karte La terra di Siena hält das Tourist-Büro in Siena bereit. Einen herrlichen Ausblick auf das Elsatal haben die Wanderer von der Burg Montauto.

promobil-Tipp

Papa Nannini ist ein reicher Backwarenfabrikant, der Sohn Alessandro ein berühmter Rennfahrer und die Tochter Gianna eine erfolgreiche Rocksängerin. Auch in ihrer Heimatstadt haben die drei Sieneser Erfolg mit ihrem Kaffee, dem Gebäck im Café Conca d'Oro und dem Eis in der Gelateria Nannini.

Die prächtigen Städte: Siena/Val d'Elsa

Nirgendwo zeigt sich die Toskana typischer

▶ Route

Die Rundfahrt beginnt im toskanischen Siena und führt zunächst in südwestlicher Richtung nach Rosia. Durch das Tal der Elsa geht es dann nach Norden bis zum Ort Colle di Val d'Elsa. Über das westlich gelegene Castel San Gimignano erreichen die Urlauber die Stadt Volterra. Von dort führen Landstraßen nach Vicarello, San Gimignano und Poggibonsi. Der Rückweg nach Siena erfolgt dann über den Ort Monteriggioni.

▶ Reisezeit

Für Besichtigungen der zauberhaften Mittelalter-Städte eignen sich vor allem Vor- und Nachsaison. Im Sommer kann es durch zahlreiche Besucher aus Übersee sehr voll werden, außerdem machen dann die oft hohen Temperaturen die Stadtspaziergänge zu einer Tortur. Wer es einrichten kann, sollte auch Ostern und Pfingsten meiden. Städte wie Siena oder San Gimignano sind dann sehr stark besucht.

▶ Camping

Siena: Camping Colleverde. In einem Wohngebiet mit Blick auf die Altstadt. 400 Touristenplätze, geöffnet Ende März bis Anfang November, Telefon 00 39/05 77/28 00 44, Fax 00 39/05 77/33 32 98.

Sovicille: Camping La Montagnola, 14 km südwestlich von Siena, in einem Wald, von April bis September geöffnet, Telefon/Fax 00 39/05 77/31 44 73, im Winter: Telefon/Fax 00 39/05 77/34 92 86, www.camping.it/toscana/lamontagnola.

Casale Marittiomo: siehe Seite 145.

▶ Sehenswertes

Siena: Mittelalterlich anmutende Kultur- und Touristenhochburg. Sehenswert: Rathaus Palazzo Pubblico mit 102 Meter hohem Rathausturm, Museo Civico mit Balkendecken, Kreuzgewölben, reich geschmückten Sälen und der freskenverzierten Capella del Consiglio, Dom Santa Maria Assunta mit grün-weißer Marmorfassade und Marmorkanzel, Battistero San Giovanni, Piazza del Campo, National-Pinakothek.

Colle di Val d'Elsa: Dreiteilige Stadt aus Burg, Dorf und Neustadt. Patrizierpaläste wie das Rathaus, der Palazzo Usimbardi, der Palazzo Buoninsegni und der Palazzo Campana. Um die Burg gepflasterte Gassen und Treppchen, enge Straßen. Dom und archäologisches Museum. Die Stadt ist berühmt für Glasbläsereien und Kristallschleifereien.

Volterra: Ehemalige Etruskersiedlung mit etruskischem Museum, römisches Amphitheater, mittelalterliche Paläste und Kirchen, schöne Plätze und enge Gassen, Zentrum der Alabasterverarbeitung. Taufkirche Battistero mit weiß-grüner Marmorfassade, der Dom mit Kassettendecke und Terrakottakrippen.

San Gimignano: Im Sommer gut besuchte mittelalterliche Stadt mit Plätzen und verwinkelten Gassen. Piazza della Cisterna mit hübschem Brunnen, Piazza del Duomo mit Palästen und Kirchen, Dom mit reicher Innendekoration, guter Ausblick von der Torre Grossa im Stadtmuseum.

Poggibonsi: Industriestadt mit historischem Zentrum, Palazzo Pretorio mit Familienwappen und einem Zinnenturm, Kirche San Lorenzo mit schönem Holzkreuz, Feenbrunnen.

Monteriggioni: Kleiner Ort auf einem Hügel, umgeben von einer 570 Meter langen Festungsmauer mit elf Wacht- und Tortürmen.

▶ Aktivitäten

Einkaufen: Alabastergeschäfte in Volterra, zum Beispiel Artigianato locale, Via Guarnacci 33,

▲
Der Blick von der Torre Grossa, dem größten Turm San Gimignanos, zeigt das Häuser- und Dächergewirr über der Landschaft aus grünen Hügeln.

und Societa Cooperativa Artieri Alabastro mit Ausstellungsraum an der Piazza dei Priori 5. In der Werkstatt Alabastri Rossi in der Via del Madorlo können Besucher dem Alabasterkünstler zusehen. Schöne Kristallwaren können Touristen in Colle di Val d'Elsa in dem Glasgeschäft in der Via del Castello oder in der Colle Cristalleria im Ortsteil San Marziale erwerben. Den für San Gimignano typischen Weißwein Vernaccia gibt es in der Fattoria Tollena in der Via San Giovanni. In derselben Straße befinden sich auch zahlreiche Geschäfte für Wildschweinspezialitäten, Mandelgebäck und Keramik. Eine große Auswahl an toskanischen Weinen finden die Mobilisten in der Enoteca Italica Permanente in Siena. Die größte Weinhandlung Italiens besitzt eine romantische Probierstube unter Gewölben und eine Aussichtsterrasse.
Märkte: In Siena Gemischtwarenmarkt mittwochvormittags in La Lizza und täglicher Obst- und Gemüseverkauf auf der Piazza del Mercato. In Volterra kleiner Markt mit gutem Schafkäse aus der Region am Samstagvormittag. Gemütlicher Obst- und Gemüsemarkt in San Gimignano, Donnerstag- und Samstagvormittag auf der Piazza delle Erbe.
Baden: Piscina Olimpia in Colle di Val d'Elsa, Via XXV. Settembre, größtes öffentliches Schwimmbad der Toskana.
Feste: Fiera delle Messi, ein traditionelles Erntefest in San Gimignano am 3. Wochenende im Juni mit Umzügen und Kampfspielen in historischen Kostümen.

▶ Essen & Trinken

Auf dem Speiseplan der Sieneser steht oft Fleisch, meist gegrillt oder auf dem Bratrost zubereitet und stark gewürzt. Derb und kräftig sind die beliebten Suppen aus Brot, Gemüse und Olivenöl. Feine Süßigkeiten gibt es zum Beispiel in Dolci & Cantine in der Via dei Pellegrini in Siena.

▶ Bücher & Karten

Enthält die Beschreibung von 40 Wandertouren durch die Toskana und Stadtrundgänge durch Siena, Volterra und San Gimignano: Helmut Dumler, „Wandern & Erleben – Toskana", Bruckmann Verlag, München, 1999, 14,90 Euro. Das örtliche Touristenbüro unterstützt geplante Stadtspaziergänge durch Siena mit hilfreichen Info-Materialien vom Stadtplan bis zum Buch.

Weitere Informationen
Azienda di Promozione Turistica, Piazza del Campo 56, I-53000 Siena, Telefon 00 39/05 77/28 05 51, Fax 00 39/05 77/27 06 76, E-Mail aptsiena@siena.turismo.toscana.it, www.siena.turismo.toscana.it

Stellplatz-Tipps: **Siena**
Wo Reisemobilisten willkommen sind

Ein großes Kompliment geht an die Stadtväter von Siena, San Gimignano und Volterra: Wie sie es schaffen, die Bedürfnisse von Reisemobil-Touristen nach einem ruhigen und zugleich zentrumsnahen Stellplatz einerseits sowie die begrenzte Fläche in ihren mittelalterlichen Städten andererseits zu kombinieren, ist aller Ehren wert: Alle drei Städte sind zudem stark besuchte Touristenhochburgen und zeigen dennoch ein großes Herz für mobile Gäste.

In Siena sind es gleich drei Parkflächen, auf denen Reisemobile gut stehen können – zwar in einiger Entfernung zur Innenstadt, dafür aber auch mit regelmäßiger Busverbindung vom Parkplatz ins historische Zentrum. Diese Anlagen versuchen aus der Not eine Tugend zu machen. Denn schon seit 1959 ist die gesamte Altstadt innerhalb der alten Befestigungsanlagen als Fußgängerzone ausgewiesen.

Gut: Alle drei Stellplätze besitzen landestypisch-einfache Ent- und Versorgungseinrichtungen. Am ruhigsten zeigt sich der Stellplatz an der Sportanlage Palasport, außerdem bietet er in den Sommermonaten auch etwas vom heiß ersehnten Schatten.

In San Gimignano schließlich ist es eine private Initiative, die einen Stellplatz hervorbringt. Im Stadtteil Santa Chiara in Sichtweite zum historischen Zentrum, toskana-typisch auf dem Hügel gelegen, gruppieren sich die Parzellen für 30 bis 40 Reisemobile rund um ein Fußballfeld. Bei *promobil*-Lesern ist der Stellplatz trotz der guten Ausstattung und des Shuttle-Service in die Innenstadt nicht unumstritten.

Manchen Reisemobilfahrern gefällt die Lage außerhalb von San Gimignano nicht, anderen der Pflegezustand des Platzes, die meiste Kritik zieht aber die Gebührenordnung auf dem Platz auf sich – für die Toskana erreicht sie eine einsame Spitzenstellung.

Certaldo

Anfahrt: SS 2 Florenz–Siena bis zur Abfahrt Poggibonsi-Nord, weiter auf der Straße 429 Richtung Pisa nach Certaldo. Der ausgeschilderte Stellplatz an der Piazza Macelli liegt am Ortsausgang Richtung Poggibonsi.
Stellplätze: Gebührenfreier Stellplatz für 10 Mobile auf dem ausgewiesenen Parkplatz an der Piazza Macelli, am Ortsausgang Richtung Poggibonsi. Ebener, geschotterter Untergrund, Schatten durch hohe Bäume, Kinderspielplatz samt Basketballfeld in der Nachbarschaft. Kein Strom, kein WC vorhanden. Geringe Entfernung zur Oberstadt. Ganzjährig nutzbar.
Ent-/Versorgung: Bodengully mit Frischwassersäule und Spüleinheit auf dem Platz.
Informationen: Assistenza Turistica pro Certaldo, Via G. Boccaccio 16, I-50052 Certaldo, Telefon 00 39/05 71/65 27 30, Fax 00 39/05 71/65 27 30.

San Gimignano

Anfahrt: A 22/A 1 Bozen–Florenz bis zur Abfahrt Florenz-Certosa. S 2 Richtung Siena bis zur Abfahrt Colle Val d'Elsa-Nord, S 68 Richtung Volterra bis Castèl San Gimignano, rechts ab nach San Gimignano. Die Area di Sosta liegt direkt an der Landstraße.
Stellplätze: Gebührenpflichtiger Stellplatz für 30 Mobile auf der Area di Sosta Santa Chiara außerhalb der Stadt an der Landstraße nach Castèl San Gimignano. Gebühr: 21 Euro pro Mobil und 24 Stunden inkl. Strom, Wasser, Entsorgung, Bus-Shuttle nach San Gimignano, Frühstück für zwei Personen in der Bar. Sehr schön angelegtes Gelände rund um ein eingezäuntes Fußballfeld.

◄ San Gimignano: Etwas außerhalb der malerischen Hügelstadt finden Reisemobilfahrer den gut angelegten Stellplatz in der Località Santa Chiara.

Ebener, geschotterter Untergrund, ruhige Lage, Mülleimer vorhanden, beleuchtet. Rezeption, Gaststätte vorhanden. Ganzjährig nutzbar.
Ent-/Versorgung: Bodeneinlass, Frischwasserzapfstelle auf dem Platz vorhanden.
Informationen: Associazione Pro Loco, Piazza del Duomo 1, I-53037 San Gimignano, Telefon 00 39/05 77/94 00 08, Fax 00 39/05 77/94 09 03.

Siena

Anfahrt: A 1 Bozen–Siena bis zur Abfahrt Siena. Zum ersten Stellplatz auf der Via Achille Sclavo den Schildern „Palasport" folgen. Zum zweiten Stellplatz in Richtung Zentrum fahren, der Platz ist ausgeschildert. Zum dritten Stellplatz dem Verkehrsleitsystem zum Parkplatz P 2 folgen.
Stellplätze: Zur Verfügung stehen drei gebührenpflichtige Stellplätze für jeweils 30 bis 40 Reisemobile auf städtischen Parkplätzen etwas außerhalb der Innenstadt. Gebühr: jeweils ca. 8 Euro pro Nacht und Mobil.
● Parkplatz an der Sportstätte Palasport. Eben mit Bäumen bewachsen, Telefonzelle vor Ort.
● Parkplatz Fagiolone. Ebener, mit Rasengitterstein befestigter Untergrund. Beleuchtet, kaum Schatten, tagsüber etwas laut durch Parksuchverkehr. 20 Minuten bergauf ins Zentrum.
● Parkplatz P 2. Geteerter, leicht schräger Untergrund, etwas laut.

Alle Plätze sind beleuchtet und ganzjährig nutzbar.
Ent-/Versorgung: Ein Bodengully und eine Frischwassersäule sind auf allen drei Stellplätzen vorhanden, ebenso Mülleimer. Toiletten auf den Stellplätzen am Palasport und Fagiolone.
Informationen: Agenzia per il Turismo, Via di Città, I-53100 Siena, Telefon 00 39/05 77/ 28 05 51, Fax 00 39/05 77/27 06 76.

Volterra

Anfahrt: A 22/A 1 Bozen–Verona– Florenz bis zur Abfahrt Florenz-Certosa. Auf der SS 2 Richtung Siena bis zur Abfahrt Colle di Val d'Elsa-Nord, dann auf der S 2 bis nach Volterra. Im Ort den Hinweisen zum P 3 Fonti di Dolcio unterhalb der Stadtmauer folgen.
Stellplätze: Gebührenfreier Stellplatz für 20 Mobile auf dem Parkplatz Le Balze oberhalb des Campings Le Balze unweit der Kirche San Giusto. Für Reisemobile reserviertes Gelände. Ebener, geschotterter Untergrund. Ruhige Lage abseits der Durchgangsstraßen, spektakuläre Aussicht vom hinteren Platzteil auf das toskanische Hügelland. Ganzjährig nutzbar.
Ent-/Versorgung: Bodeneinlass und Frischwasserzapfstelle auf dem Stellplatz vorhanden.
Informationen: Ente Provinciale del Turismo, Via G. Turazza 2, I-56048 Volterra, Telefon/Fax 00 39/05 88/8 61 50.

3 Lucca

Schlafende Schönheiten

Das Hügelland zwischen Meer und Florenz bringt nicht nur bestes Olivenöl hervor – hier finden Urlauber auch schöne Städte und einige positive Überraschungen.

3 Die prächtigen Städte: **Lucca**
Das Hügelland zwischen Meer und Florenz

Herzlich willkommen im Mittelalter. Früher sollte der mächtige Ringwall von Lucca eroberungslustige Feinde fern halten, heute dient die baumbestandene Anlage als angenehm schattiges Rückzugsgebiet für die Mittagspause, als natürliches Refugium für Jogger, Müßig- und Spaziergänger und als natürliche Kulisse für das abendliche Promenieren der Luccheser. Und, nicht zu unterschätzen, die gut vier Kilometer lange und gut erhaltene Befestigungsanlage sperrt den auf der Ringstraße rund um die Altstadt tosenden Verkehr aus und mit ihm all die weniger angenehmen Begleiterscheinungen der Moderne: Lärm, Hektik, Abgase.

Den Tourverlauf finden Sie im Kartenteil auf Seite 3 und 4.

Von außen nimmt der eilige Betrachter nur dichte Reihen von Platanen wahr, dazu elf hervorstehende Bastionen und vier stark befestigte Stadttore. Sechs Millionen Ziegelsteine, so schätzen Experten, sollen die Bürger von Lucca von 1544 bis 1645 in der bis zu zwölf Meter hohen und ebenso breiten Mauer verbaut haben, um sich und ihre Güter zu schützen – nicht nur damals eine gigantische Investition. Über Sinn und Nutzen dieser Ausgaben lässt sich bis heute trefflich streiten, denn Lucca erlebte seitdem nicht eine einzige Belagerung.

Immerhin, klar wird damit auch, dass es hier einiges zu holen gegeben haben muss. Der Seidenhandel hatte die Kaufleute von Lucca im Mittelalter wohlhabend gemacht. Die kostspieligen Tuche waren der Stoff, der die Stadt reich und unabhängig machte. Innerhalb des Rings ist zwar immer noch etwas vom Puls und Tempo einer Stadt mit immerhin fast 90 000 Einwohnern zu spüren, doch das auf eine angenehme Weise.

Lucca ist elegant, ohne aufdringlich zu werden, lebhaft, aber nicht hektisch, mittelalterlich anmutend, ohne ständig mit erhobenem Zeigefinger auf die große Vergangenheit der Bürgerschaft hinzuweisen. Kurz und gut: Lucca ist eine der angenehmsten Provinzhauptstädte der Toskana und eine reisemobilfreundliche dazu. Zehn Fußminuten von der Stadtmauer entfernt ist ein Teil des Parkplatzes an der Via Luporini als Area Camper reserviert. Die Ent- und Versorgungseinrichtungen sind in der Nähe vorhanden, die Ausschilderung ist relativ gut, und trotz der Nähe zur Straße ist dieser Stellplatz das beste Angebot in diesem Teil der Toskana.

Durch die Porta San Pietro geht es in die Altstadt, auf den ersten Blick in ein Gewirr aus engen Gassen und verschlungenen Straßenzügen, das bei einem zweiten Blick auf den Stadtplan aber überraschend leicht zu durchschauen ist. Die wichtigsten Straßenzü-

Wo einst das römische Anfiteatro stand, laden Cafés zum gemütlichen Verweilen ein. ▶

▶ Vom Turm der Patrizierfamilie Guinigi aus ist das nahe Hügelland im Dunst zu erkennen.

ge innerhalb der Altstadt verlaufen entweder parallel zueinander oder treffen sich im rechten Winkel. Dieses systematische Schachbrettmuster ist ein Erbe aus römischer Zeit.

Auch ohne die klassische Hügellage, die Städte wie Volterra oder Montepulciano so reizvoll macht, vermag die Provinzhauptstadt ihre Gäste schnell für sich einzunehmen. An der Via Fillungo, der Haupteinkaufsmeile, wechseln sich rotbraune Backsteinhäuser und gelblich-beige verputzte Fassaden miteinander ab, dazwischen locken Inseln der Gastlichkeit wie das Antico Caffè di Simo in der Via Fillungo, in dem schon Puccini seinen Cappuccino genommen haben soll, oder ein Gourmet-Tempel wie Il Cuore della Gastronomia in der Via del Battistero. Der Name könnte nicht besser gewählt sein, denn inmitten all der Köstlichkeiten schlägt das Herz des Feinschmeckers gleich viel schneller.

Schon auf den ersten Schritten wird deutlich: Lucca hat Charme. Lucca besitzt aber auch eine Reihe von Bauwerken, die aus dem Meer der mittelalterlichen Bausubstanz herausragen. Den Turm des Palazzo Guinigi etwa, der an den Steineichen auf der Spitze leicht zu erkennen ist. Der Aufstieg ist nicht sonderlich schwer, die Aussicht über die rot gedeckten Dächer der Backsteinstadt eindrucksvoll genug. Gut zu erkennen ist von hier aus ein anderes Erbstück aus der Römerzeit: das ehemalige Anfiteatro auf der Piazza del Mercato.

Kennern fallen die 56 Bögen auf dem geschwungenen Platz auf, vor allem die vier größeren, die in der Antike als Eingänge in die ovale Arena gedient haben. Die Zuschauertribünen sind dagegen verschwunden. Ihre stabilen Mauern dienten im Mittelalter als Steinbruch für den Bau von Wohnhäusern. Entstanden ist so einer der schönsten Plätze der Stadt: geschwungen,

Land & Leute

Lucca zählt heute rund 90 000 Einwohner und ist neben Pisa der klassische Besuchermagnet im Nordwesten der Toskana. Die gut erhaltene Altstadt, die Villen in der Umgebung sowie Carrara, die Garfagnana und das nahe Meer machen die Stadt zum idealen Ausgangsort.

Sehen & Erleben

Für Besucher mit Kondition empfiehlt sich ein Aufstieg zum Dom von Barga, der über eine wahrlich atemberaubende Kombination von Treppen und Stiegen zu erreichen ist. Die Kirche steht 410 Meter über dem Tal des Sérchio und bietet eine herrliche Sicht auf die Apuanischen Alpen und auf die Ausläufer des Apennin.

Essen & Trinken

Wer für ein gutes Essen gern auch mal einen kleinen Umweg auf sich nimmt, sollte die Trattoria Erasmo in der Località Ponte a Moriano aufsuchen, das älteste Gasthaus dieser Art in Lucca und Umgebung. Die Lage am Sérchio ist allein schon den Ausflug wert, die hausgemachte Pasta und die Fischgerichte tun ein Übriges, die Stunden unter den lauschigen Platanen zu einem echten Vergnügen werden zu lassen.

Die prächtigen Städte: **Lucca**
Das Hügelland zwischen Meer und Florenz

großzügig, mit unregelmäßig gestalteten Häusern, die aber in einheitlichem Gelb und mit grünen Fensterläden daherkommen.

Vielschichtiger ist die Piazza San Michele, die vom Aussichtsturm ebenfalls gut auszumachen ist – die Kirche San Michele in Foro ist dank ihres kantigen, marmorverkleideten Turms nicht zu übersehen. Daneben zieht die Schmuckfassade des Gotteshauses mit ihren unzähligen Säulen und dem heiligen Michele auf der Spitze die Blicke auf sich. Der fast autofreie Bereich im Schatten des Kirchturms ist der Lieblingsplatz vieler Einwohner.

Hier treffen sich die Luccheser zu einem Schwätzchen, hier füttern Rentner die Taubenschwärme und hier versuchen Kinder, die erschreckt aufflatternden Vögel zu fangen. Italienisches Stadtleben pur. Die Kirche San Michele

die Sache etwas nüchterner. Ihren Forschungen zufolge stammt der bärtige Christus mit den Mandelaugen zwar aus dem Orient, ist aber viel jünger.

Lebendig wird das Mittelalter jedes Jahr im Herbst, wenn eine große Prozession an die Ankunft des Volto Santo in Lucca erinnert. Ihre zweite Blüte erlebte die Stadt zu Napoleons Zeiten. In jenen Tagen, die Stadt stand seit 1805 unter der Fuchtel von Napoleons Schwester Elisa Baciocchi, der Prinzessin von Lucca und Piombino, entstanden in der Umgebung der Stadt Villen und Gartenanlagen, sah Lucca glanzvolle Feste.

Zehn Jahre später war der herrschaftliche Spuk wieder vorbei. Napoleon war endgültig geschlagen, und mit ihm verschwanden auch die Operetten-Fürstentümer von seinen Gnaden. Geblieben sind außer einigen Erinnerungen an glanzvolle Feste und einem Hang

Die Altstadt von Lucca mit ihren Türmen und Kirchen gehört zum Schönsten, was die Toskana in dieser Hinsicht bietet. ▶

war die architektonische Antwort der reichen Bürger auf die Bischofskirche, den Dom. Dieser steht zwar etwas abseits vom Zentrum unweit der Wallanlagen, seine Schätze aber sind einzigartig.

Das Holzkruzifix Volto Santo soll der heilige Nikodemus aus einer Libanon-Zeder geschnitzt haben. Per Boot soll das Antlitz dann anno 782 an die italienische Küste gelangt sein, auf einem Ochsengespann ohne Führer dann weiter bis nach Lucca – glaubt man der Überlieferung. Die Wissenschaftler von heute, wie könnte es anders sein, sehen

zur Verschwendung immerhin doch einige Punkte, die Besucher von heute zu Abstechern in die hügelige Umgebung von Lucca veranlassen: die Villa Orsetti in Márlia zum Beispiel, die sich die Schwester des selbst ernannten Kaisers zur Sommerresidenz ausbauen ließ und seitdem den Namen Villa Reale trägt.

Etwas älter, aber mindestens ebenso sehenswert ist die Villa Mansi bei Segromigno. Über der säulengeschmückten Freitreppe erhebt sich ein eleganter Bau mit einer großzügigen Loggia und zwei Seitenflügeln. In dieser noch sanft hügeligen Landschaft zwischen Lucca und Collodi beginnen die Olivenbaumplantagen, die sich in die immer stärker ansteigende Landschaft erstrecken.

Das Luccheser Olivenöl ist in Italien berühmt. Manche Kenner halten es sogar für das beste im gesamten Land. Wer ein wenig Italienisch spricht, kann bei dieser Gelegenheit bei einer Fattoria auf Einkaufstour gehen – die Tourist-Information in Lucca hilft mit einer Liste der Bauernhöfe weiter, die sich über den Besuch von Touristen freuen.

Kinderherzen schlagen in Collodi höher. Denn in diesem Dorf mitten im Olivenland wohnte der Erfinder der berühmten Holzpuppe mit der, je nach Lebenslage und -lüge, kürzer oder länger werdenden Nase. Der Florentiner Carlo Lorenzini, ein angesehener politischer Journalist, kreierte die weltberühmte Figur Pinocchio im Jahre 1881 in mehreren Folgen der Kinderzeitschrift Giornale dei Bambini und versteckte sich selbst hinter einem Pseudonym, dem Namen seines Wohnortes. Collodi revanchiert sich mit einem Pinocchio-Garten mit großen Figuren, die verschiedene Szenen aus den Büchern um die Holzpuppe darstellen.

▲
Pisa rühmt sich des schiefsten Turmes der Welt. Verankerungen im Boden sollen den schrägen Campanile jetzt stabilisieren.

Gestern & heute

Am 13. September findet in Lucca eine feierliche Prozession statt, bei der der Volto Santo auf einem verzierten Ochsenkarren vom Dom durch die Altstadt gezogen wird. Eine volksnahe Erinnerung an die Überlieferung, nach der das Antlitz Christi im Mittelalter nach Lucca gekommen sein soll.

Wandern & Radeln

Ein Paradies für Wanderer und Naturliebhaber ist die Garfagnana mit ihren dichten Kastanienwäldern. Die beste Zeit für Ausflüge ist der frühe Herbst, wenn das Klima noch mild ist, die Kastanien aber schon reif sind, überall Pilze sprießen und die Weinernte vor der Tür steht.

promobil-Tipp

Die größte Tropfsteinhöhle der Toskana, die Grotta del Vento, verbirgt sich in der Garfagnana bei Fornovolasco. Die 3500 Meter lange Höhle besticht durch Galerien, Säle, Kamine, Seen, Schluchten sowie die Stalaktiten und Stalagmiten. Von April bis Oktober täglich zu besichtigen.

Ein touristischer Geheimtipp ist die Garfagnana, in die sich bis heute nur wenige Touristen verirren. Es ist eine bizarre Bergwelt quasi unmittelbar vor den Toren von Lucca. Die Straße folgt dem Lauf des Flusses Sérchio, führt zu menschlichen Spuren wie der berühmten Teufelsbrücke bei Borgo a Mozzano.

Der verwegen anmutende Schwung des Bauwerks, das sich nach sanftem Anstieg in der Flussmitte zu einem hohen Bogen anhebt, kurbelte die Fantasie der mittelalterlichen Zeitgenossen an, die prompt den gefürchteten Gottsei bei uns als Bauherren reklamierten.

Bald aber geht es hinein in eine wenig erschlossene Welt aus dichten Wäldern und Felsen. Mehr als 1400 Meter hoch, mit versprengten Dörfern und Weilern, versteckten Seen und gut markierten Wanderwegen, die vor allem im Herbst naturverbundene Einheimische anziehen – die Garfagnana ist nämlich auch eine Hochburg für Pilzsammler. Wem es in den Wäldern zu einsam oder ungemütlich wird, der findet bei Castelnuovo di Garfagnana einen Ausweg: eine serpentinenreiche Straße, die aus dem Gebirge hinunterführt ans Meer.

Die prächtigen Städte: **Lucca**
Das Hügelland zwischen Meer und Florenz

INFOTHEK: DIE TOUR IM DETAIL

▶ Route

Dank des sehr guten Stellplatzes, der zahlreichen Attraktionen und Restaurants empfiehlt sich Lucca als Start- und Zielpunkt für eine Rundreise durch die nördliche Toskana. Erste Station ist das nahe Pisa, dann folgt die Strecke dem Küstenstreifen Richtung Norden. Sie verläuft über Viareggio, Forte dei Marmi nach Marina di Carrara, knickt hier ins Binnenland nach Carrara und Massa ab. Von hier aus führt sie durch die Apuanischen Alpen nach Castelnuovo, begleitet dann den Fluss Sérchio Richtung Süden nach Borgo und weiter Richtung Lucca. Kurz vor Lucca biegt sie nach Márlia ab, verbindet Péscia, Vellano und Prunetta, um über Pistóia und Montecatini zum Ausgangspunkt zurückzukehren.

▶ Reisezeit

Vor allem der Herbst empfiehlt sich für eine Fahrt nach Lucca und Umgebung. Kastanienzeit und Olivenernte und die herbstlichen Wälder der Garfagnana mit ihren Unmengen von Steinpilzen machen die nordwestliche Toskana dann besonders attraktiv.

▶ Camping

Für einen Urlaubsaufenthalt in der Nord-Toskana empfehlen sich vor allem die Campingplätze in:
Montecatini Terme: Camping Belsito. Leicht geneigtes Wiesengelände im Ortsteil Vico mit einigen hohen Bäumen. Schatten auch durch dichte Mattendächer. Neues Sanitärgebäude, einige Stellplätze mit eigener Sanitär-Einheit. 140 Touristenplätze. Von Mitte Februar bis Ende November geöffnet. Telefon/Fax 00 39/05 72/6 73 73, www.italianmall.net/belsito/.
San Baronto: Camping Barco Reale. Terrassiertes Gelände mit Parzellen in einer waldreichen Umgebung. Steile Zufahrt. Animation für Kinder und Sportler. Geführte Wanderungen. Komfortable Sanitärausstattung. Schwimmbad, Planschbecken. 175 Touristenplätze. Von Anfang April bis Ende September geöffnet. Telefon 00 39/05 73/8 83 32, Fax 00 39/05 73/85 60 03, www.barcoreale.com.
Torre del Lago Puccini: Camping Italia. Ebenes Wiesengelände in Straßennähe mit hohen Pappeln. Freizeitangebote für Kinder und Sportler. 220 Touristenplätze. Von Anfang April bis Mitte September geöffnet. Telefon 00 39/05 84/35 98 28, Fax 00 39/05 84/34 15 04, www.campingitalia.net.
Viareggio: Camping Viareggio. Ebenes, durch hohe Pappeln gegliedertes Wiesengelände in Straßennähe. 700 Meter zum Strand, 1,5 km zum Zentrum. 335 Touristenplätze. Von Anfang April bis Ende September geöffnet. Telefon 00 39/05 84/39 10 12, Fax 00 39/05 84/39 54 62, www.campingviareggio.it.

▶ Sehenswertes

Carrara: Weltberühmte Marmorstadt auf einem Hang 5 km vom Meer entfernt. Dom mit kostbarer Marmorfassade. Rund 300 Marmorbrüche werden heute noch betrieben, zu besichtigen sind zum Beispiel die Cave di Colonnata beim Dorf Colonnata oder die Cave di Fantiscritti 4 km vor Carrara. Termine im Touristen-Büro erfragen.
Lucca: Reizvolle Provinzhauptstadt mit knapp 90 000 Einwohnern. Sehr reizvolles Stadtbild mit mauerumgürteter Altstadt, Stadttoren und Bastionen. Sehenswerter Dom San Martino mit sechsgeschossigem Campanile, zahlreiche Patrizierhäuser im Stil der Renaissance. Aufstieg auf den Turm der Familie Guinigi (230 Stufen, Panoramablick). Lebhafter Marktplatz mit der

▲
Lucca weist den besten Reisemobil-Stellplatz im nordwestlichen Teil der Toskana aus.

Kirche San Michele in Foro und repräsentativen Kaufmannshäusern. Geschäftige Einkaufsstraße Via Fillungo mit alten Ladenfassaden, malerische Piazza del Mercato in der Form eines Amphitheaters. Ausflüge zu den Patriziervillen in der Umgebung.
Forte dei Marmi: Mondänster Badeort an der nördlichen Toskana-Küste mit eleganten Hotels, sehr guten Restaurants und interessantem Nachtleben.
Pisa: Lebhafte Universitätsstadt mit malerischem Zentrum sowie dem Campo dei Miracoli mit dem Schiefen Turm, Dom, Battistero und Campo Santo.
Viareggio: Beliebtester Badeort an der Küste der Versília mit 7 km langem und bis zu 100 Meter breitem Sandstrand sowie lebhaftem Nachtleben.

▶ Aktivitäten

Baden: Nur wenige Kilometer westlich von Lucca finden sich mit Viareggio und Forte dei Marmi familienfreundliche Badeorte mit langen Sandstränden und sommerlichem Ferientrubel. Im Hochsommer stark überlaufen.
Wandern: Einer der letzten Geheimtipps in der Toskana ist die Garfagnana nördlich von Lucca. Der dicht bewaldete Gebirgszug ist der westliche Ausläufer des Apennin. Der italienische Alpenverein hat eine Vielzahl von Wanderwegen ausgeschildert. Ganz in der Nähe stehen viele der berühmten Villen, die Villa Reale in Márlia, die Villa Mansi bei Segromigno und die Villa Torrigiani in Camigliano.

▶ Essen & Trinken

Die kulinarische Spezialität der Region ist das Olivenöl aus dem Hügelland rund um Lucca, das viele Kenner als das beste der Toskana bezeichnen. Gute Einkaufsmöglichkeiten in Lucca (Lucca in Tavole, Via S. Paolino 130) oder direkt auf einigen Bauernhöfen. Das Touristen-Büro in Lucca gibt eine Liste mit den Adressen von Olivenöl-Produzenten und Weinbauern heraus. Die Weinlagen, Colline Lucchesi und Montecarlo, zählen nicht zu den besten der Toskana. Einen empfehlenswerten Roten und gutes Öl produziert die Fattoria dei Maionchi in Tofori.

▶ Bücher & Karten

Dank der Broschüren des Informationsbüros von Lucca erübrigt sich der Kauf eines Reiseführers.

Weitere Informationen

Ufficio turismo, Piazza Santa Maria 35, I-55100 Lucca, Telefon 00 39/05 83/91 99 31, Fax 00 39/05 83/46 99 64, E-Mail influcca@lucca.turismo.it, www.lucca.turismo.toscana.it

Stellplatz-Tipps: **Lucca**
Wo Reisemobilisten willkommen sind

Die nordwestliche Toskana zählt im Vergleich zu anderen Regionen der reisemobilfreundlichen Toskana nicht zu den Gegenden mit einem außergewöhnlich dichten Stellplatznetz. Immerhin bietet er aber mit den beiden Übernachtungsflächen in Lucca und Pistóia zwei Stellplätze, die sich gut als Ausgangspunkt für Stadtbesichtigungen und auch als Etappenstationen auf der beschriebenen Rundreise eignen.

In beiden Fällen handelt es sich um offizielle Plätze mit entsprechender Ausstattung zur Ent- und Versorgung, beide grenzen aber auch an viel befahrene Straßen. In Lucca ist das nicht so tragisch, da der Platz genug Raum zum Ausweichen gibt, in Pistóia dagegen trennt lediglich ein Grünstreifen den Stellplatz von der vernehmbaren Hauptstraße.

Lucca

Anfahrt: A 22/A 1 Bozen–Verona–Florenz bis zum Kreuz Florenz-Nord. Auf der A 11 bis zur Abfahrt Lucca, in der Stadt Richtung Zentrum fahren. An der Ringstraße um die Stadtmauer weisen Schilder zum P autocaravan in der Via Luporini.
Stellplätze: Gebührenfreier Stellplatz für 40 Mobile auf dem Parkplatz an der Via Luporini. Großzügig angelegtes, durch Grünstreifen unterteiltes Gelände. Ebener, asphaltierter Untergrund, beleuchtet. Mülleimer vorhanden. Relativ ruhige Lage, Fußweg ins Zentrum: zehn Minuten. Ganzjährig nutzbar.
Ent-/Versorgung: Bodeneinlass und Frischwasserzapfstelle auf dem Parkplatz neben der Hauptstraße.
Informationen: Azienda di Promozione Turistica di Lucca, Piazzale Giuseppe Verdi, Vecchia Porta S. Donato, I-55100 Lucca, Telefon 00 39/05 83/91 99 31, Fax 00 39/05 83/46 99 64.

Pistóia

Anfahrt: A 22/A 1 Bozen–Verona–Florenz bis zum Kreuz Florenz-Nord. Weiter auf der A 11 bis zur Abfahrt Pistóia. Auf dem Zubringer ins Zentrum fahren, dann den Hinweisen zur Area attrezzata per Camper e Autobus in der Nähe des Stadions folgen.
Stellplätze: Gebührenfreier Stellplatz für 20 Mobile auf dem Parkplatz an der Via della Quiete unweit des Stadions. Rechteckiges Gelände, nur durch einen Grünstreifen von der Hauptstraße getrennt. Lärmbelästigung durch Autoverkehr möglich. Ebener, asphaltierter Untergrund, beleuchtet, etwas Schatten. Ganzjährig.
Ent-/Versorgung: Bodeneinlass, Frischwasserzapfstelle auf dem Parkplatz.
Informationen: Ufficio Informazioni e di Accoglienza Turistica, Piazza Duomo 4, I-51100 Pistóia, Telefon 00 39/05 73/2 16 22, Fax 00 39/05 73/3 43 27.

Pistóia: Der Stellplatz unweit des Stadions kann bis zu 20 Reisemobile aufnehmen, liegt aber außerhalb des Stadtzentrums. ▶

SCHÖN SPANISCH

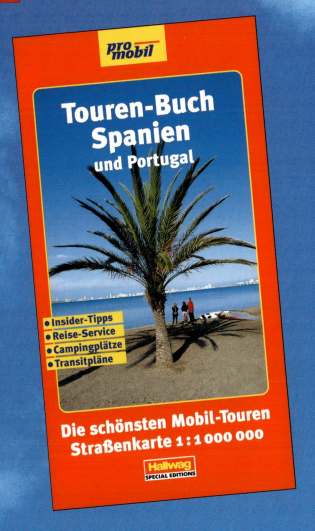

Entdecken Sie den sonnigen Süden

Dieser Band der Reihe ist ganz der iberischen Halbinsel gewidmet. Er stellt 20 Mobiltouren in den Mittelpunkt. Im Kartenteil: der große Straßenatlas, Transit- und Citypläne.
2. Auflage, 13 x 24 cm, 300 Seiten, Klebebindung

Am besten heute noch bestellen:
promobil-Bestellservice, D-70138 Stuttgart,
Fax 07 11/1 82-17 56, Telefon 07 11/1 82-23 23,
Internet www.scw-webshop24.de
oder direkt im Buchhandel.

4 | Arezzo

Mit Stil und **Geschmack**

Mehrfach errang Arezzo den Titel als Stadt mit der höchsten Lebensqualität der Toskana. Was hat die Provinzhauptstadt im Osten der Region, was Florenz, Siena und Lucca nicht haben?

4 Die prächtigen Städte: **Arezzo**
Kunst und Kunstsinniges auf Schritt und Tritt

Die Antwort auf diese Frage fällt zunächst nicht leicht. Arezzo thront nicht in atemberaubender Lage auf einem Berggipfel wie zum Beispiel Volterra oder San Gimignano, die Provinzhauptstadt im Nordosten der Toskana zieht sich unauffällig im breiten Tal zwischen Arno und Tiber dahin. Die Kuppe, auf der Dom und Palazzi der Altstadt stehen, sticht bei der Fahrt durch die gesichtslosen Neubauviertel noch kaum ins Auge. Einen ersten Hinweis auf die versteckten Reize von Arezzo gibt ein Blick in das Geschichtsbuch. Aus dem römischen Arretium stammte Caius Cilnius Maecenas, ein Adliger aus einer bedeutenden etruskischen Familie, der im ersten Jahrhundert vor Christus zu einem der engsten Berater des mächtigen Kaisers Augustus aufstieg und der seinen Namen der Nachwelt hinterließ.

Maecenas versammelte nämlich die bedeutendsten Künstler seiner Zeit – Horaz, Vergil, Properz – um sich, förderte sie nach Kräften und setzte sich so ein ewiges Denkmal als freisinniger Mäzen der schönen Künste. Auf Kunst und Kunstsinniges stößt man beim Bummel durch die Altstadt von Arezzo fast bei jedem Schritt – und das nicht nur an den Wochenenden, an denen sich die Piazza Grande beim großen Antiquitätenmarkt in ein wimmelndes Rechteck verwandelt, in dem bis zu 800 Verkaufsstände mit kunterbunten Sonnensegeln als hölzerne Wellenbrecher im wogenden Menschenmeer dienen.

Zu haben ist fast alles. Die Auswahl reicht vom aufpolierten Möbelstück über zerbrechliche Porzellanschönheiten bis hin zu ausladenden Ölschinken. Nicht zu übersehen ist aber auch der Nippes, der eher auf einen Flohmarkt gehören würde, denn auf Italiens angeblich besten Antiquitätenmarkt. Auch außerhalb der Markttage bietet Arezzo eine respektable Auswahl an Antiquitätenläden, die sich zumeist im Souterrain der altehrwürdigen Palazzi in den Straßen um die Piazza Grande verbergen. Dieser Platz ist denn auch Herz und Schmuckstück der Stadt zugleich.

Leicht abschüssig ist er, ungleichmäßig angelegt, mit einem nicht immer leicht zu begehenden Kopfsteinpflaster befestigt und mit einer Unmenge von Charme ausgestattet, der auch auf das Ensemble von Bauten in den unterschiedlichsten Stilrichtungen zurückgeht. An der Ost- und Südseite drängen

Den Tourverlauf finden Sie im Kartenteil auf Seite 6 und 11.

Die Arkadengänge an der Piazza Grande von Arezzo sind ein beliebter Treffpunkt in der Stadt. ▶

◀ Selbst unscheinbare Bergdörfer wie das kleine Monterchi verbergen sich seit dem Mittelalter hinter massiven Mauern.

sich mittelalterliche Turmhäuser, die leicht an ihren hölzernen Balkonen auszumachen sind. Genau gegenüber breitet sich eine ausladende Freitreppe aus, die Stadtbesucher aus nah und fern, dankbar für ein Päuschen, belagern.

Hinter ihr steigt der strenge Palazzo del Tribunale auf, daneben rundet die romanische Apsis der Kirche Santa Maria mit ihrem bogengeschmückten Glockenturm das Ensemble wirkungsvoll ab, auf der anderen Seite setzt der zierliche Uhrturm auf dem Renaissance-Palazzo della Fraternità einen Kontrapunkt. An der oberen Längsseite schließlich stellt der wuchtige Palazzo delle Logge alles in den Schatten.

Unter seinen Arkaden drängen sich an Markttagen die Händler, zu anderen Zeiten genießen die Gäste einer Bar hier ihren Cappuccino. Kein Zweifel: Arezzo ist eine Kunstmetropole, eine Stadt des Stils und des guten Geschmacks, was sich nicht zuletzt auch an den eleganten Auslagen der nicht ganz billigen Geschäfte am Corso Italia zeigt, der Haupteinkaufsmeile der Stadt.

Anders als in Montepulciano, Lucca oder Siena bestimmen nicht die ewigen Enotheken, Feinkostgeschäfte mit den immer gleichen „prodotti tipici" und merkwürdige Souvenirshops das Bild der Stadt – Arezzo gehört in erster Linie seinen eigenen Bürgern. Ihre Kunstfertigkeit belegt nicht nur die Architektur. Schon zu Römerzeiten waren Aretiner Töpferwaren heiß begehrt, noch heute zählen die hiesigen Goldschmiede zu den Großmeistern ihrer Zunft.

Warum das alles ausgerechnet in Arezzo? Die Antwort könnten die kriegerischen Ereignisse geben, in denen sich Florenz, Siena und Lucca im ausgehenden Mittelalter über Jahrhunderte verstrickten. Arezzo dagegen lebte schon seit der Niederlage in der Schlacht von Campaldino anno 1289 in Abhängigkeit von Florenz, die knapp hundert

Land & Leute

Die Provinzhauptstadt Arezzo mit ihren rund 92 000 Einwohnern steht deutlich im Schatten der toskanischen Touristenhochburgen wie Siena, Lucca oder Florenz, bietet aber eine Fülle kulturhistorisch bedeutender Bauten und eignet sich gut als Ausgangspunkt für eine Reise auf den Spuren des Freskenmalers Piero della Francesca.

Sehen & Erleben

Einen legendären Ruf besitzt der Antiquitätenmarkt von Arezzo, der jedes erste Wochenende im Monat auf der Piazza Grande im Herzen der Altstadt steigt. Auch wenn das Image in jüngster Zeit etwas gelitten haben mag, für Schaulustige ist der Streifzug über den Markt mit mehreren hundert Ständen ein ungetrübtes Vergnügen.

Essen & Trinken

Hochburg für Feinschmecker ist die Region um Arezzo sicher nicht, eher der Hort einer deftigen, traditionsbewussten Regionalküche. Zu den klassischen Gerichten gehört Scottiglia, eine Art Gulasch, das man unbedingt probieren sollte. In Arezzo pflegt zum Beispiel die Trattoria Il Saraceno, Via Mazzini 6, eine gute Regionalküche.

4 Die prächtigen Städte: **Arezzo**
Kunst und Kunstsinniges auf Schritt und Tritt

Jahre später dann in die endgültige Anerkennung der Florentiner Herrschaft mündete.

In dieser relativen Ruhe und Abgeschiedenheit erblickte der Dichter und Humanist Francesco Petrarca im Jahre 1304 das Licht der Welt. Aus Arezzo stammt auch der Schriftsteller Pietro Aretino, der für seine Schmähschriften und satirischen Komödien im 16. Jahrhundert – je nach Standpunkt – gefürchtet oder geliebt wurde. Und nicht zuletzt begründete der Architekt Giorgio Vasari mit seinem Werk „Lebensläufe der berühmtesten Maler, Bildhauer und Architekten" die moderne Kunstgeschichte – in Arezzo.

Hier wirkte auch der Mann, dessen Kunstfertigkeit bis heute der beste Grund ist, Arezzo und seiner Umgebung einen Besuch abzustatten: Piero della Francesca. Der Mann, man kann es

Touristen aus aller Welt tun es ihnen heute mehr denn je nach.

Denn erst seit einigen Jahren ist der jahrelang restaurierte und gekonnt illuminierte Freskenzyklus wieder in seiner ganzen Schönheit zu sehen. Die Farben leuchten, als hätte der Künstler sie erst gestern auf die Wände aufgetragen, die klaren Linien und die Perspektive legen trotz der Beschädigungen ein eindrucksvolles Zeugnis von der Kunstfertigkeit des Meisters ab.

Der Zyklus beginnt mit dem Tod Adams, lässt die Königin von Saba und König Salomon auftreten, und er stellt den nächtlichen Traum König Konstantins dar – in einer geradezu revolutionären Technik, die natürliche Licht- und Schatteneffekte aufnimmt. Der Sieg des Heraklios über den Perserkönig Cosdras und schließlich die Anbetung des Kreuzes in Jerusalem sind weitere

Für seine Antiquitätenläden und den großen Antiquitätenmarkt ist Arezzo in der gesamten Toskana bekannt. ▶

nicht anders sagen, war ein Genie. Zu Beginn seiner Karriere allerdings ein verkanntes. In Florenz absolvierte er eine Lehre in der Werkstatt eines Malers, schuf auch ein Fresko, das aber keine Beachtung fand. Anders in der Heimat.

Die Aretiner Kaufmannsfamilie Baxxi gab dem Künstler den Auftrag, den Chor der Kirche San Francesco mit der Legende vom Heiligen Kreuz auszumalen. Von 1453 bis 1464 entstand ein Werk, das die großen Meister aus den Kunsthauptstädten Siena und Florenz dazu bewegte, in die Provinz zu pilgern.

Höhepunkte in dem dreizehn Motive umfassenden Freskenzyklus.

Der Ruhm dieses Meisterwerks verbreitete sich im Nu in den kunstsinnigen Städten der Toskana und sorgte dafür, dass der bis dato unbekannte Piero fortan den Beinamen „della Francesca" trug. Eigentlich hieß der Künstler Piero di Benedetto dei Franceschi. Die Spuren dieses Künstlers finden sich überall in der Provinz, zum Beispiel im Festungsdorf Monterchi 35 Kilometer östlich von Arezzo. Bei Renovierungsarbeiten in der Friedhofskapelle entdeckten Arbeiter unter der weißen Tünche der Wände einen wahren Schatz, der heute in einem kleinen Museum zu sehen ist: die „Madonna del Parto", ein anderes Meisterwerk von Piero, das vermutlich aus der Zeit um das Jahr 1445 stammt.

Für seinen nahen Geburtsort Sansepolcro fand der Künstler zunächst wenig schmeichelhafte Worte. Von einem „Kaff voller Schlamm und Lehm" schrieb Piero in einem Brief an einen Freund. Erst im Alter war er gnädiger, kehrte sogar in seine Heimatstadt zurück, die dank der Herrschaft der Medici aus Florenz einen bescheidenen wirtschaftlichen Aufschwung erlebte. Er wurde noch Stadtrat und verbrachte die vierzehn letzten Jahre seines Lebens in Sansepolcro.

Das Museo Civico erinnert an den größten Sohn der Stadt. Unter anderem mit einem poetischen Fresko der Auferstehung Christi, das ursprünglich im Palazzo Comunale der Stadt hing. Piero della Francesca zeigt den Sohn Gottes mit festem Schritt aus seinem Grab steigend, vor dem einige schlummernde Wächter liegen. Einer von ihnen steht

▲
Bei einem Bummel durch das kleine Dorf Monterchi lassen sich außergewöhnliche Ansichten entdecken.

Gestern & heute

Berühmte Reiterspiele erlebt Arezzo am letzten Sonntag im August und am ersten Sonntag im September bei der Giostra del Saracino. Dabei müssen Reiter mit ihrer Lanze den Schild einer hölzernen Drehfigur treffen, die mit einem nachgeahmten Morgenstern antwortet.

Wandern & Radeln

Für ausgiebige Wanderungen bietet sich in diesem Teil der Toskana das Casentino im Norden von Arezzo an. Die reizvolle, wenig besuchte Landschaft am Oberlauf des Arno lockt mit stillen Tälern, kargen Höhenzügen und rauen Pässen.

promobil-Tipp

Ein Muss für die Besucher von Arezzo ist die Kirche San Francesco, in der nach aufwändiger Renovierung die Fresken zur Kreuzeslegende zu bewundern sind. Wer in den Chor der Kirche eintreten möchte, braucht ein Ticket, das es im benachbarten Büro gibt. Bitte frühzeitig reservieren, an den Wochenenden gibt es einen großen Andrang.

schon im Bann der neuen Lehre, versucht aufzustehen, kann sich aber dem Licht des Herrn nicht entziehen.

Die Fahrt in den abgelegenen Nordosten der Provinz Arezzo ist geeignet, mit einer Legende aufzuräumen. Einer der größten Künstler der Toskana, das Universalgenie Michelangelo, der zeitlebens und bis heute als Florentiner gilt, stammte ebenfalls aus der heutigen Provinz Arezzo. Genauer gesagt, aus dem winzigen Weiler Caprese, der sich nur deshalb auf die touristische Landkarte setzte, weil er seinem Namen den Zusatz Michelangelo gab.

Auch hier lädt ein kleines Museum zur Besichtigung ein, doch das kann die Fahrt nicht lange aufhalten: Die größte Attraktion des Nordostens lockt: La Verna, das toskanische Assisi. Mitten im Nirgendwo der Alverner Berge liegt die weitläufige Klosteranlage der Franziskaner, abgelegen und einsam. Der Ordensgründer Franz von Assisi zog sich vor fast 800 Jahren in diese Bergwelt zurück und soll in einer Grotte die Wundmale Christi empfangen haben. Aus diesem Anlass errichtete er an dieser Stelle eine kleine Kirche, seine Ordensbrüder bauten sie zu einem großzügig angelegten Klosterkomplex aus, der Gläubige aus aller Herren Ländern magisch anzieht.

Die prächtigen Städte: **Arezzo**
Kunst und Kunstsinniges auf Schritt und Tritt

▶ Route

Die Fahrt auf den Spuren des Freskenmalers Piero della Francesca beginnt in der Stadt, in der auch sein wichtigstes Werk zu sehen ist: in Arezzo. Zweite Station auf der Reise ist der kleine Ort Monterchi wenige Kilometer weiter im Osten, der ebenfalls ein wichtiges Kunstwerk des Meisters birgt. Anschließend geht es über Citerna in seinen Geburtsort Sansepolcro und über Anghiari und Caprese Michelángelo nach Chiusi della Verna. Über den Passo Fagnacci lässt sich Pratovécchio erreichen, dann knickt die Route gen Süden ab, um über Poppi und Bibbiena in Arezzo zu enden.

▶ Reisezeit

Für Kunstreisende bietet sich das gesamte Jahr an. Außerhalb der Saisonzeiten sind die Attraktionen wie die Kirche San Francesco natürlich deutlich leerer. Für Wanderungen im Casentino empfielt sich vor allem der Herbst mit seiner Laubfärbung.

▶ Camping

Eine Hochburg des Camping-Tourismus ist die Region um Arezzo nicht. Einige wenige Campingplätze bieten sich an:
Capannole bei Búcine: Camping La Chiocciola. Leicht geneigte Wiese mit halbhohen Bäumen und Sträuchern in ruhiger, ländlicher Umgebung. Öffentliches Freibad, nette Sanitäreinrichtung. 52 Touristenplätze. Von Mitte März bis Ende Oktober geöffnet. Tel./Fax 00 39/0 55/99 57 76.
Figline Valdarno: Camping Norcenni Girasole Club. Terrassiertes Gelände in ländlicher Umgebung mit schöner Begrünung. Beheiztes, überdachbares Freibad, Fitness-Center mit Bädern, Sauna, Massagepraxis am Platz. Animation für Kinder, Sportler, Unterhaltungsangebote. 250 Touristenplätze. Von Anfang April bis Ende Oktober geöffnet. Telefon 00 39/0 55/91 51 41, Fax 00 39/0 55/9 15 14 02, www.ecvacanze.it/girasole/informat.htm.
Troghi bei Florenz: Camping Il Poggetto. Gestuftes Wiesengelände mit Laub- und Nadelbäumen unterhalb eines Berges und in Hörweite der Autobahn. Freibad, gute Sanitärausstattung. 90 Touristenplätze. Von Anfang März bis Ende Oktober geöffnet. Tel./Fax 00 39/05 58/30 73 23, www.campingtoscana.it/ilpoggetto.

▶ Sehenswertes

Anghiari: Bergstädtchen bei Sansepolcro mit Resten der Befestigungen, sehenswerter Abteikirche und dem Palazzo Comunale.
Arezzo: Provinzhauptstadt und Kunstmetropole mit rund 92 000 Einwohnern. Mittelalterlicher Stadtkern mit eleganter Einkaufsstraße Corso Italia, sehenswertem Dom Santo Donato, dem Palazzo dei Priori gegenüber der Kathedrale. Piazza Grande mit der Kirche Santa Maria (schöner Glockenturm) und mehreren repräsentativen Palazzi. Kirche San Francesco mit dem Freskenzyklus zur Kreuzeslegende (Eintritt beschränkt, Karte rechtzeitig im nahen Ticket-Büro buchen).
Caprese Michelángelo: Verschlafenes Dorf auf dem Gipfel eines Berges, in dem 1475 das Universalgenie Michelangelo Buonarroti geboren wurde. Kleines Museum mit Dokumenten aus dem Leben des Künstlers in dem Haus, in dem sein Vater Bürgermeister war.
La Verna: Weltberühmte Klosteranlage in einsamer Berglage, in der der Ordensgründer und spätere Heilige Franz von Assisi anno 1224 die Stigmata empfangen haben soll. Unverfälscht mittelalterliche Struktur des Komplexes, der ein lebendiges geistliches Le-

▲ Der Dom mit seinem nadelspitzen Turm, Kirchen und stolze Palazzi prägen das Stadtbild.

ben besitzt. Das Kloster samt seinen Kirchen und die Grotte können besichtigt werden.
Monterchi: Mittelalterlich wirkendes Festungsdorf auf einem Hügel an der Grenze zu Umbrien. Museum für das Freskenbild Madonna del Parto von Piero della Francesca, das 1888 bei Renovierungsarbeiten in einer Friedhofskapelle entdeckt wurde.
Poppi: Unscheinbares Dorf im Casentino mit einer sehr schönen Burganlage, die das Vorbild für den Palazzo Vecchio in Florenz gewesen sein soll.
Sansepolcro: Geburts- und Sterbeort von Piero della Francesca. Nettes Landstädtchen mit befestigter, mittelalterlicher Altstadt. Sehenswertes Museo Civico mit Meisterwerken des Künstlers.

▶ Aktivitäten

Einkaufen: Als traditioneller Treff für Antiquitätenhändler und -käufer hat sich Arezzo in den vergangenen Jahren einen sehr guten Ruf erworben. Jeden ersten Sonntag im Monat findet auf der Piazza Grande ein großer Markt mit kostbaren und leider auch vielen weniger wertvollen Antiquitäten statt.

▶ Essen & Trinken

Das äußerst fruchtbare Val di Chiana zwischen Arezzo und Chiusi ist vor allem für seine Rinderrasse Chianina bekannt, die das Fleisch zum Beispiel für den Schmorbraten liefert – außer der Gemüsesuppe Ribolita eine Spezialität des Gewölbe-Restaurants Buca di San Francesco in Arezzo, Via San Francesco. Das Casentino ist dank seines Wald- und Wildreichtums eine auch für Genießer sehr interessante Gegend. Die Weine aus den beiden Anbaugebieten um Arezzo, Chianti Colli Aretini und Bianco Vergine Valdichiana, sind noch weniger bekannt. Einen guten Tropfen produzieren das Weingut Villa Cilnia in Pieve a Bagnoro, Loc. Montoncello, und die Fattoria Petrolo in Mercatale Valdarno (www.petrolo.it).

▶ Bücher & Karten

Außer den andernorts bereits genannten Reiseführern zur Toskana empfiehlt sich für Kunstfreunde zur Einstimmung ein Band über das Leben des berühmten Freskenmalers. Marilyn Aronberg Lavin veröffentlicht in ihrem Buch „Piero della Francesca", Phaidon Verlag, 2002, 22,95 Euro, auch zahlreiche Bilder und Illustrationen des Meisters.

Weitere Informationen

Azienda di Promozione Turistica, Piazza Risorgimento 116, I-52100 Arezzo, Tel. 00 39/05 75/2 39 52, Fax 00 39/05 75/2 80 42, E-Mail apt@arezzo.turismo.toscana.it, www.comune.arezzo.it.

Stellplatz-Tipps: **Arezzo**
Wo Reisemobilisten willkommen sind

Kein Zweifel: Die Stadt Arezzo und ihre Umgebung stehen deutlich im Schatten ihrer weit berühmteren Schwestern. Kulturtouristen zieht es vor allem nach Florenz und Siena, Badeurlauber an die toskanische Küste oder gleich nach Elba. Diese relative Abgeschiedenheit von Arezzo und dem Casentino spiegelt sich auch bei den Stellplätzen wider.

Ihre Zahl ist sehr überschaubar, aber immerhin noch ausreichend für eine mehrtägige Rundfahrt. Ausgangspunkt vieler Touren ist die Provinzhauptstadt und Kulturhochburg Arezzo. Tagestouristen parken hier gern auf dem Großparkplatz am Fuß der Stadtmauer und damit in Sichtweite zum Dom und zur Altstadt.

Streng genommen handelt es sich um einen einfachen Parkstreifen ohne weitere Ausstattung und mit eingeschränktem Rangierraum – besonders tagsüber stehen Pkw hier dicht an dicht. Dennoch erfreut sich der Parkplatz unter italienischen Reisemobilisten deutlich größerer Beliebtheit als der offiziell ausgewiesene Bereich neben einem Fußballfeld.

Den besten Stellplatz an der beschriebenen Route weist das Städtchen Pratovécchio aus. Auch hier benutzen die Stadtväter ein Areal in der Nähe zu den Sportanlagen, doch hatten sie bei der Wahl des Standortes eine glücklichere Hand. Das Zentrum ist ganz in der Nähe, die Anliegerstraße nur wenig befahren.

Außerdem statteten sie es mit den wichtigsten Gegenständen der mobilen Szene aus: Bodeneinlass und Frischwasseranschluss.

Die anderen beiden Stellplätze in der Region sind deutlich einfacher. Während der Parkplatz an der Stadtmauer von Sansepolcro wenigstens noch durch seine Nähe zum Zentrum punkten kann, fällt das Gelände in Chitignano ebenso klein wie einfach aus. Damit wird klar: So attraktiv das Casentino für Wanderer auch sein mag, die touristische Infrastruktur ist noch ausbaufähig.

Eine Hochburg des Camping-Tourismus ist die Region um Arezzo ebenfalls nicht. Für die beschriebene Tour bieten sich vor allem die Anlage La Chiocciola in Capannole bei Búcine an – ein leicht geneigter Wiesenplatz in ländlicher Umgebung – und der Camping Norcenni Girasole Club in Figline Valdarno – ein terrassiertes Gelände mit beheiztem Freibad, Fitness-Center, Sauna und Animationsangeboten.

Arezzo

Anfahrt: A 1 Florenz–Rom bis zur Abfahrt Arezzo, auf dem Autobahnzubringer Richtung Zentrum fahren. Der Stellplatz an der Via Pierluigi da Palestrina ist im Ort nicht ausgewiesen.
Stellplätze: Gebührenfreier Stellplatz für 10 Mobile auf dem Parkplatz in der Via Pierluigi da Palestrina etwas außerhalb des Stadtzentrums. Ebener, geschotterter Untergrund, kein Schatten. Ruhige Lage. Ganzjährig nutzbar.
● Gebührenfreier Stellplatz für 10 Mobile auf dem Großparkplatz am Fuß der Stadtmauer unterhalb des Doms. Ebener, asphaltierter Untergrund, geringe Entfernung zum Zentrum. Ganzjährig nutzbar.
Ent-/Versorgung: Bodeneinlass, Frischwasseranschluss direkt am Stellplatz in der Via Pierluigi da Palestrina.
Informationen: Ufficio Informazioni Turistiche, Piazza della Repubblica 22, I-52100 Arezzo, Telefon 00 39/05 75/37 76 78, Fax 00 39/05 75/2 08 39.

Chitignano

Anfahrt: S 71 Arezzo–Bibbiena bis zum Abzweig der Landstraße zum Kloster La Verna bei Rássina.

▸ Pratovécchio: Auf dem Stellplatz am Rand des Zentrums können etwa zehn Reisemobile auch über Nacht stehen.

Dem Straßenverlauf bis Chitignano folgen. Im Ort zum Parkplatz an den Sportanlagen San Vincenzo abbiegen.
Stellplätze: Gebührenfreier Stellplatz für 6 Mobile auf dem Parkplatz an den Sportplätzen. Fast ebener, asphaltierter Untergrund, kein Schatten. Ruhige Lage, fußläufige Entfernung zum Zentrum (relativ steiler Fußweg). Ganzjährig nutzbar. Achtung: Zur Zeit der Inspektion war der Stellplatz wegen Bauarbeiten teilweise gesperrt.
Ent-/Versorgung: Bodeneinlass und Frischwasserzapfstelle am Rand des Stellplatzes vorhanden.
Informationen: Ufficio Informazioni Turistiche del Casentino, Via Berni 25, I-52011 Bibbiena, Telefon/Fax 00 39/05 75/59 30 98.

Pratovécchio

Anfahrt: S 310 Bibbiena–Florenz bis nach Pratovécchio. Im Ort den Hinweisen zur Area attrezzata in der Nähe der Sportanlagen, Via Uffenheim, folgen.
Stellplätze: Gebührenfreier Stellplatz für 12 Mobile auf einem Parkplatz unweit der Sportanlagen, Via Uffenheim. Separater Platz für Reisemobile. Ebener, asphaltierter Untergrund, ruhige Lage in einer wenig befahrenen Nebenstraße. Kaum Schatten. Zentrale Lage zum Ortskern mit schöner Grünanlage, vielen Geschäften und Gaststätten. Ganzjährig nutzbar.

Ent-/Versorgung: Bodeneinlass und Frischwasserzapfstelle am Rand des Stellplatzes vorhanden. Tag und Nacht erreichbar. Auf dem Platz sind mehrere Stromkästen installiert.
Informationen: Ufficio Informazioni Turistiche del Casentino, Via Berni 25, I-52011 Bibbiena, Telefon/Fax 00 39/05 75/59 30 98.

Sansepolcro

Anfahrt: S 73 Arezzo–Sansepolcro bis zum Ende der Ausbaustrecke, dann weiter auf der Hauptstraße Richtung Zentrum fahren. Der Ringstraße um die Altstadt folgen bis zum ausgewiesenen Parkplatz an der Stadtmauer, Via Barsanti.
Stellplätze: Gebührenfreier Stellplatz für 20 Mobile auf dem Parkplatz an der Stadtmauer, Via Barsanti. Ausgewiesenes Gelände für Busse und Mobile. Leicht abschüssiger, asphaltierter Untergrund, kein Schatten. Durch Straßenlaternen beleuchtet. Fußläufige Entfernung zum Zentrum. Leichte Lärmbelästigung durch den Autoverkehr auf der nahen Ringstraße.
Ent-/Versorgung: Bodeneinlass, Frischwassersäule auf dem Stellplatz vorhanden, Tag und Nacht nutzbar.
Informationen: Ufficio Informazioni, Piazza Garibaldi 2, I-52037 Sansepolcro, Telefon und Fax 00 39/05 75/74 05 36.

5 Chianti

Wo der **Hahn** stolziert

Kreuz und quer führt eine gut ausgeschilderte Ferienstraße durch die Heimat des Chianti Classico zwischen Florenz und Siena – der schwarze Hahn weist Reisemobilisten den Weg.

5 Wege zum Wein: **Chianti**
Ein Gebiet für Kenner und Liebhaber

Was passiert, wenn zwei Italiener aufeinander treffen? Richtig, sie fangen an zu reden und zu palavern. Sie erzählen von diesem und jenem, weiden sich am neuesten Klatsch und erfinden hier etwas dazu und schmücken dort etwas aus. Vielleicht ist so auch die Geschichte über die Geburt des Chianti entstanden. Jedenfalls hält sich nicht nur in der Toskana hartnäckig die Legende, der lebenslustige Graf Bettino Ricasoli habe 1874 in Radda den kräftigen Rotwein erfunden. Wie viele Bewohner der Gegend zwischen Siena und Florenz war der Graf Burgbesitzer und Weinbauer zugleich. In einer eingebungsreichen Stunde, so behauptet zumindest die Überlieferung, sei die Idee entstanden, den Wein von vier Traubensorten zu mischen.

Der Chianti war geboren, ein süffiger Wein, der das Herz und die Seele von Italien in sich trägt. Sagen die Winzer. Mindestens ebenso viel uritalienisches Ambiente wie der Wein verbreitet der Marktplatz der Stadt Greve im Chianti-Gebiet. Schatten spendende Arkaden umgeben die dreieckige Fläche, die von Geschäften, Bars und Cafés gesäumt ist. Jedes Jahr im September kommt noch ein kleines Budendorf dazu: In turbulenter Volksfeststimmung feiert der Ort seine Weinmesse.

An Probierständen verkosten Kenner und Liebhaber den heutzutage immer besser werdenden Chianti Classico. Dazu schenken die Winzer weniger bekannte Chianti-Variationen und neue Rebsäfte aus.

Wer zu einer anderen Jahreszeit bei der Fahrt auf der Chiantigiana in Greve vorbeikommt, besucht am besten die Enoteca del Gallo Nero. Dort gibt es nicht nur Probierschoppen und Weinverkauf. Eine beeindruckende Ausstellung im hinteren Raum zeigt auch die ältesten und kostbarsten Jahrgänge des Chianti Classico, alle geziert mit dem Qualitätssymbol des Gallo Nero. Der schwarze Hahn begegnet dem Urlauber bestimmt nicht nur dort. Das wohlgenährte Federvieh ziert Weinetiketten, Straßenschilder und Werbeplakate – der Hahn symbolisiert seit dem Jahr 1925 das Consorzio Vino Chianti Classico. Dieses Gremium kümmert sich um die Vermarktung der berühmtesten der Chianti-Sorten, des Chianti Classico. Dieser Wein darf nur aus einigen Gemeinden stammen, die alle an der Straße des Chianti liegen: Greve, Castellina, Gaiole und Radda in Chianti.

Den Tourverlauf finden Sie im Kartenteil auf Seite 5 und 10.

Die Parkanlagen der großen Weingüter warten mit mancher Überraschung auf. ▶

◀ Die kostbarsten Jahrgänge des Chianti Classico bewahrt die Enoteca del Gallo Nero im Weindorf Greve.

Über 700 Weingüter zählt das Chianti, das übrigens schon lange vor dem Rebsaft diesen Namen führte, und auf der Weinstraße tauchen minütlich blaue und schwarze Schilder auf, die den Urlauber zum Probieren einladen. In Radda befassen sich sogar Wissenschaftler mit dem roten Toskanatropfen.

Das Zentrum der Chianti-Studien liegt hier, ebenso ein kleines Museum zum Chianti-Wein. Wer Lust auf eine Wanderung verspürt, marschiert durch die Weinberge und den Zedernwald hoch zum Castello di Volpáia, einer mittelalterlichen Burganlage nördlich des Ortes. In der dortigen Fattoria wartet erstklassiges Olivenöl auf Genießer.

Das Olivenöl ist das zweite landwirtschaftliche Standbein der Region, und die malerisch verknorrten Bäume in den Olivenhainen müssen sich keineswegs hinter den Stöcken der Rebhänge verstecken. Der im Chianti gepresste Saft ihrer Früchte gehört zu den Spitzenprodukten des Landes.

Letztlich ist es wohl die unvergleichliche Mischung, die nicht nur den Wein, sondern auch die Region so attraktiv macht. Von der Burg des oben erwähnten Grafen Ricasoli, dem Castello di Brólio, bietet sich ein berauschender Panoramablick über Kuppen, Täler, Laubwälder und Weinberge. Perfekt ist das Landschaftsbild komponiert, Burgen und Weingüter fügen sich so harmonisch in Natur und Geographie ein, als seien sie aus dem Boden gewachsen.

Ein paar kulturelle Glanzlichter bieten einige alte Gebäude südlich von Gaiole. Im Bergkloster Badia a Colitbuono gibt es herrliche Wandfresken zu bewundern, im Castello di Meleto bezaubert ein Renaissance-Innenhof, und im Castello di Spaltenna verwöhnt ein Restaurant. Mit einem besonderen Extra wartet die Villa Vignamaggio in der Nähe von Greve auf. Hier gibt es nicht nur einen schönen Park, einen der Kehle schmeichelnden Chianti und duftendes Olivenöl. Die Italiener erzählen sogar, dass Leonardo da Vinci in dieser Villa seine bezaubernde Mona Lisa gemalt habe, natürlich bei einem Chianti.

Land & Leute

Seit etruskischer Zeit wird im Chianti-Gebiet Wein angebaut. Riesige Rebhänge ziehen sich über sanfte Kuppen dahin, wechseln ab mit Olivenhainen und Pinienwäldern. Dazwischen liegen altertümliche Dörfer, alte Burgen und unzählige Weingüter. Die Stadt Siena setzt reizvolle Kulturhöhepunkte.

Feiern & Genießen

Die Sagra dell'Uva, die größte Weinmesse des Chianti, steigt jedes Jahr im September in Greve. Die Veranstaltung, bei der natürlich reichlich Wein fließt, hat sich mittlerweile zu einem Volksfest entwickelt.

promobil-Tipp

Die tonhaltige Erde in den Böden rings um Impruneta ist die Ursache dafür, dass sich das Städtchen zu einer Hochburg für die Keramikproduktion entwickeln konnte. In zahlreichen Keramikwerkstätten und Ateliers können Touristen hier hübsche Schalen, Krüge, Teller und auch Vasen einkaufen.

Wege zum Wein: **Chianti**
Ein Gebiet für Kenner und Liebhaber

INFOTHEK: DIE TOUR IM DETAIL — 5

▸ Route

Die Straße des Chianti schlängelt sich durch das Weingebiet zwischen Florenz und Siena. Um sie zu erreichen, verlässt der Reisende in Florenz die Autobahn bei der Abfahrt Firenze-Certosa und fährt zunächst auf der Via Cassia in Richtung San Casciano, bis er nach etwa einem Kilometer auf die Straße nach Impruneta abbiegt. Dort beginnt die Chiantigiana, am Weg von Norden nach Süden liegen die Orte Verrazzano, Greve, Castellina, Radda, Gaiole und Lecchi, der Endpunkt der Route ist bei Siena erreicht.

▸ Reisezeit

Die Chiantigiana ist eine Route, die sich vor allem für eine Tour im Frühling oder Herbst anbietet. Die Kombination von Rad- und Wander- mit Einkehrmöglichkeiten ist besonders zur Weinlese des Chianti im Herbst sehr reizvoll.

▸ Camping

Geeignete Campinganlagen liegen etwas entfernt von der Route in der Nähe der größeren Städte.
Marcialla: Camping Toscana Colliverdi. Terrassierte Wiese mit jungen Bäumen. Zufahrt schmal und kurvenreich. 60 Touristenplätze, geöffnet von Ende März bis Ende September, Telefon/Fax 00 39/05 71/66 93 34, www.campingtoscana.it/toscanacolliverdi.
Barberino Val d'Elsa: Camping Semifonte. Terrassiertes Wiesengelände mit Bäumen und Hecken. 100 Touristenplätze, geöffnet von Mitte März bis Ende Oktober, Tel./Fax 00 39/05 58/8 07 54 54, www.semifonte.it.
Siena: Camping Colleverde. In einem Wohngebiet mit Blick auf die Altstadt. 400 Touristenplätze, geöffnet Ende März bis Anfang November, Tel. 00 39/05 77/28 00 44, Fax 00 39/05 77/33 32 98.

▸ Sehenswertes

Impruneta: Freundliches Städtchen mit kleinem Zentrum. Kirche Santa Maria mit wundertätigem Madonnenbild und Kreuzgang, viele Terracotta-Ateliers.
Greve: Weinzentrum mit hübschem Marktplatz, Bogengängen und Weinstuben, Sa. Wochenmarkt, in der Enoteca del Gallo Nero Ausstellung der besten Chianti-Jahrgänge. In der Nähe mittelalterliches Burgdorf Montefioralle, Kloster Badia a Passignano und das Festungsdorf Panzano.
Castellina: Weindorf mit historischem Ortskern und mittelalterlichem Kastell, im Sommer für Besucher geöffnet. Etruskischer Grabhügel Montecalvarino.
Radda: Schöner Ort auf einem Bergvorsprung, Stadtmauer, verwinkelte Gassen, Palazzo del Podestà mit Glockentürmchen. In der Nähe das mittelalterliche Städtchen Volpáia und die Abtei Badia a Coltibuono.
Gaiole: In der nahen Umgebung Castello di Brólio mit Weinverkauf, Castello di Meleto mit kleinem Theater.
Castelnuovo Berardenga: Musikakademie Villa Chigi mit an Sonn- und Feiertagen zugänglichem Park.
Siena: Gut erhaltene mittelalterliche Stadt mit verzierten Backsteinbauten und romantischen Gassen. Piazza del Campo, umgeben von Palästen, Cafés und Restaurants. Rathaus mit besteigbarem Glockenturm. Prächtiger Dom mit grün-weißer Marmorfassade, Fußbodenbildern, Marmorkanzel und Dommuseum.

▸ Aktivitäten

Freizeitspaß: Der Naturpark Cavriglia ist ein beliebtes Ausflugsziel für Familien mitten in den Chianti-Bergen in der Nähe von Radda. Hier gibt es exotische Tiere, eine Riesenrutschbahn,

52

▲
Als Ausgangspunkt für Touren auf der Chiantigiana empfiehlt sich der meist gut besuchte Platz von Castellina in Chianti.

Tennisplätze, eine Bocchia-Bahn und hübsche Picknickbereiche.
Radfahren: Mit dem Fahrrad lassen sich schöne Touren durch das Weinanbaugebiet des Chianti unternehmen. Geeignet ist die Route von Panzana über das Castello di Volpia, San Donato in Perano, Vertine, Gaiole, das Castello di Meleto, Brólio, Lecchi bis nach Radda in Chianti. Die Strecke beträgt insgesamt 75 Kilometer mit einigen Steigungen, Geübte schaffen das in einem Tag. Wer sich Zeit lassen will, kann die Strecke auch gut in kleineren Etappen zurücklegen.
Wandern: Hübsche Wege führen in Greve rechts und links des Flusses zu Weinlagen und den Villen Castello di Vicchiomaggio, Castello di Verrazzano, Castello di Uzzano, Castello di Querceto und Villa Vignamaggio. Ein guter Ausgangspunkt für Wanderungen ist die Abtei Badia a Coltibuono bei Radda. Markierte Wege geleiten zu den umliegenden Schlössern.

▶ Essen & Trinken

Der Chianti ist wohl der bekannteste Rotwein Italiens. Traditionell ist er eine Mischung aus zwei roten und zwei weißen Traubensorten. Neuere Chianti-Kreationen verwenden auch nur rote Früchte. Zahlreiche Weingüter entlang der Chiantigiana bieten den Rebsaft zum Verkosten an. Nähere Informationen zum Chianti erteilt das Consorzio del Marchio Storico – Chianti Classico, Via Scopeti 155 - Sant'Andrea in Percussina, I-50026 San Casciano-Val di Pesa, Tel. 00 39/0 55/ 8 22 85, Fax 00 39/0 55/8 22 81 73, www.chianticlassico.com.

▶ Bücher & Karten

Ein guter und empfehlenswerter Führer zu Weinstuben und Kellern ist das „Reisehandbuch Toskana", Michael Müller Verlag, 2002, 22,90 Euro. Der gleiche Autor bietet auch einen schmaleren Band, der sich speziell der Weinregion zwischen Florenz und Siena widmet: „Chianti", Michael Müller Verlag, 2001, 15,90 Euro. Beide Bücher zeichnen sich durch eine Fülle nachvollziehbarer Tipps aus. Sehr ausführliche Informationen bieten Hella Kothmann und Wolf-Eckart Bühler: „Toscana", Reise Know-How Verlag, 2003, 19,90 Euro. Für Wanderungen bietet sich an: die Kompass Karte Nr. 660, „Firenze/ Chianti", Kompass Verlag, 2002, Maßstab 1:50 000, 6,95 Euro.

Weitere Informationen

Azienda di Promozione Turistica, Via Manzoni 16, I-50121 Firenze, Telefon 00 39/0 55/2 33 20, Fax 00 39/0 55/2 34 62 86, E-Mail apt@firenze.turismo.toscana.it, www.firenze.turismo.toscana.it

Stellplatz-Tipps: **Chianti**
Wo Reisemobilisten willkommen sind

Die Chiantigiana erschließt einen der landschaftlich reizvollsten Teile der Toskana. Die Weinstraße schlängelt sich durch grüne, schier endlose Weinberge, durch weite Olivenhaine und dichte Wälder. Das Anbaugebiet zwischen Florenz und Siena hat im Vergleich zur südlichen Toskana um Montalcino und Montepulciano in Sachen Stellplätze aber noch Nachholbedarf.

Die gute Nachricht zuerst: Mit Radda in Chianti und Castellina in Chianti gibt es immerhin zwei reisemobilfreundliche Weinbaugemeinden unmittelbar im Herzen des Anbaugebietes. Beide Orte besitzen durchaus ihren Reiz. Castellina lockt mit einem sehenswerten Etruskergrab auf dem Monte Calvario, einer gut erhaltenen Burganlage, und netten Lokalen wie der Trattoria La Torre. Das nahe Radda in Chianti ist zwar noch etwas kleiner, aber gewiss nicht weniger attraktiv.

Eine Stadtmauer umgibt das charmante Dorf, gut 100 Meter über ihm thront mit dem Castello di Volpáia eine sehr gut erhaltene Festung aus dem Mittelalter.

Beide Stellplätze haben einiges gemeinsam: Im Prinzip handelt es sich um neu genutzte Parkflächen – im Falle von Castellina um einen Parkstreifen am Stadtrand, bei Radda um ein terrassiertes Gelände im Ortskern. Die Ausstattung ist wie auf den meisten italienischen Stellplätzen eher schlicht. Ein simpler Bodeneinlass löst das Abwasserproblem, zum Tanken von Frischwasser gibt es einen einfachen Zapfhahn. Weitere Einrichtungen wie Stromautomaten oder gar Sanitäranlagen gibt es nicht.

Damit, und das ist die schlechte Nachricht, sind die besten Stellplätze an der Chiantigiana auch schon genannt. Wer etwas weitere Kreise ziehen mag, das sei zum Trost hinzugefügt, landet bei der Stellplatzsuche, in zwei sehr attraktiven Kleinstädten. Colle di Val d'Elsa ist nicht nur für seine Kristallwaren und die malerische Altstadt berühmt, hier finden sich gleich zwei einfache Übernachtungsflächen für Reisemobile.

Ähnlich verhält es sich auch in Certaldo. Die Geburtsstadt des Dichters Boccaccio besitzt eine gut erhaltene Altstadt auf einem Felsen, der sich rund 130 Meter hoch über das Tal der Elsa erhebt, zahlreiche Palazzi und einladende Restaurants. Das Beste: Am Fuß der Altstadt bietet sich ein ausgewiesener Übernachtungsplatz an.

Castellina in Chianti

Anfahrt: SS 2 Florenz–Siena, bei Poggibonsi auf die SS 429 bis Castellina in Chianti fahren. Ab Ortsmitte den Schildern mit dem Reisemobil-Signet bis zum Parkplatz an der Tomba Etrusca folgen.

Stellplätze: Gebührenfreier Stellplatz für 10 bis 20 Mobile auf dem geschotterten Parkplatz am nördlichen Ortsausgang unterhalb des Etruskergrabes. Ebenes, unbeleuchtetes Gelände nahe der Straße, fast schattenlos, Papierkörbe vorhanden, keine zeitliche Beschränkung. Relativ ruhige Lage, schöner Blick über die Weinberge. Gehbare Distanz in den Ortskern. Ganzjährig nutzbar.

Ent-/Versorgung: Bodeneinlass und Frischwasserzapfstelle auf dem Parkplatz vorhanden. Tag und Nacht erreichbar.

Informationen: Agenzia per il Turismo, Via di Città 43, I-53100 Siena, Telefon 00 39/05 77/28 05 51, Fax 00 39/05 77/28 10 41.

Certaldo

Anfahrt: SS 2 Florenz–Siena bis zur Abfahrt Poggibonsi-Nord, weiter auf der Straße 429 Richtung Pisa nach Certaldo. Der ausgeschilderte Stellplatz an der

◀ Der Stellplatz am Rande des Zentrums von Radda in Chianti eignet sich für einen Zwischenstopp.

Piazza Macelli liegt am Ortsausgang Richtung Poggibonsi.
Stellplätze: Gebührenfreier Stellplatz für 10 Mobile auf dem ausgewiesenen Parkplatz an der Piazza Macelli, am Ortsausgang Richtung Poggibonsi. Ebener, geschotterter Untergrund, Schatten durch hohe Bäume, Kinderspielplatz samt Basketballfeld in der Nachbarschaft. Kein Strom, kein WC vorhanden. Fußläufige Entfernung zur Oberstadt. Ganzjährig nutzbar.
Ent-/Versorgung: Bodengully mit Frischwassersäule und Spüleinheit auf dem Platz.
Informationen: Assistenza Turistica pro Certaldo, Via G. Boccaccio 16, I-50052 Certaldo, Telefon/Fax 00 39/05 71/65 27 30.

Colle di Val d'Elsa

Anfahrt: A 1 Bologna–Siena bis zur Abfahrt Colle Val d'Elsa-Sud, auf der Landstraße bis Colle di Val d'Elsa. Die Stellplätze befinden sich in der Via Dietro Le Mura unterhalb der Stadtmauer und in der Via Portavecchia oberhalb des Platzes V. D. L. Mura.
Stellplätze: Gebührenfreier Stellplatz für etwa 10 Mobile auf dem Parkplatz in der Via Dietro Le Mura unterhalb der Stadtmauer. Untergrund Rasengittersteine, Zufahrt eng, Parzellen kurz. Mülleimer vorhanden.
● Gebührenfreier Stellplatz für mehrere Mobile auf dem Parkplatz in der Via Portavecchia oberhalb des Platzes V. D. L. Mura. Untergrund geteert, leicht schräg. Mülleimer, Toiletten.
Ent-/Versorgung: Auf den Stellplätzen nicht möglich.
Informationen: Pro Loco Colle di Val d'Elsa, Via Campana 18, I-53034 Colle di Val d'Elsa, Telefon 00 39/05 77/91 21 11, kein Fax.

Radda in Chianti

Anfahrt: SS 2 Florenz Richtung –Siena, bei Poggibonsi auf die SS 429 Richtung Montevarchi und Castellina in Chianti. Über Castellina nach Radda, im Ort dann der Beschilderung zum Stellplatz folgen.
Stellplätze: Gebührenfreier Stellplatz für 20 Mobile südlich der Ortsdurchfahrt an einem Hang unterhalb der Hauptstraße. Terrassiertes, unbeleuchtetes Gelände, etwas steile Zufahrt. Parkplatz für Reisemobile. Geschotterter Untergrund, teilweise schattig durch junge Bäume. Schöner Blick über die Hügellandschaft, ruhige Lage, nur Parkverkehr, eine Pizzeria liegt in unmittelbarer Nähe. Ganzjährig nutzbar.
Ent-/Versorgung: Anlage Marke Eigenbau mit Bodeneinlass und Frischwasserzapfstelle direkt am Stellplatz auf einer der Terrassen.
Informationen: Pro Loco Radda in Chianti, Piazza Ferruci 1, I-53017 Radda in Chianti, Telefon und Fax 00 39/05 77/73 84 94.

6 Montalcino

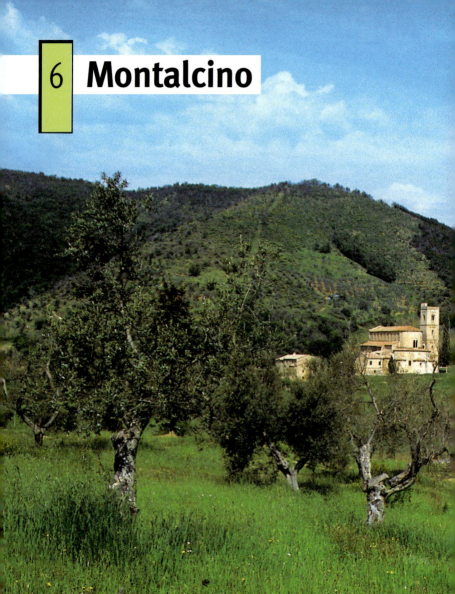

Der **Himmel** auf Erden

Gastfreundschaft und la Dolce Vita verwöhnen die Besucher in der südlichen Toskana – ungewöhnliche Begegnungen in einer Region, in der Wein, Grappa, Öl und Honig fließen.

6 Wege zum Wein: **Montalcino**
Begegnungen in der südlichen Toskana

Ein Bussi links, ein Bussi rechts und dann noch ein strahlendes Lachen – der Empfang auf dem Weingut La Crociona könnte kaum herzlicher sein. Fiorella Vannoni, die Besitzerin des malerischen Anwesens vor den Toren von Montalcino, lässt mit ihrer temperamentvollen Art die Strapazen der langen Anreise im Nu vergessen. Ihr kleines Familienweingut inmitten weiter Rebfelder ist genau der richtige Ort, um sich auf das süße Leben in der südlichen Toskana einzustellen. Ringsum gedeiht die Sangiovese-Rebe des berühmten Brunello prächtig – die Auszeichnungen auf anonymen Weinverkostungen zeigen es nur zu deutlich.

Gleich nebenan locken Liegestühle und Swimmingpool die Gäste aus den Appartements in den Garten. Weinkeller und Probierstube gehören zu La Crociona wie der Korken in die Flasche. Und das Beste an allem: Die große Italienerin hat ein Herz für Reisemobilisten. Sie ist selbst vor einigen Jahren mit dem Caravan unterwegs gewesen und zeigt Gästen mit Reisemobil mit Händen und Füßen und ein bisschen Englisch den Weg zu einem ruhigen und halbwegs ebenen Fleckchen Erde – einem Stellplatz am Rand des Weinguts direkt neben Rebgärten.

Wenn es gewünscht wird, so gibt Signora Vannoni zu verstehen, führt sie ihre Gäste auch gern durch die Gewölbe, wo der edle Rebensaft seiner Verkostung harrt. Eins wird hier schon nach wenigen Minuten deutlich: Den wahren Reiz der Toskana machen nicht die Kunstschätze von Florenz aus, nicht die mittelalterlichen Straßen und Plätze von Siena oder der von Touristenmassen belagerte Schiefe Turm von Pisa. Den echten Charme versprühen die Menschen mit ihrer natürlichen Gastlichkeit. Küche und Keller tun ein übriges, das Herz der Touristen schnell für die Toskana zu begeistern. Auf La Crociona drängen sich glänzende Grappa-Flaschen, dickleibige Gefäße mit Honig, schlanke Behälter voller Olivenöl und die vielversprechenden Rotwein-Flaschen in den Regalen der Probierstube dicht aneinander – und das zu einem durchaus fairen Preis.

Angesichts dieser Versuchungen könnte sich die Reise in die Toskana schnell zu einem kulinarischen Giro d'Italia entwickeln. Beim Anblick des nahen Montalcino schlägt nicht nur das Herz von Weinliebhabern höher. Die Häuser des alten Städtchens ziehen sich malerisch einen Hügel hinauf, der an seinem höchsten Punkt stolze 621 Meter

Den Tourverlauf finden Sie im Kartenteil auf Seite 10.

Typisch Toskana: Zypressen und Olivenhaine wiegen sich auf den Hügeln der lieblichen Landschaft. ▶

◀ In den Schutz der Festung drängen sich die Häuser von Piancastagnaio, einem Ort am Fuße des wilden Monte Amiata.

über dem Meer erreicht. Die fünfeckige Festung im Zentrum kündet heute noch von den Zeiten, als Montalcino ein politischer Spielball zwischen den rivalisierenden Städten Siena und Florenz war.

Tief unten im Tal erstreckt sich um das Städtchen das Anbaugebiet des Brunello. Der felsige und trockene Boden, die Sonne und das geschützte Klima begünstigen den Weinanbau in dem fast quadratischen Gebiet zwischen den Flüssen Orcia, Ombrone und Asse.

Wie so oft geht der heutige Wohlstand der Weinbauern auf einen glücklichen Zufall zurück. Vor gut 100 Jahren experimentierte Ferruccio Biondi Santi auf seinen Ländereien mit der Sangiovese-Rebe, ließ den Wein lange in Holzfässern reifen und schuf so die Grundlage für den Erfolg des Brunello. Heute gilt der tiefrote Wein mit dem intensiven Geschmack als einer der edelsten Tropfen Italiens. Die starke Nachfrage vor allem durch US-Amerikaner zeigt Wirkung: Unter 30 Euro ist eine Flasche eines guten Jahrgangs kaum noch zu bekommen.

Gleich hinter der Festung von Montalcino beginnt ein Labyrinth steil ansteigender Gassen, schmaler Straßen und versteckter Winkel voller Blumen. Wer die Mentalität der Einheimischen erleben will, muss sich am späten Nachmittag ein Stündchen Zeit nehmen und sich auf der Piazza Cavour auf eine Bank setzen. Rentner pflegen hier über verschossene Elfmeter zu wettern, junge Frauen mit Kinderwagen hecheln heiße Tipps durch, und Teenager verabreden ihr nächstes Date. Der Gast ist mittendrin – mit Händen und Füßen, ein paar Brocken Italienisch und viel Fantasie.

Schnell füllen sich am frühen Abend die Restaurants. Die Tische vor der Fiaschetteria Cantina del Brunello sind bis auf den letzten Platz belegt, und auch die Trattoria Sciame, eine Hochburg der toskanischen Hausmannskost, ist fest in den Händen von Amerikanern. Deutlich distinguierter geht es bei Barbi zu.

Land & Leute

Die südliche Toskana ist eine stark besuchte Region, die Genießer magisch anzieht: Die deftige Küche, die guten Weine und der Grappa machen die Reise zu einem kulinarischen Vergnügen, vor allem im Mai, September und Oktober.

Sehen & Erleben

Das berühmteste Fest in der Toskana ist der Palio delle Contrade in Siena. Bei dem großen Pferderennen im Juli/August auf dem leicht abschüssigen Campo streiten Reiter für die Stadtviertel um den Sieg. Bitte beachten: Karten ein Jahr im Voraus bestellen.

Essen & Trinken

Toskanische Bauernküche par excellence serviert die Taverna e Fattoria dei Barbi zwei Kilometer vor den Toren von Montalcino. Die Wildspezialitäten und die großen Brunello-Weine machen ein Abendessen zum unvergesslichen Erlebnis. Di, Mi geschlossen, reservieren. Die Weine des Hauses lassen sich auch in der großen Enoteca in der Festung von Montalcino probieren. Enotecas im Ort bieten teilweise günstigere Preise.

6 Wege zum Wein: **Montalcino**
Begegnungen in der südlichen Toskana

„Sie haben reserviert?" Ein prüfender Blick des Oberkellners mustert die neuen Gäste der Trattoria dei Barbi ein paar Kilometer außerhalb von Montalcino an der Straße nach Sant'Antimo. Man hat. Und wird gnädig aufgenommen.

Ein Dutzend Tische gruppiert sich in dem dunklen, rustikal eingerichteten Raum um einen riesigen Kamin. Die Speisekarte ist ebenso vielversprechend wie das Ambiente: Als Vorspeise Würste und Salami aus eigener Schlachtung, dann Pasta mit Brunello-Sauce oder lieber eine Polenta mit Steinpilzen? Fasan oder doch besser Wildschwein zum Hauptgang? Und als Krönung dann noch einen Brunello des Jahrgangs 1995.

Francesca Colombini Cinelli dirigiert seit 1974 die traditionsreiche Fattoria, die ihre Familie schon seit dem 16. Jahrhundert bewirtschaftet. Genau 404 Brunello". Der Wein und andere Produkte der Fattoria sind vor Ort auch im Direkteinkauf zu bekommen.

Langsam, aber sicher verwandelt sich das Reisemobil in eine rollende Feinschmeckertheke: Im Kühlschrank liegen Käse und Salami, der Honig ist gut verwahrt, und auch der Rotwein ist in den Tiefen der Sitztruhe sicher verstaut. Ein Problem aber bleibt: Ein Grappa muss noch her. Doch gleich der erste Blick in eine Enoteca im Herzen von Montalcino zeitigt ein Problem: Welcher Grappa in dieser kaum überschaubaren Batterie von filigranen, dicken, dünnen, bauchigen oder bunten Flaschen ist denn nun der richtige?

Stefano Campatelli weiß Rat. Der Geschäftsführer des Consorzio del Vino di Brunello residiert in dem alten Rathaus von Montalcino. „Wenn ich einen edlen Grappa für einen guten Freund

Freut sich auf Gäste: Fiorella Vannoni vom Weingut La Crociona bei Montalcino. ▶

Hektar verteilen sich über die steilen und steinigen Hügel, umgeben von Wäldern, Weinbergen und Olivenhainen. Mit der Wurst aus eigener Schlachtung, dem berühmten Pecorino-Schafkäse und Olivenöl legte die Familie den Grundstein für den wirtschaftlichen Erfolg, bis Giovanni Colombini 1957 begann, den Brunello zu vermarkten.

Mit Stil und Sachverstand setzt Francesca den Erfolg fort. Die Weine der Fattoria dei Barbi zählen zu den besten in der gesamten Region – und die Inhaberin gilt heute als die „große Dame des kaufen möchte, dann nehme ich immer einen von Nannoni." Gioacchino Nannoni ist unter Anhängern des Modebrandes fast schon eine Legende, eine nicht unumstrittene allerdings.

„Er ist vielleicht ein bisschen verrückt", heißt es hinter vorgehaltener Hand über den berühmt-berüchtigten Schnapsbrenner, „aber auf jeden Fall ein Genie in seinem Fach". Keine Frage. Der Besuch bei einem Grappa-Großmeister fehlt noch bei einer Toskana-Reise.

Lautes Gebell ertönt zur Begrüßung hinter dem meterhohen Zaun im Weiler

Aratrice in den östlichen Ausläufern der Maremma, wo der Meister der Brennkunst in einem lachsfarbenen Landhaus residiert. Ungerührt von der tierischen Hektik bei der Ankunft der Besucher wandeln zwei Pfauen im Garten.

Der Maestro entpuppt sich nicht nur als begnadeter Weinbauer und Destillateur, sondern auch als wortgewandter Erzähler: „Anfang der sechziger Jahre habe ich das Grappa-Brennen in der Toskana eingeführt", erzählt er beim Rundgang durch die Destillationsanlagen auf seinem Hof – nicht ohne Stolz.

Sein Anwesen ist für viele berühmte Weingüter in der Toskana die erste Adresse zum Brennen eines großen Grappas. Ornellaia, Altesino und Grattamacco sind nur drei klangvolle Namen von rund 20 Auftraggebern. Mehr Kunden zu bekommen wäre kein Problem. Doch Nannoni leistet sich einen Luxus: Trester, der seinen Qualitätsansprüchen nicht genügt, schickt er einfach zurück.

Ich bin nicht bescheiden", sagt der Graukopf, während seine Augen zu funkeln beginnen und die Lachfältchen in

Tutto rosso: Im Frühling tauchen die großen Mohnfelder die grünen Hügel in leuchtendes Rot.

Wandern & Radeln

Ein Paradies für Wanderer ist der 1738 Meter hohe Monte Amiata im Süden der Toskana. Gut markierte Wanderwege erschließen die dichten Eichen-, Kastanien- und Buchenwälder. In das Innere der Wälder führt der 28 km lange Rundweg „Anello della Montagna".

Stellplatz & Stil

Unter den vielen Stellplätzen in der südlichen Toskana ragt das Angebot von Fiorella Vannoni heraus: Auf ihrem Brunello-Weingut La Crociona bei Montalcino können drei Reisemobile auf einem naturbelassenen Rasenstreifen neben Keller und Rebgärten gut stehen.

promobil-Tipp

Ein Meisterstück der Kunstgeschichte birgt Pienza. Die Piazza Piccolomini aus dem 15. Jahrhundert geht auf einen Auftrag des Papstes Pius II. an die Architekten Alberti und Rossellino zurück. Der Kirchenmann wollte seinen Geburtsort im Stil der Renaissance umbauen lassen.

seinen Augenwinkeln einen kleinen Tanz aufführen. „Aber ich habe auch keinen Grund dazu."

Woran aber erkennt man einen guten Grappa? „Ein wenig Grappa in die Hände schütten und verreiben", sagt Nannoni und kippt den edlen Grappa di Merlot, den er für Ornellaia brennt, in die offene Hand. „Wenn der Alkohol verdunstet ist, sollte die Haut sanft und glatt sein wie nach dem Einreiben mit einer Creme – klebrige Rückstände weisen auf Zuckerzusätze im Grappa hin." Nur Ignoranten kaufen ihren Grappa nach der Form der Flasche, warnt er weiter. „Wenn bei mir jemand einen Grappa für 30 Euro kauft, dann ist der Inhalt 30 Euro wert", und zeigt auf die schlichten, dunkelgrünen Flaschen in seiner Lagerhalle. „Wenn ein Grappa in einer Designerflasche 40 Euro kostet, kann der Inhalt nur 20 Euro wert sein."

Auch für das Verkaufsgeschick mancher Winzer, die mit angeblich limitierten Auflagen einen hohen Preis rechtfertigen, hat Nannoni nicht viel übrig. „In Italien gibt es kein Gesetz, das diese Behauptung kontrolliert." Zum Abschied gibt er allen *promobil*-Lesern einen Tipp: „Normalerweise verkaufe ich nur an ausgewählte Kunden. Wer aber ein Touren-Buch mitbringt, wird bedient!"

Wege zum Wein: **Montalcino**
Begegnungen in der südlichen Toskana

▶ Route

Eine empfehlenswerte Rundtour durch die südliche Toskana folgt zunächst der Via Chiantigiana von Grassina über Greve in Chianti, Radda in Chianti und Castellina in Chianti nach Siena. Weiter auf der S 2 Richtung Süden über Buonconvento, Montalcino und Montepulciano zum Monte Amiata. Dann von Abbadia San Salvatore Richtung Westen über Paganico nach Grosseto und weiter ans Meer nach Marina di Grosseto, Castiglione di Pescaia und Cecina.

▶ Reisezeit

Für die empfohlene Genießertour eigen sich am besten das späte Frühjahr (Mai/Anfang Juni), wenn die Landschaft wunderbar erblüht ist und die Hügel der Toskana noch grün sind, und der Herbst (September/Oktober), wenn am nahen Monte Amiata die Pilz- und Wandersaison lockt.

▶ Sehenswertes

Montalcino: Schmuckes Weindorf mit schönen Gassen und steilen Stiegen, der Festung, dem Palazzo Communale und der Kirche Sant'Agostino.
Montepulciano: Malerisches Hügel- und Renaissancestädtchen in der Nachbarschaft von Montalcino. Sehenswerte Piazza Grande mit dem Renaissance-Dom, dem Palazzo Communale und dem Palazzo Nobili-Tarugi.
Pienza: Viel besuchtes Dorf mit malerischem Stadtbild im Stil der Renaissance. Sehenswert: Dom, Kirchen und Palazzi.
San Gimignano: Mittelalterlich anmutende Stadt mit stimmungsvollem Ambiente und 13 sogenannten Geschlechtertürmen.
Siena: Nahezu perfekt erhaltene, mittelalterliche Stadt mit vollständiger Stadtmauer, dem Dom Santa Maria Assunta, herrlichen Palazzi, der Piazza del Campo mit dem Palazzo Communale und beeindruckenden Kirchen.
Volterra: Uralte Etrusker-Stadt auf einem gut 500 Meter hohen Hügel mit Festung, Stadtmauer, Palazzi, historischen Gebäuden, Etrusker-Museum, Alabastergeschäften und -werkstätten.

▶ Aktivitäten

Shopping: Wein, Grappa, Obstessig, Olivenöl und Honig sind die klassischen Mitbringsel von einer Toskana-Tour. Viele Erzeuger bieten einen Direktverkauf – die Schilder „Venditi diretti" am Straßenrand beachten. Die Broschüre „Cantina Aperte" listet Weinkeller auf, die Touristen offen stehen. Erstklassigen Pecorino-Käse und Salami kann man beispielsweise auf der Fattoria dei Barbi bei Montalcino kaufen.

▶ Essen & Trinken

Seit etwa zehn Jahren steigt die Nachfrage nach Brunello-Rotweinen stark an – mittlerweile gehört der Rotwein neben dem Barolo aus dem Piemont zu den gesuchtesten und teuersten Roten Italiens. Einen guten Überblick über die Lagen und Produzenten des Brunello gibt die Internet-Seite des Consorzio: www.consorziobrunellodimontalcino.it (auch in englischer Sprache).

Der Brunello ist ein schwerer, eleganter und kräftiger, manchmal fast schon wuchtiger Rotwein aus der Sangiovese-Rebe, der nur in einem geschützten Bezirk rund um Montalcino produziert wird. Der Rotwein wird drei Jahre im Holzfass gelagert und reift danach noch in der Flasche. Aus der gleichen Rebe stammt der Rosso di Montalcino, ein jüngerer und damit auch billigerer Wein. Manche Produzenten bringen einen Rosso hervor, der dem

▲
Zum Einkaufsvergnügen für Feinschmecker gestaltet sich ein Besuch in den Räumen der Fattoria dei Barbi vor den Toren von Montalcino.

Brunello in Kraft und Eleganz kaum nachsteht (Col d'Orcia).

Zu den so genannten Jahrhundert-Jahrgängen des Brunello, die sehr hoch gehandelt werden, zählen 1990, 1995 und 1997. Für den Einkauf bieten sich in erster Linie die Enotheken an, die eine Vielzahl von Weinen verschiedener Produzenten und Jahrgänge anbieten, oft auch die Gelegenheit zur Kostprobe bieten. In Montalcino lohnt aber auch ein Blick in den kleinen Edeka-Markt in der Altstadt: Gelegentlich sind hier gute Jahrgänge deutlich preiswerter als in den Enotheken zu finden.

Wer seinen Lieblingswein entdeckt hat, kann auch auf Weingütern einkaufen. Eine gute Adresse ist das Weingut La Crociona in der Localita La Croce bei Montalcino (www.crocedimezzo.com). Der Familienbetrieb stellt außer dem Brunello auch einen sehr guten, im Fass gereiften Rosso di Montalcino her und seit kurzem den Crocioato Nero, eine interessante Cuvée aus Sangiovese, Cabernet Sauvignon und Syrah.

Die toskanische Küche ist deftig und bodenständig. Eine dreigängige Mahlzeit fängt in der Regel mit Antipasti an – kleinen Brotstücken mit Leberpastete (Crostini) oder Röstbrot mit Knoblauch und Öl (Bruschetta), das mit Tomaten oder Pilzen belegt ist. Als Zwischengericht folgen Nudeln oder Suppen, beim Hauptgang dominieren um Montalcino Fleischgerichte: Wildschwein, Kaninchen, Fasan, Huhn, Steaks. Restaurant-Tipps:
Da Ugo: Preisgünstiges Restaurant in der Altstadt von Castagneto Carducci. Traditionelle toskanische Küche, unter anderem Kaninchen und Geflügel.
Trattoria Sciame: Montalcino, Via Ricasoli 9: Lokal mit typischer Hausmannskost. Tipp: Bruschetta mit Steinpilzen.

▶ Bücher & Karten

Empfehlenswert wegen seines vorzüglichen Service-Teils: Michael Müller, „Toskana", Michael Müller Verlag, Erlangen, 2002, 22,90 Euro. Ausgezeichnet: Viele Tipps für den Besuch von Weingütern, Bauernhöfen, Geschäften und Restaurants liefert Maureen Ashleys Band „Toskana", Gräfe und Unzer Verlag, München, 2000, 12,90 Euro. Ebenfalls an reisende Genießer wendet sich Kate Singleton, „Südtoskana, Montalcino, Montepulciano", Gräfe und Unzer Verlag, München, 2002, 14,90 Euro.

Weitere Informationen
Associazione Pro Loco, Costa del Municipio, I-53024 Montalcino, Telefon 00 39/05 77/84 93 31, Fax 00 39/ 05 77/84 93 43, E-mail info@prolocomontalcino.it, www.comune.montalcino.si.it.

Stellplatz-Tipps: **Montalcino**
Wo Reisemobilisten willkommen sind

Genießer haben es gut: Rund um Montalcino finden sie eine Reihe von Stellplätzen für Reisemobile. Als Ausgangspunkt für Streifzüge durch die Hochburg des Brunello bieten sich gleich zwei Übernachtungsflächen in der Weinstadt selbst an. Vor den Toren der Stadt, im Weiler La Croce, bietet das Weingut La Crociona einen einfachen Stellplatz an. Und wer von hier aus einen Ausflug zum nahen Monte Amiata unternehmen will, ist ebenfalls gut aufgehoben: Mehrere Ortschaften rund um den Vulkanberg weisen zumeist einfache, aber für eine Rundreise durchaus ausreichende Stellplätze samt Ent- und Versorgungseinrichtungen aus.

Abbadia San Salvatore

Anfahrt: SS 2 Siena–Viterbo bis zum Abzweig nach Abbadia San Salvatore. Im Ort an der großen Kreuzung links abbiegen, dann rechts auf den Parkplatz an der Via Fosso Canali.
Stellplätze: Gebührenfreier Stellplatz für 10 Mobile auf dem Parkplatz an der Via Fosso Canali. Leicht abschüssiger, asphaltierter Untergrund, beleuchtet, kein Schatten. Ruhige Lage in einem Wohngebiet neben einer Grünanlage. Markierte Flächen im Pkw-Format. Ganzjährig nutzbar.
Ent-/Versorgung: Bodeneinlass auf dem Parkplatz an der Via del Pino (auf der Anhöhe, relativ steile Zufahrt). Trinkwasserbrunnen auf dem Stellplatz in der Via Fosso Canali vorhanden.
Informationen: A. P. T. dell'Amiata, Via Adua 25, I-53021 Abbadia San Salvatore, Tel. 00 39/05 77/77 58 11, Fax 00 39/05 77/77 58 77.

Arcidosso

Anfahrt: SS 2 Siena–Viterbo bis zur Abfahrt nach Castiglione d'Orcia, über Seggiano nach Arcidosso. Im Ort den Hinweisen zum Parco Faunistico folgen.
Stellplätze: Gebührenfreier Stellplatz für 10 Mobile auf dem Parkplatz am Eingang zum Parco Faunistico. Leicht abfallender, geschotterter Untergrund. Sehr ruhige, aber auch einsame Lage weit außerhalb des Zentrums. Ganzjährig nutzbar.
• Gebührenfreier Stellplatz für 3 Mobile auf dem Parkplatz am Sportzentrum. Ebener, asphaltierter Untergrund. Ganzjährig.
Ent-/Versorgung: Bodeneinlass, Frischwasserbrunnen auf dem Parkplatz am Parco Faunistico. Bodeneinlass, Frischwasseranschluss am Sportzentrum.
Informationen: A. P. T. dell' Amiata, Via Adua 25, I-53021 Abbadia San Salvatore, Telefon 00 39/05 77/77 58 11, Fax 00 39/05 77/77 58 77.

Buonconvento

Anfahrt: SS 2 Florenz–Siena bis Siena und weiter auf der Straße 2 Richtung Viterbo bis Buonconvento. Der Stellplatz befindet sich nahe dem Zentrum parallel zur Hauptstraße Via Cassia und direkt bei der alten Stadtmauer.
Stellplätze: Gebührenfreier Stellplatz für 20 Mobile auf der Parkfläche bei der alten Stadtmauer an der Via Cassia. Untergrund eben, teils Erde, teils geschottert. Schatten durch Bäume. Beleuchtung und Mülleimer vorhanden. Relativ laut. Ganzjährig nutzbar. Samstags wegen Markt gesperrt.
• Alternative: der Parkplatz in der Via Bibbiano.
Ent-/Versorgung: Bodengully und Frischwassersäule in der Via Macelli an der Straße nach Santuario Monte Oliveto Maggiore.
Informationen: Comune di Buonconvento, Via Soccini 32, I-53022 Buonconvento, Tel. 00 39/05 77/80 60 12, Fax 00 39/05 77/80 72 12.

Castèl del Piano

Anfahrt: SS 2 Siena–Viterbo, nach San Quírico d'Orcia auf die S 323 abbiegen und über Castiglione d'Orcia und Seggiano bis Castèl del Piano fahren.
Im Ort dann den Wegweisern zum Centro sportivo in der Via Po folgen.
Stellplätze: Gebührenfreier Stellplatz für 50 Mobile auf dem Parkplatz am Sportzentrum. Ebener, asphaltierter Untergrund. Terrassiertes Gelände mit zwei Ebenen. Schattenlos, beleuchtet, ruhig, außerhalb vom Ortskern, Müllcontainer, Telefonzellen, Toilettenhäuschen vorhanden.
Ent-/Versorgung: Bodeneinlass auf dem unteren Platzteil, Schachtdeckel schwergängig. Frischwasserzapfstellen auf dem oberen Platz, keine Möglichkeit zum Schlauchanschluss.
Informationen: A. P. T. dell' Amiata, Via Adua 25, I-53021 Abbadia San Salvatore, Telefon 00 39/05 77/77 58 11, Fax 00 39/05 77/77 58 77.

Castiglione d'Orcia

Anfahrt: SS 2 Siena–Viterbo bis zum Abzweig der Landstraße nach Castiglione d'Orcia. Der Stellplatz liegt neben den Tennisplätzen an der Via Marconi und ist ab dem Ortseingang durch Schilder gut ausgewiesen.
Stellplätze: Gebührenfreier Stellplatz für 10 Mobile auf dem Parkplatz neben der Tennisanlage an der Via Marconi. Parkplatz für Pkw und Reisemobile. Ebener, asphaltierter Untergrund, kein Schatten. Relativ ruhige Lage am Ortsrand. Ganzjährig nutzbar. Bar direkt am Platz, Toilettenbenutzung während der Öffnungszeiten der Bar möglich.
Ent-/Versorgung: Bodeneinlass, Frischwasserzapfstelle auf dem Parkplatz vorhanden.
Informationen: Associazione Pro Loco, Via Marconi 13, I-53023 Castiglione d'Orcia, Telefon 00 39/05 77/88 72 13, Fax 00 39/05 77/88 75 28.

Montalcino

Anfahrt: S 2 Florenz–Abbadia San Salvatore bis zum Abzweig nach Montalcino. Der Stellplatz ist im Ort gut ausgeschildert.
Stellplätze: Gebührenfreier Stellplatz für 70 Mobile auf dem Parkplatz Pineta Osticcio in der Zona Alberghería am Ortsrand. Naturbelassenes Gelände, leicht unebener Untergrund, ruhige Lage. Ganzjährig nutzbar.
● Gebührenfreier Stellplatz für 20 Mobile auf dem Parcheggio Spuntone in der Via Aldo Moro am Fuß der Festung. Asphaltierter, stark geneigter Untergrund. Abends ruhig, relativ günstige Lage zum Ortskern (starke Steigung). Ganzjährig nutzbar.
Ent-/Versorgung: Bodeneinlass und Frischwasserzapfhahn auf dem Parkplatz Pineta Osticcio vorhanden. Tag und Nacht.
Informationen: A. P. T., Costa del Municipio, I-53024 Montalcino, Telefon/Fax 00 39/05 77/84 93 31.

La Croce

Anfahrt: SS 2 Siena–Viterbo bis zum Abzweig der Landstraße nach Montalcino. Auf der serpentinenreichen Strecke Richtung Zentrum fahren, an der Kreuzung neben der Burg den Wegweiser nach Sant'Antimo/Castelnuovo dell'Abate beachten und scharf links abbiegen. Nach wenigen Kilometern links abbiegen zur Fattoria La Crociona (Schild).
Stellplätze: Gebührenfreier Stellplatz für 3 Mobile auf einem Wiesenstreifen auf der Fattoria La Crociona. Fast ebener Untergrund, kein Schatten. Ruhige Lage zwischen Zufahrtsstraße und Rebstöcken. Ganzjährig nutzbar.
Ent-/Versorgung: Frischwasserversorgung auf Anfrage möglich. Bodeneinlass auf dem Stellplatz in Montalcino, Pineta Osticcio.
Informationen: Agriturismo La Crociona, Località La Croce, I-53024 Montalcino, Telefon/Fax 00 39/05 77/84 80 07.

7 Montepulciano

Der Garten der Toskana

Wer die berühmte Gartenlandschaft der Toskana sucht, ist bei Montepulciano genau richtig: Sanfte Hügel, Zypressen und alte Städte verleihen dieser Region ihren Zauber.

7 Wege zum Wein: **Montepulciano**
Ein Städtchen auf dem Höhepunkt

Mutter Natur ist doch die Beste. Kein noch so begabter Landschaftsarchitekt hätte die malerische Komposition aus sanft gerundeten Hügeln, hoch aufragenden Kuppen und dem lieblichen Orcia-Tal zwischen Montalcino und Montepulciano harmonischer gestalten können als die Natur selbst. Menschenhand gibt dem Ganzen seit Jahrhunderten dann noch den letzten Schliff. Lang gestreckte Zypressenalleen führen zu allein stehenden Bauernhäusern, schmücken auch die Zufahrten zu den stolzen Anwesen alteingesessener Adelsfamilien und weisen den Weg zu den Burgruinen, die sich auch hier, in der lieblichen Hügel- und Gartenlandschaft zwischen den beiden Weinmetropolen, ausdehnen.

Den Tourverlauf finden Sie im Kartenteil auf Seite 10 und 11.

In einem ewigen Auf und Ab kurven die Straßen gen Osten, bis dann mit Montepulciano ein absoluter Star unter den Städten der südlichen Toskana hoch oben auf einem gut 600 Meter hohen Hügel auftaucht – und das will bei der Menge der attraktiven, mittelalterlich geprägten Touristenhochburgen à la Volterra, San Gimignano, Siena oder Lucca wahrlich etwas heißen. Vom Fuße der Stadt grüßt die meisterhafte Kirche San Biagio herüber, auch sie ziert eine Zypressenallee, doch zunächst steht der Besuch der befestigten, von weitem so verschlossen wirkenden Weinstadt an.

Ein Hinweisschild mit dem Reisemobil-Piktogramm weist den richtigen Weg zum Ausgangspunkt für einen Stadtspaziergang. Denn vom Stellplatz am Fuß der Stadt ist das historische Zentrum von Montepulciano in wenigen Minuten zu erreichen.

Ganz leicht fällt der Streifzug allerdings nicht. Denn die Straßen, Stiegen und Gassen führen dauernd bergauf, bergab durch die alte, immer noch stark befestigte Stadt, die 14 000 Einwohner zählt und den Besucher sofort für sich einnimmt – der farblichen Harmonie der Bauten, die in warmen Brauntönen leuchten, und der architektonischen Geschlossenheit sei Dank. Ihren Mittelpunkt bildet die elegante Piazza Grande. Hier stehen der Dom im Stil der späten Renaissance, der zinnengekrönte Palazzo Comunale, der entfernt an den Palazzo Vecchio in Florenz erinnert, und hier findet sich auch der wuchtige Palazzo Nobili-Tarugi.

Klar, dass vor solch einer malerischen Kulisse Straßencafés und Restaurants nicht fehlen dürfen. Und, nicht zu übersehen, auf einem Brunnen auf dem Platz bewachen zwei steinerne Löwen das Wappen der Familie Medici – die Florentiner Patrizier herrschten nach

Als Musterstadt der Renaissance ließ Papst Pius II. die Stadt Pienza völlig neu errichten. ▶

68

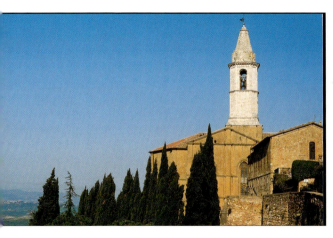

◀ In Pienza öffnet sich von der Terrasse hinter dem Dom ein herrlicher Blick über das Hügelland.

ihrem Sieg über Siena schließlich auch über Montepulciano, das im Mittelalter ein ständiger Zankapfel zwischen den konkurrierenden Stadtstaaten war und mehrfach hin- und hergerissen wurde.

Auf den Einfluss dieser Familie, auf die ein wesentlicher Teil der Kunstschätze von Florenz zurückgeht, lässt sich vielleicht auch die Liebe zur Kultur zurückführen, die in der Weinstadt bis heute zu erleben ist: Mitte August treffen sich Minnesänger in der Hügelstadt zu einem großen Sanges- und Dichterfest, bei dem sie mittelalterliche Verse und Lieder vortragen. Nicht nur deswegen ist Montepulciano zweifellos das lebhafteste Städtchen in diesem Teil der Toskana. Eher der Alltagskultur zuzurechnen ist der eigentliche Höhepunkt des Festjahres: der Wettkampf im Fassrollen, den die Vertreter der acht historischen Stadtteile traditionsgemäß am letzten Augustwochenende austragen.

Wer einmal die steilen Gassen an einem heißen Tag emporgestiegen ist, angetan mit Rucksack oder Handgepäck, verbeugt sich mit Achtung vor den Teilnehmern, die ihre fünf Doppelzentner schweren Fässer mit Kraft, Geschick und Geschrei durch den Ort lenken. Ein farbenprächtiger Umzug und ein abendliches Festmahl unter freiem Himmel schließt ein Wochenende ab, das sich so nur in Italien erleben lässt.

Die andere bekannte Spezialität von Montepulciano gibt es das ganze Jahr über. Schon am Hauptplatz weisen Werbetafeln auf Dutzende von Enotheken und Weinkellern hin, in denen Besucher das wichtigste Produkt der Stadt kosten und kaufen können: den Vino Nobile de Montepulciano. Der Dichter Francesco Redi pries den rubinroten und schweren Wein im 17. Jahrhundert als den „König aller Weine" und war mit seinem Urteil vielleicht ein wenig voreilig.

Denn bis in die achtziger Jahre des zwanzigsten Jahrhunderts hinein war der Schein vielfach schöner als die Qualität. Erst jüngere Winzer mit fort-

Land & Leute

Die Kommune von Montepulciano liegt im Süden der Provinz Siena und nimmt eine Fläche von 156 Quadratkilometern ein, auf der rund 15 000 Menschen leben. Die hügelige Gartenlandschaft gehört zu den reizvollsten Gegenden in der Toskana.

Sehen & Erleben

An die große Tradition des Weinbaus knüpft das wichtigste Fest in Montepulciano an. Bei der „Bravio delle Botti" veranstalten acht Stadtteile am letzten Sonntag im August einen Wettlauf, bei dem kräftige Athleten leere Weinfässer bergauf rollen müssen. Abends gibt es dann auf der Piazza Grande ein großes öffentliches Festmahl.

Essen & Trinken

Eine Vielzahl von Weinbaubetrieben in und um Montepulciano freut sich über Besucher, die auf der jeweiligen Azienda Agricola oder Fattoria einen Wein probieren und natürlich auch kaufen können. Eine Übersicht gibt eine Karte des Consorzio del Vino Nobile di Montepulciano, die im örtlichen Touristen-Büro zu bekommen ist.

Wege zum Wein: **Montepulciano**
Ein Städtchen auf dem Höhepunkt

schrittlichen Methoden brachten den Aufschwung, gute Jahrgänge taten das Ihre, und so findet der Genießer heute eine Reihe von sehr achtbaren Weinen.

Haupttraube ist die Prugnolo Gentile, eine Verwandte der Brunello-Rebe Sangiovese, die im nahen Montalcino prächtige Weine entstehen lässt. Den gewissen Kick geben zwei andere Rebsorten, mit denen der Prugnolo Gentile verschnitten wird: Zusätzliche Milde steuert die Canaiolo-Rebe bei, ein gewisses Veilchenbukett liefert die Mammolo-Traube, dazu geben Boden und Klima des Chiana-Tals dem Vino Nobile seinen unverwechselbaren Charakter.

Zum Probieren sollte man sich Zeit lassen. Am schönsten geht die Probe in einem der mittelalterlichen Gewölbekeller überall an der Hauptstraße vonstatten, die das Städtchen der Länge nach durchzieht – von der Kirche Sant' Agnese über die Piazza Grande bis zur mächtigen Fortezza. Eine gute Adresse ist zum Beispiel die Cantina Contucci an der Piazza Grande, empfehlenswert sind auch die Weine des kleineren Weinguts von Arnaldo Crociani, der seine Cantina in der Via del Poliziano führt.

Weit weniger bekannt ist die Tatsache, dass Montepulciano auch zu den Kurbädern der Toskana zählt. Mehr als fünfzig Thermen sprudeln in der Toskana, bieten sich an für Bade- und Trinkkuren, laden ein zu kostenlosem Badevergnügen in weiteren Meisterwerken der Natur: unter Kaskaden, in Tümpeln oder in Natur-Becken.

Chianciano Terme und Bagno Vignoni sind zwei dieser kleinen, einladenden Ortschaften, Chiusi dagegen ist für seine große Vergangenheit bekannt. Doch der erste Eindruck, den die Kleinstadt hinterlässt, die ebenfalls auf einem Tuffsteinhügel ruht, ist zwiespältig.

Zu unscheinbar, zu geruhsam, zu unbedeutend erscheint der Ort trotz Dom, Museum und Stadtmauer, als dass der eilige Reisende den Ruf dieser Stadt als einstmals bedeutende Etrusker-Metropole ernst nehmen könnte.

Auf den zweiten Blick dagegen wird die Rolle des antiken Chamars deutlich. So nannten die Etrusker den Ort, der zu den wichtigsten Städten in ihrem mächtigen Zwölferbund zählte. Einen Eindruck von der enormen kulturellen Leistung dieses Volkes vermittelt die Totenstadt zwei Kilometer vor den Toren des modernen Chiusi.

Die Etrusker glaubten an ein Leben nach dem Tode und errichteten für ihre Verstorbenen unter der Erde Nekropolen, prächtige Häuser und reich geschmückte Begräbnisstätten, in denen sie die Asche der Verstorbenen in kostbar verzierten Urnen aufbewahrten.

Gleich mehrere dieser Gräber wurden bei Chiusi gefunden. Die Tomba della Scimmia mit Hauptraum und drei Nebengemächern stammt aus dem

Eine gute Kondition brauchen die Radler in der hügeligen Lage von Montepulciano. ▶

fünften Jahrhundert vor Christus und beeindruckt durch die gut erhaltenen Farben, mit denen die Tuffsteinwände bemalt wurden. Viel weiß die Wissenschaft nicht von diesem Volk.

Die schönsten Urnen, Statuen, Sphinxe und Sarkophage aus diesem und anderen Gräbern sind im Nationalen Etruskermuseum in Chiusi zu bewundern, das eine der bedeutendsten Sammlungen aus dieser im Dunkel der Geschichte verborgenen Ära besitzt.

Eine andere menschliche Meisterleistung lässt sich auf der Fahrt gen Norden bewundern: Pienza. Seinen ganz persönlichen Traum wollte Papst Pius II. in seinem Heimatort verwirklichen. Das Oberhaupt der abendländischen Kirche wurde anno 1405 unter seinem weltlichen Namen Enea Silvio Piccolomini geboren. Auch das unscheinbare Dorf auf einer knapp 500 Meter hohen Kuppe hoch über dem gewellten Orcia-Tal hieß damals noch anders: Corsignano. Die Dinge änderten sich erst im Jahre 1458. Piccolomini wurde in Rom zum Papst gewählt und hatte nun Macht und

▲
Das zinnengekrönte Rathaus von Montepulciano ist das Wahrzeichen der malerischen Weinstadt.

Mittel genug, aus seinem Heimatort eine Città ideale zu machen – eine Musterstadt der Renaissance.

Das Ziel war klar. Pienza sollte zum Sommersitz der Kurie ausgebaut werden. Pius II. überzeugte Kardinäle, Bischöfe und Adlige, sich mit ihrem Kapital an dem Projekt zu beteiligen. Einer der besten Architekten der Zeit, Leon Battista Alberti, machte sich an die Planungsarbeit, die der nicht minder berühmte Florentiner Baumeister Bernardo Rossellino in die Tat umsetzen sollte. Zunächst ging es schnell voran. Bis 1462 waren der Dom und auch die Paläste um den Domplatz fertig. Die Pläne waren ehrgeizig, der Tod war jedoch schneller.

Weder Papst, Architekt noch Baumeister erlebten die Vollendung des Werkes. Die Folgen waren für Pienza fatal. Nur das Zentrum der Stadt rund um den trapezförmigen Hauptplatz trägt die Handschrift der Planer, die ein Problem meisterhaft lösten: den Mangel an bebaubarem Raum auf der Hügelkuppe.

So ist Pienza auch eine Musterstadt des schönen Scheins, der gelungenen Perspektive, die das Zentrum weit großzügiger wirken lässt, als es wirklich ist. Auch wenn das Projekt Stückwerk blieb, die Stadt trägt heute den Namen des Bauherrn: Pienza – Stadt des Pius.

Sehen & Erleben

Zu Mariä Himmelfahrt wird auf dem Platz vor dem Dom von Montepulciano der Bruscello aufgeführt, eine Art Bauerntheater. Die Stücke behandeln in ihren musikalisch begleiteten Reimen und Versen religiöse Themen, örtliche Legenden oder Geschichten um edle Rittersleute.

Wandern & Radeln

Radfahrer mit guter Kondition können sich die Umgebung von Montepulciano und das Val di Chiana per Muskelkraft erschließen. Eine Broschüre der Tourist-Information Montepulciano schlägt zwölf nach Schwierigkeitsgrad geordnete Touren rund um die Weinstadt vor.

promobil-Tipp

Am Fuße des Stadtbergs von Montepulciano am Ende einer Zypressenallee steht ein Meisterwerk der sakralen Baukunst: die Kirche San Biagio, die im 16. Jahrhundert im Stil der Renaissance auf dem Grundriss eines griechischen Kreuzes für eine kostbare Madonna entstand.

Wege zum Wein: **Montepulciano**
Ein Städtchen auf dem Höhepunkt

▶ Route

Dank ihres Stellplatzes sowie der guten touristischen Infrastruktur bietet sich die Weinstadt Montepulciano als Ausgangs- und Endpunkt für diese Tour an. Die Rundreise führt über Salcheto zunächst nach Chiusi, dann weiter über Chianciano Terme nach Bagno Vignoni und über San Quírico d'Orcia und Pienza wieder zurück nach Montepulciano.

▶ Reisezeit

Frühling und Herbst sind die besten Monate für eine Reise in die südliche Toskana. Die Hügel zeigen sich im Frühling noch satt grün, der Herbst lockt mit der Weinlese und Pilzzeit. Der Hochsommer ist für Stadtbesichtigungen und Radtouren aufgrund der Hitze nur bedingt geeignet.

▶ Camping

Für einen längeren Urlaubsaufenthalt bei Montepulciano empfiehlt sich der Campingplatz in:
Sarteano: Camping delle Piscine. Parkähnliches, durch einen Bach unterteiltes Gelände am Ortsrand. Stellplätze auf einer unparzellierten Wiese, parzellierte, durch Hecken eingefasste Plätze unter dicht belaubten Pappeln. Animationsprogramm für Kinder, Plansch- und Schwimmbecken (Mineralwasser) vorhanden. 300 Touristenplätze. Von Anfang April bis Ende September geöffnet. Telefon 00 39/05 78/ 2 69 71, Fax 00 39/05 78/26 58 89, www.parcodellepiscine.it.

▶ Sehenswertes

Chiusi: Geruhsame Kleinstadt mit etwa 10 000 Einwohnern auf einem Hügel über dem Tal der Chiana. Ehemalige Metropole der Etrusker, attraktives Etruskermuseum mit zahlreichen Urnen, Sarkophagen, Statuen und anderen Funden. Totenstädte der Etrusker 2 km nördlich der Stadt.
Montepulciano: Sehr schöne Wein- und Kurstadt mit etwa 14 000 Einwohnern auf einem rund 600 Meter hohen Hügel in einer der schönsten Gartenlandschaften der Toskana. Elegante Stadt mit starken Befestigungsanlagen und schönen Bauten vor allem im Stil der Renaissance und des Barock. Auf der Piazza Grande sehenswerter Dom mit einem von Michelangelo gestalteten Grabmal, Löwenbrunnen, Palazzo Comunale, Palazzo Contucci und Palazzo Nobili-Tarugi. Unterhalb des Stadthügels steht die Kirche San Biagio, ein Meisterwerk im Stil der Spätrenaissance aus hellem Tuffstein.
Pienza: Bezauberndes Städtchen mit 4000 Einwohnern. Sehenswerte Altstadt mit dem Dom Santa Maria Assunta im Stil süddeutscher Hallenkirchen, dem trapezförmigen Hauptplatz, dem Palazzo Piccolomini und dem Diözesanmuseum.
San Quírico d'Orcia: Ruhiger Ort mit 2200 Einwohnern über dem Tal der Orcia. Mittelalterlicher Verkehrsknotenpunkt für Rom-Pilger, sehenswerte Pfarrkirche La Collegiata mit romanischem Westchor und sehr schöner Inneneinrichtung.

▶ Aktivitäten

Radfahren: Ausgewiesene Radwege sind in diesem Teil der Toskana selten, zudem erschwert das ständige Auf und Ab der Landstraßen und der Wirtschaftswege das Vorankommen erheblich.
Reiten: Zahlreiche Bauernhöfe rund um Montepulciano vermieten Pferde und geben auch wertvolle Hinweise zu gut geeigneten Ausritten. Adressen in der Tourist-Info von Montepulciano.
Stadtspaziergänge: Einige der jahrhundertealten, konstant

▲
Olivenbäume, Zypressen und Weinreben wachsen in der toskanischen Landschaftsidylle um Montepulciano.

kühlen Keller von Montepulciano dienen auch heute noch der Lagerung von Weinfässern – trotz des enormen Aufwands, den Wein von den Rebgärten den Hügel hinaufzuschaffen. Gelegentlich ist ein Keller zu besichtigen, im Tourist-Büro von Montepulciano nach den jeweils aktuellen Terminen und Orten fragen.

▸ Essen & Trinken

Montepulciano ist eine der Wein-Metropolen der Toskana und für seinen roten Vino Nobile, einen Verwandten des Chianti, weit über die Stadtgrenzen hinaus berühmt. Entsprechend viele Weinprobierstuben einzelner Weingüter und auch Enotheken gibt es in der Innenstadt. Die Preise sind sehr unterschiedlich, der Vergleich und vor allem ein Abstecher zu Geschäften in weniger zentraler Lage lohnen sich. Der mindestens zwei, als Riserva drei Jahre alte Vino Nobile fällt je nach Winzer und Ausbau recht unterschiedlich aus. Das Spektrum reicht von eleganten, feinen Weinen bis zu intensiven, langsam reifenden Tropfen. Jünger und fruchtiger ist der Rosso di Montepulciano. Eine Besonderheit sind die vielen Keller der Stadt, beispielsweise der von der Cantina del Redi, in denen zum Teil seit Jahrhunderten der Wein lagert. Empfehlenswerte Erzeuger sind das Weingut Avignonesi, die Fattoria Le Casalte und der Betrieb Poliziano. Zum Einkehren empfiehlt sich das Restaurant Diva e Maceo, Via Gracciano nel Corso 92, wegen der ausgefallenen Gerichte, dem gebratenen Fasan und der leckeren Pasta wie den Gnocchi und den Cannelloni. Vorher reservieren: Telefon 00 39/05 78/71 69 51, eine Speisekarte gibt es nur auf Wunsch.

▸ Bücher & Karten

Das Touristen-Büro in Montepulciano hält sehr gute Informationen zum Thema Wein bereit, darunter ein Faltblatt mit dem Routenverlauf der Weinstraße des Vino Nobile. Empfehlenswert für Weinreisende sind Maureen Ashleys Band „Toskana – zu Produzenten und Sehenswürdigkeiten", Gräfe und Unzer Verlag, München, 2000, 12,90 Euro, und das Buch des Weinpapstes Hugh Johnson, „Die Toskana und ihre Weine", Gräfe und Unzer Verlag, 2000, 24,90 Euro. Hilfreich ist unterwegs auch der „Kulinarische Sprachführer Italien", Gräfe und Unzer Verlag, 2000, 6,50 Euro.

Weitere Informationen

Ufficio Informazioni Montepulciano, Via di Gracciano nel Corso 59a, I-53045 Montepulciano, Telefon 00 39/05 78/75 86 87, kein Fax, www.siena.turismo.toscana.it

Stellplatz-Tipps: **Montepulciano**
Wo Reisemobilisten willkommen sind

Die südliche Toskana gehört ganz eindeutig zu den reisemobilfreundlichsten Regionen in der Toskana. Rund um Montalcino und den Monte Amiata gibt es eine Reihe von reisemobilfreundlichen Etappenstationen (siehe dazu auch Tour 6), und dieser gute Eindruck setzt sich auch bei der Reise durch die Gartenlandschaft um Montepulciano fort.

Als Startpunkt für eine Besichtigung der Weinstadt bietet sich vor allem der Stellplatz auf dem Parkplatz P 5 an. Es ist ein für die Toskana typischer Stellplatz: Das Gelände, ein topfebener Großparkplatz für Pkw, Busse und Reisemobile, liegt knapp außerhalb der Stadtmauern am Fuß der Hügelstadt und besitzt eine bescheidene Ausstattung mit Bodeneinlass und einem Frischwasseranschluss. Nichtsdestoweniger zählt er zu den besten Angeboten der Region, denn zum Einen ist die Lage normalerweise ruhig, andererseits kann der Stellplatz unter idealen Bedingungen gut 50 Mobile aufnehmen, und drittens bietet er eine sehr schöne Aussicht in die Hügellandschaft rund um Montepulciano.

Wie so oft in Italien, unterliegt auch dieser Stellplatz gewissen Einschränkungen. Am Markttagen ist der Stellplatz nur eingeschränkt zu benutzen – italienische Reisemobilfahrer weichen dann auf den vorderen Abschnitt aus – und gelegentlich dient das Gelände auch für einen Zirkus oder andere Veranstaltungen.

Ausweichmöglichkeiten finden Reisemobilfahrer in zwei Nachbarorten der Weinstadt: In Pienza, der Musterstadt der Renaissance, und in Lucignano. Allerdings fallen diese beiden Plätze deutlich einfacher aus. Pienza bietet nur einen schmalen Parkstreifen unmittelbar an der Hauptstraße und, etwas versteckt im Zentrum, einen zweiten Platz unweit der Ent- und Versorgungsanlage. In Lucignano, einem malerischen Festungsdorf auf einem Hügel, bietet sich ein Wiesengelände unterhalb des Ortes an.

Deutlich angenehmer ist der Stellplatz in San Quírico d'Orcia. Der Stellplatz auf dem Parkplatz am Stadion ist meist ruhig und liegt auch ganz in der Nähe zum Zentrum des Städtchens. Wer dabei auf den Geschmack kommt und länger im Süden der Toskana verweilen möchte: Der Camping delle Piscine in Sarteano bietet Parzellen unter dicht belaubten Pappeln und eine einfache Wiese.

Lucignano

Anfahrt: S 326 Siena–Perúgia bis zum Abzweig der Landstraße nach Monte San Savino bei Rigomagno. Der Straße folgen, der Stellplatz liegt unterhalb der Altstadt von Lucignano an der Straße nach Monte San Savino.
Stellplätze: Gebührenfreier Stellplatz für 30 Mobile auf der Area attrezzata unterhalb der Altstadt. Für Reisemobile reserviertes Gelände. Leicht unebenes Wiesengelände mit geschotterter Zufahrtsstraße, kein Schatten. Leichte Lärmbelästigung durch Autoverkehr auf der nahen Landstraße möglich. Keine Beleuchtung, keine Müllentsorgung. Ganzjährig nutzbar.
Ent-/Versorgung: Bodeneinlass und Frischwasserzapfstelle am Rand des Stellplatzes vorhanden.
Informationen: Azienda di Promozione Turistica di Lucignano, Via Nazionale 42, I-52044 Lucignano, Telefon 00 39/05 75/63 03 52, Fax 00 39/05 75/63 06 56.

Montepulciano

Anfahrt: A 1 Florenz–Orvieto bis zur Abfahrt Montepulciano, auf Landstraßen weiter Richtung Zentrum. Im Ort den Hinweisen mit Reisemobil-Symbol zum Parkplatz P 5 unterhalb der Alt-

◀ San Quirico d'Orcia: Der Stellplatz in geringer Entfernung zum Zentrum kann etwa 20 Reisemobile aufnehmen.

stadt folgen und dann auf den hinteren Bereich durchfahren.
Stellplätze: Gebührenfreier Stellplatz für 50 Mobile auf dem Parkplatz P 5 am Rand der Altstadt. Ebener, asphaltierter Untergrund, ruhige Lage ohne Durchgangsverkehr, fußläufige Entfernung zur Altstadt. Etwas Schatten. Ganzjährig nutzbar. An Markttagen (Do) oder bei Veranstaltungen nur eingeschränkt erreichbar.
Ent-/Versorgung: Bodengully und Frischwasseranschluss am Rand des Stellplatzes vorhanden. Tag und Nacht erreichbar.
Informationen: Associazione Pro Loco, Ufficio Informazioni, Rathaus, Via Ricci 9, I-53045 Montepulciano, Telefon 00 39/05 78/75 86 87, kein Fax.

Pienza

Anfahrt: SS 2 Siena–Viterbo bis zum Abzweig der S 146 Richtung Montepulciano bei San Quírico d'Orcia. Auf dieser Straße bis Pienza fahren. Der Stellplatz liegt im Ort an der Hauptstraße neben einem kleinen Supermarkt.
Stellplätze: Gebührenfreier Stellplatz für 5 Mobile auf einem Parkplatz direkt an der Straße von San Quírico d'Orcia nach Pienza. Durch Schilder markierter Reisemobil-Platz. Ebener, asphaltierter Untergrund, etwas Schatten durch kleinere Bäume. Fußläufige Entfernung zum Zentrum. Leichte Lärmbelästigung durch Autoverkehr möglich. Alternative:

Großparkplatz in der Ortsmitte (der Hauptstraße folgen, dann links abbiegen und nach 100 Metern wieder links). Ganzjährig.
Ent-/Versorgung: Bodeneinlass und Zapfstelle auf einem Parkplatz in der Ortsmitte.
Informationen: Ufficio Informazione di Pienza, Corso il Rosselino 59, I-53026 Pienza, Telefon und Fax 00 39/05 78/74 90 71.

San Quírico d'Orcia

Anfahrt: SS 2 Siena–Viterbo bis zum Abzweig nach San Quírico d'Orcia. Im Ort den Hinweisen zum Reisemobil-Stellplatz am Stadion-Parkplatz in der Via delle Scuole folgen.
Stellplätze: Gebührenfreier Stellplatz für 25–30 Mobile auf dem Parkplatz am Stadion, Via delle Scuole. Durch Schilder markierter Reisemobilplatz neben den Sportanlagen. Fast ebener, teilweise etwas holpriger Untergrund, kein Schatten. Ruhige Lage zwischen Sportplatz und Mietshäusern, kein Parkplatzsuchverkehr. Fußläufige Entfernung ins Zentrum. Beleuchtet, Mülleimer vorhanden. Ganzjährig nutzbar.
Ent-/Versorgung: Bodeneinlass, Frischwasserzapfstelle am Rand des Stellplatzes vorhanden.
Informationen: Associazione Pro Loco, Via Dante Alighier, 51a, I-53027 San Quírico d'Orcia, Telefon 00 39/05 77/89 72 11, Fax 00 39/05 77/89 83 03.

| 8 | **Thermenland**

Zur Quelle der **Schönheit**

Nicht nur im klassischen Heilbad Satúrnia lässt es sich wohlig im Thermalwasser planschen. Die südliche Toskana zwischen Maremma und Chiana-Tal ist eine einzige riesige Kurlandschaft.

8 Kur und Natur: **Thermenland**
Heilendes Wasser, Salz und Schwefel

Direkt zu Dante, dem Dichterfürsten der Frühgotik, führt die Straße 439 ab Saline di Volterra. Sie windet sich in abenteuerlichen Kurven die wilde toskanische Bergwelt hinauf und in eine ungewöhnliche Kulisse hinein. Gleich hinter dem Ort Pomarance dampft es sogar hie und da aus dem Boden, mitunter riecht es streng nach Schwefel. Da wundert es nicht weiter, dass der große Dichter sich in der südlichen Toskana die Inspirationen zu seinem berühmten Hölleninferno in der Göttlichen Komödie geholt haben soll. Heute freilich erinnert das Bühnenbild eher an eine technische Komödie: Stellenweise erscheint die Landschaft bizarr verfremdet.

Silbrige Röhren gliedern die grünen Hügel, folgen auf Stelzen dem Geländeprofil, überbrücken Straßen und Täler. Im Städtchen Larderello liegt das Zentrum der italienischen Nutzung der Erdwärme. Italien war das erste Land, das geothermische Energie zur Erzeugung von Elektrizität nutzte. Bereits 1904 versorgte ein geothermisches Dampfkraftwerk den Ort mit Strom für die Straßenbeleuchtung. Heute werden im weiteren Umkreis 620 Megawatt produziert, und die Elektrizitätsbehörde plant den Ausbau auf die dreifache Kapazität.

Bis zu 5000 Meter tief sind die Bohrlöcher, aus denen zwischen 20 und 350 Tonnen Dampf pro Stunde mit fünf bar Druck und etwa 220 Grad Celsius Temperatur an die Oberfläche strömen. Die Geschichte der Nutzung der Erdwärme aber ist noch älter. Schon die Etrusker unterhielten in der südlichen Toskana Thermalbäder.

Sie waren es auch, die die Borsalze, die sich an den Thermalseen bilden, abbauten und zur Emailherstellung nutzten. Die Borsäure begründete in der ersten Hälfte des 19. Jahrhunderts den Ort Larderello. Ein Franzose namens Francois de Lardarel baute neben Borsäuregewinnungsanlagen gleich eine ganze Siedlung mit seinerzeit wegweisenden Sozialeinrichtungen auf. Mit seinem „Arbeiterparadies" versuchte er, Arbeitskräfte in das seinerzeit noch unbesiedelte und auch unwirtliche Gebiet zu locken. Ein anschauliches Museum sowie eine anspruchsvolle Führung erlauben heute tiefe Blicke ins Innere der Erde.

Der brodelnde Untergrund ist auch verantwortlich für die vielen Thermalquellen, mit denen die Toskana gesegnet ist. Gleich 22 Bäder und 38 Mineralbrunnen verteilen sich in der Region, manche sind klein und kaum erreich-

Den Tourverlauf finden Sie im Kartenteil auf Seite 9 und 10.

Wer den anhänglichen Schwefelduft nicht scheut, wagt auch eine Gesichtsmaske aus Heilschlamm. ▶

◀ Im träge dahinströmenden Abflusskanal des Kurhotels von Satúrnia finden sich zahlreiche Thermal-Badestellen.

bar, viele bestehen wie das Bagno La Perla in Larderello nur aus einem einzigen Kurhotel, andere geben sich mondän und blicken auf eine jahrhundertealte Badetradition zurück.

Zu den bescheidenen, versteckten Bädern zählt Terme di Bagnolo. Es lässt sich über das wildromantisch gelegene Monterotondo erreichen. Die Strecke entlang einer geradezu gespenstischen Kulisse ist nichts für schwache Nerven: Links liegt der borhaltige See, der unter dem Druck aus dem Erdinneren kräftig blubbert und schäumt. In der Nähe schicken die mächtigen Kondensationstürme der elektrischen Anlagen riesige Dampfschwaden in den Himmel. Wenn der schwarze, schlammige Brei in die Höhe steigt, ertönt aus den alten Rohrenden, Soffioni genannt, tosender Lärm.

Wie die Hollywoodkulisse aus einem Endzeit-Film mutet das verlassene Feld rechts der Straße an, überkrustet von Schwefel, garniert mit säurezerfressenen Rohren. Von Toskana-Idylle keine Spur. Schwefelgase züngeln vielmehr aus den gelblich verfärbten Rissen der Erde. Doch in Bagnolo können sich die Kurgäste im 43 Grad warmen Wasser entspannen, es heilt Rheumatismus, Knochen- und andere Verletzungen.

Ein Kontrastprogramm bietet der Küstenort Follónica. Am Tyrrhenischen Meer herrscht mediterrane Leichtigkeit, der Lido gilt als das Rimini der Toskana und steht in der Gunst der Sonnenanbeter gleichauf mit dem nördlich gelegenen Viareggio an der Versília-Küste.

Statt in Schwefel baden die Gäste hier in Salzwasser. Ruhe nach dem Trubel am Strand versprechen die Ruinen von Roselle. Sie bildeten einst eine der größten etruskischen Städte, heute verteilen sie sich auf einem schön gelegenen, weitläufigen Grabungsfeld.

Die wichtigsten Funde aus Roselle zeigt das Museum in Grosseto. Die Ausstellung verdeutlicht, dass Roselle auch ein Bad war, wahrscheinlich so belebt und quirlig wie jenes von Satúrnia. Dorthin schraubt sich die Straße über Scansano von der Küste hinauf. Je weiter sie sich vom Meer entfernt, desto mehr geht die mediterrane Pracht mit den von

Land & Leute

Badeorte gibt es in der südlichen Toskana schon seit den Zeiten der Etrusker und der Römer, das Land darum herum ist dünn besiedelt, teils sehr bergig, waldreich und stellenweise auch sehr unzugänglich.

Feiern & Genießen

Der Palio in Pomerance ist ein Wettkampf am zweiten Sonntag im September, der im Gegensatz zu dem berühmten Palio von Siena nicht mit Pferden, sondern mit Ochsen ausgetragen wird. Im September öffnet das Weinlesefest, die Festa dell' Uva, in Scansano alle Keller.

Essen & Trinken

Mit den Weinen des Chianti Colli Aretini, dem Nobile di Montepulciano sowie dem Rosso und Brunello di Montalcino sind Rebsaftfreunde bestens bedient. Berühmt ist die waldreiche Gegend auch für ihre Spezialitäten: Trüffel, Pilze, Wildschwein und Wildhase.

Kur und Natur: **Thermenland**
Heilendes Wasser, Salz und Schwefel

Bougainvillen geschmückten Häusern und einzeln stehenden Palmen zurück. Ersatzweise tauchen Schafweiden auf, später wechseln sich knorrige Ölbäume mit weiten Kastanien- und Steineichenwäldern ab.

Terme di Satúrnia liegt zwischen den Orten Pitigliano und Grosseto. Den Vulkankratersee, in dem die heilkräftige Quelle entspringt, haben die Italiener längst zu einem modernen Schwimmbad eingefasst und mit einem mondänen Kurhotel überbaut. Daneben gibt es in Satúrnia aber immer noch die wildromantisch gelegenen Ruinen eines alten Bades. Hier ergießt sich das schwefelhaltige Nass über malerisch geformte Terrassen, die der im Wasser gelöste Kalk im Laufe der Jahrhunderte nach und nach hier abgelagert hat.

Mit gewaltigem Tosen stürzt sich das Wasser von den Sinterterrassen. der erst ein trockenes Plätzchen für Kleider und Handtuch, dann einen freien Platz im wohligen Nass.

Ganze Familien genießen gemeinsam die „Sorgente di bellezza" – die Quelle der Schönheit, wie das schon bei den Römern beliebte Bad früher hieß. Und Hand aufs Herz – wer würde dieses Versprechen nicht gern auf die Probe stellen? Ganz nebenbei lohnt auch die über der Quelle auf einem Travertinplateau thronende Stadt Satúrnia einen Besuch. Ein gemütlicher Stadtrundgang erschließt etruskische Gräberfelder und mittelalterliche Befestigungsanlagen sowie etliche gute Restaurants.

In Richtung Norden führen kleine, kurvenreiche Straßen nach Santa Fiora am Fuße des mächtigen Monte Amiata. Dieser höchste Berg der Toskana ist ein erloschener Vulkan. An seinen Flanken speist er einige Bäder mit Thermalwas-

Soffioni heißen die mit Ventilen versehenen Austrittstellen des heißen Dampfes aus dem Innern der Erde. ▶

Weiter unten wird es geruhsamer, hier plätschern die Badenden genüsslich in den breiteren Wannen, die das Wasser hier samtweich ausgespült hat.

Zwischen den Ruinen geht es fröhlich und unkompliziert, bisweilen aber auch etwas chaotisch zu. Autos und Reisemobile säumen die Straßen, die Zufahrt und die angrenzenden Feldwege. In Bademantel und Gummilatschen gekleidet überqueren Personen jeden Alters die Fahrbahn, um zur Badestelle unterhalb der Straße zu gelangen. Mit fröhlicher Improvisation sucht sich je-

ser. Östlich von Santa Fiora können sich die Urlauber in Bagnolo Inhalationen, Fangopackungen, Massagen und der Balneotherapie unterziehen.

Das kleine Bad Bagni San Filippo teilt sich in den offiziellen Kurkomplex um ein jüngst renoviertes, wunderschön gelegenes Hotel und ein öffentliches Bad aus Kalkablagerungen und Kaskaden.

Der Ort San Filippo liegt auf einer Landschaftsgrenze: In seinem Rücken befinden sich die waldigen Hügel des Amiata, nordwärts blickt er in die fruchtbare Felderlandschaft der Crete

◀ **Gigantische Pipelines transportieren den Dampf in die geothermischen Kraftwerke von Larderello.**

mit ihrem typischen Ockerton der Erde. Diese Farbe kennt jedes Kind als „Gebranntes Siena" aus dem Wasserfarbenkasten in der Schule. Nach Bagno Vignoni führt nur noch ein Katzensprung über die gut ausgebaute Straße SS 2.

Der terrassierte Reisemobilstellplatz am Ortsrand ist schön angelegt, dafür datiert das Bad, bruchsteingefasst und mit einer Loggia an der Stirnseite, noch aus der Blütezeit der Toskana im ausgehenden Mittelalter.

Inhalationen, Massagen und Fangopackungen sind das Angebot des benachbarten Badehotels, auch zahlende Tagesgäste leisten sich diesen Service gern. Zum Nulltarif ist das Thermalwasser am Abflusskanal des alten Beckens zu haben. Auf ein paar hundert Metern Länge reihen sich die Gratis-Kurgäste, die nur die Füße in die wadentiefe Rinne halten wollen, bevor sich das Wasser den steilen Bergabhang hinunter über zahlreiche kleine Sinterterrassen ergießt.

Einige dieser wannenförmigen Terrassen sind über einen Feldweg unterhalb des Ortes zu Fuß zu erreichen. Wer den Spaziergang auf sich nimmt, kann kostenlos darin heilbaden. Stellenweise ist der Weg nicht ungefährlich, der Untergrund ist oft steil und glitschig.

Chianciano Terme, der Endpunkt der reisemobilen Bädertour durch die Toskana, hat ein ganz anderes Ambiente. Der steil an die Bergflanken über dem Chiana-Tal geklebte Kurort ist vor allem ein Ziel für Betuchte. Selbst ein Luxus-Reisemobil löst auf den Straßen des Ortes nur abfällige Blicke aus. Böse Zungen behaupten, auf jede der zahlreich flanierenden älteren Damen warteten fünf privat praktizierende Ärzte.

Drei Quellen begründen Chiancianos Ruhm: Acqua Santa, Acqua Fucoli und Acqua Sillene. Sie heilen Leberschäden, Störungen des Verdauungstraktes und des Kreislaufs. Angeblich hat schon der Etruskerkönig Porsenna die Quelle Acqua Fucoli aufgesucht, einem Rat der heilkundigen Zauberin Circe folgend. Alles schön und gut, doch was ist das schon gegen Dantes Hölleninferno?

Sehen & Erleben

Ein altes Bad mit einer schönen Loggia fasst die sprudelnden Quellen von Bagno Vignoni. Der russische Regisseur Andrej Tarkowski drehte hier sogar Teile seines Films „Nostalgia". Die Kurgäste werfen heute aber nur noch Münzen in das Becken und baden im modernen Bassin des benachbarten Hotels.

Wandern & Radeln

In der inneren, gebirgigen Toskana ist Rad fahren nur etwas für trainierte Sportler mit guter Kondition. Wanderer finden hier ein weites Betätigungsfeld mit ausreichend markierten Wegen. Kartenmaterial ist bei der APT erhältlich.

promobil-Tipp

Mit Pitigliano, Sorano und Sovana liegen im Süden der Provinz Grosseto gleich drei zauberhafte Orte auf teilweise dramatisch anmutenden Tuffsteinfelsen. Die Orte sind touristisch noch weitgehend unentdeckt, lediglich die Etruskergräber wie die Tomba Hildebranda ziehen Gäste an.

Kur und Natur: **Thermenland**
Heilendes Wasser, Salz und Schwefel

▶ Route

Die Reise zu den Kurbädern führt durch die Provinzen Siena und Grosseto in der südlichen Toskana. Sie folgt über weite Strecken den gut ausgebauten Staatsstraßen Strade Statale SS 439, 223 und 322. Dazwischen sind aber auch äußerst kurven-, steigungs- und gefällreiche Provinzialstraßen sowie enge Ortsdurchfahrten zu bewältigen. Die Route startet in Saline di Volterra, von dort fahren die Mobilisten in Richtung Süden nach Larderello und Terme di Bagnolo. An der Küste liegen Follónica und Grosseto, dann geht es wieder landeinwärts über Scansano nach Satúrnia und in das nördlich davon gelegene Santa Fiora. Über Abbadia San Salvatore führt der Weg in Richtung Nordosten nach Bagni San Filippo und weiter auf der SS 2 nach Bagni Vignoni. Östlich davon erreichen die Urlauber den Kurort Chianciano Terme.

▶ Reisezeit

Im gebirgigen Binnenland setzt der Frühling spät, aber plötzlich ein. Um Ostern herum haben die Gäste viele Bäder noch für sich allein, danach wird es schnell voller. Wer zeitlich ungebunden ist, sollte den Hochsommer meiden, da die gesamte Toskana dann relativ überlaufen ist. Mildes Herbstklima können die Urlauber bis weit in den Oktober hinein genießen.

▶ Camping

Das Topziel für einen längeren Aufenthalt badewilliger Reisemobilisten ist Camping Delle Piscine in **Sarteano** bei Chianciano Terme. Der Platz verfügt über eigene Thermalquellen, die drei Schwimmbecken speisen. Gute Ausstattung, Entsorgungsmöglichkeit. Telefon 00 39/05 78/2 69 71, Fax 00 39/05 78/26 58 89, www.parcodellepiscine.it.

Weitere Campingplätze entlang der Strecke:
Monticello Amiata: Camping Lucherino bei Arcidosso, 65 Touristenplätze. Geöffnet vom 1. Mai bis zum 15. Oktober. Telefon und Fax 00 39/05 64/99 29 75, http:// berg.heim.at/anden/421206/.
Castel del Piano: Camping Residence Amiata bei Arcidosso, 185 Touristenplätze. Ganzjährig geöffnet. Telefon 00 39/05 64/95 62 60, Fax 00 39/05 64/95 51 07, www.amiata.org.
Torre Mozza bei Ritorto: Camping Pappasole, 180 Touristenplätze, Telefon 00 39/05 65/2 04 14, Fax 00 39/0 565/2 03 46, www.pappasole.li.it.

▶ Sehenswertes

Volterra: Zauberhafte Hügelstadt mit mittelalterlichem Charme. Ältestes Rathaus der Toskana, mittelalterliche Palazzi, Campanile mit schöner Aussicht. Sehenswerte Steilabbrüche „Le Balze". Zentrum der Alabasterherstellung. Seit prähistorischer Zeit besiedelt, ehemalige Metropole der Etrusker mit dreifacher Ausdehnung der Stadt im Vergleich zu ihrem heutigen Gebiet.
Larderello: Größte geothermische Kraftwerke der Welt, in der Umgebung bizarre Dampfpipelines, brodelnde Fumarolen. Geothermisches Museum.
Massa Maríttima: Architektonisches Schmuckstück in reizvoller Hügellage mit einem der schönsten mittelalterlichen Stadtzentren in der gesamten Toskana. Beeindruckendes Stadtbild in der Città Vecchia rund um den Dom (Bischofssitz). Interessantes Bergbaumuseum zum Erzabbau in den Colline Metallifere in einem alten Stollen am Südrand der Altstadt.
Follónica: Schöner Strand in Torre Mozza, drei Kilometer nördlich.
Grosseto: Provinzhauptstadt mit Mauersechseck aus der Renais-

▲
Feinkostgeschäfte lassen dem Besucher überall in der Toskana das Wasser im Munde zusammenlaufen.

sance. Dom an der Piazza Dante, Archäologiemuseum.
Monte Amiata: Erloschener Vulkan, mit 1738 Metern der höchste Berg der Toskana. 13 km lange Ringstraße im Gipfelbereich. Hier bietet sich eine gute Aussicht.

▶ Aktivitäten

Feiern: Am Abend des 14. August huldigen Einheimische auf dem Monte Labbro bei Santa Fiora mit Feuerwerk und Freudenfeuern dem predigenden Eremiten Davide Lazzaretti, der bei einer Prozession 1878 von Polizisten erschossen wurde und dessen Klause auf jenem Berg lag.
Radeln: Das Fahrradfahren ist in Italien sehr beliebt, Radwege existieren dennoch kaum, Mountainbike-Touren sind auf lokale Rundwege begrenzt. Entsprechendes Kartenmaterial geben die örtlichen Fremdenverkehrsämter (Aziende di Promozione Turistica, APT) heraus.

Wandern: Das heilige Jahr 2000 bescherte Italien eine Restaurierung alter Pilgerwege. Auch in der Toskana gibt es daher jetzt einige gut ausgeschilderte Wanderrouten, die meist über Wirtschaftswege und kleine Landsträßchen führen. Kartenmaterial bei den Verkehrsämtern. Besonders angesagt unter Wanderern ist der Monte Amiata. Rund um den Berg zieht sich ein Ring aus einzelnen Wegen, die zu Fuß, per Rad oder auch mit dem Pferd zu erkunden sind.

▶ Bücher & Karten

Handbuch-Charakter besitzt der Band von Hella Kothmann und Wolf-Eckart Bühler, „Toskana", Reise Know-How Verlag Rump, 2003, 19,90 Euro. Auf die bäderreiche Region konzentriert sich der detailreiche Band von Michael Müller, „Südtoscana – Siena, Monte Amiata, Maremma, Monte Argentario", Michael Müller Verlag, 2002, 15,90 Euro. Für Wanderer empfiehlt sich die Kompass-Karte Nr. 653 „Pienza, Montalcino, Monte Amiata", Kompass-Verlag, 2002, 6,95 Euro.

Weitere Informationen

Azienda di Promozione Turistica,
Viale Monterosa 206, I-58100 Grosseto, Telefon 00 39/05 64/46 26 11, Fax 00 39/05 64/45 46 06, E-Mail aptgrosseto@grosseto.turismo.toscana.it, www.grosseto.turismo.toscana.it.
Azienda di Promozione Turistica,
Piazza del Campo 56, I-53000 Siena, Telefon 00 39/05 77/28 05 51, Fax 00 39/05 77/27 06 76, E-Mail aptsiena@siena.turismo.toscana.it, www.siena.turismo.toscana.it.

Stellplatz-Tipps: **Kurbäder**
Wo Reisemobilisten willkommen sind

Aufenthalte in reisemobilfreundlichen Kurorten kommen nicht nur in Deutschland immer mehr in Mode: In der südlichen Toskana bieten sich außer dem bereits genannten Stellplatz in Montepulciano auch Übernachtungsbereiche in der Nähe zu Thermalquellen an, beispielsweise im Kurort Bagno Vignoni.

Auch Volterra bietet sich mit zwei Stellplätzen knapp außerhalb der Altstadt an. Außerdem gibt es im Umland weitere Übernachtungsplätze, etwa in Satúrnia, im unteren Teil der Zufahrt zum alten Bad. Dieser Übernachtungsbereich kann allerdings durch parkende Autos eingeschränkt sein.

Bagno Vignoni

Anfahrt: SS 2 Siena–Viterbo bis zum Abzweig nach Bagno Vignoni. Hier dem Parkplatz-Hinweis am Ortseingang folgen und eine relativ steile Straße zum Parkplatz hinauffahren.
Stellplätze: Gebührenfreier Stellplatz für 10 Mobile. Terrassierter Parkplatz für Pkw und Reisemobile ohne eigens markierte Stellflächen. Fast ebener, geschotterter Untergrund, kein Schatten. Ruhige Lage im Grünen und oberhalb der Zufahrtsstraße in den Ort. Fußläufige Entfernung zum Zentrum, Bars und Geschäfte in der Nähe. Ganzjährig nutzbar.
Ent-/Versorgung: In Bagno Vignoni nicht möglich. Nächste Möglichkeit: Stellplatz in San Quírico d'Orcia.
Informationen: Ufficio Turismo, Via Dante Alighieri 33, I-53027 San Quírico d'Orcia, Telefon 00 39/05 77/89 72 11, Fax 00 39/05 77/89 83 03.

Volterra

Anfahrt: A 22/A 1 Bozen–Verona–Florenz bis zur Abfahrt Florenz-Certosa fahren, dann SS 2 Richtung Siena bis zur Abfahrt Colle Val d'Elsa-Nord. Nun auf der S 2 bis nach Volterra. Im Ort den Hinweisen zum P 3 Fonti di Dolcio unterhalb der Stadtmauer folgen.
Stellplätze: Gebührenfreier Stellplatz für 20 Mobile auf dem Parkplatz Le Balze oberhalb des Campings Le Balze unweit der Kirche San Giusto. Für Reisemobile reserviertes Gelände. Ebener, geschotterter Untergrund. Ruhige Lage abseits der Durchgangsstraßen, spektakuläre Aussicht vom hinteren Platzteil auf das toskanische Hügelland. Ganzjährig nutzbar.
Ent-/Versorgung: Bodeneinlass und Frischwasserzapfstelle auf dem P 3 und beim Campingplatz.
Informationen: Ente Provinciale del Turismo, Via G. Turazza 2, I-56048 Volterra, Telefon/Fax 00 39/05 88/8 61 50.

Schäumend tost das Wasser in Satúrnia zum Fluss hinab. Dabei haben sich Wannen aus Sinterkalk gebildet, in denen es sich wohlig planschen lässt. ▶

BESSER REISEN

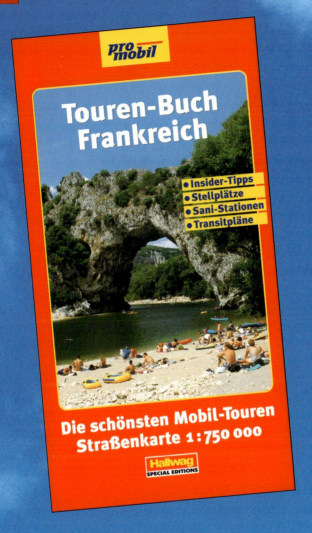

Wo Frankreich am schönsten ist

Die aktualisierte, erweiterte und verbesserte Auflage des Touren-Buch-Klassikers präsentiert die schönsten Regionen Frankreichs mit vielen Stellplatztipps.
3. Auflage, 13 x 24 cm, 320 Seiten, Klebebindung

Am besten heute noch bestellen:
promobil-Bestellservice, D-70138 Stuttgart, Fax 07 11/1 82-17 56, Telefon 07 11/1 82-23 23, Internet www.scw-webshop24.de oder direkt im Buchhandel.

9 Maremma

Sonne, Sand und **Mehr**

Lange Sandbuchten und schnuckelige Fischerdörfer, ein etruskisches Gräberfeld und zwei spannende Naturparks: Die Maremma ist eine der abwechslungsreichsten Küstenregionen Italiens.

Kur und Natur: **Maremma**
Eine Küste zeigt ihre besten Seiten

Kein Colt, kein Patronengurt und auch keine Mundharmonika. Aber sonst könnte dieser Typ geradewegs aus einem Italo-Western entsprungen sein: ein breitkrempiger Hut tief in die Stirn gezogen, stoppeliger Dreitagebart, Zigarette lässig im Mundwinkel. Wie John Wayne in jungen Jahren hängt er vornübergebeugt in seinen Lederleggins im Sattel und genießt die Blicke der Vorbeikommenden. Scheinbar nur widerwillig lenkt er dann sein Pferd zum Straßenrand und lässt den Bus vorbei. Es ist der Linienbus aus Alberese, der Touristen in den Naturpark der Maremma bringt.

Den Tourverlauf finden Sie im Kartenteil auf Seite 9 und 10.

Der Bus ist das einzige Fahrzeug auf der Straße, denn privater Autoverkehr ist im Gebiet des Nationalparks strikt untersagt. Wer vorwärts kommen will, benutzt deshalb gerne ein Fahrrad oder eben ein Pferd. Auf den wenigen alten Landgütern der Region halten die Farmer Rinder und Pferde nach traditionellen Methoden. Die im fünften und sechsten Jahrhundert aus Asien eingeführten, aschfahlen Maremmenrinder mit dem eindrucksvollen Gehörn leben halbwild, genau wie das seit der Antike heimische Maremmenpferd.

Es ist die Aufgabe der Butteri, der Maremmen-Cowboys, die Pferde zuzureiten und die Rinder zu brandmarken. Dass es sich bei den Butteri um ganze Kerle von echtem Schrot und Korn handelt, steht natürlich außer Frage.

Stolz erzählen sie von ihrem Job und verwegenen Heldentaten. Die Lieblingsgeschichte handelt von Wild Bill Cody und dem Herzog Sermoneta. Wild Bill Cody, besser bekannt unter dem Künstlernamen Buffalo Bill, soll demnach im Jahr 1905 mit Indianern und Cowboys eine Wildwest-Tournee durch Italien gemacht haben. Herzog Sermoneta, dem seinerzeit die halbe Maremma gehörte, forderte – Lokalpatriot der er war – den Westernhelden auf, im Wettstreit mit seinen Hirten Maremmenstiere und Hengstfohlen einzufangen. Gesagt, getan. Die Pferde und Rinder verstanden allerdings nur Italienisch, Sermonetas Mannen trugen den Sieg davon.

Heute sind die Zeiten ruhiger. Urlauber können ihr Reisemobil getrost auf dem großen, ausgeschilderten Stellplatz in Alberese stehen lassen. Von hier sind es ein paar Meter zum Informationszentrum des Parks. Bis zu 8 Euro kostet die Tageskarte, inbegriffen ist die viertelstündige Busfahrt nach Pratini.

Hier beginnen die meisten Wanderwege. Die Routen haben unterschiedliche Themen und Schwierigkeitsgrade, sie führen zu alten Turmruinen oder an den schönen Strand von Marina di Alberese, an Entwässerungskanälen entlang oder zu natürlichen Grotten mit

Die aschfahlen Rinder mit dem ausladenden Gehörn leben im Parco Naturale, dem Naturpark der Maremma. ▶

◀ Auf dem Unterlauf des Ombrone läßt sich während einer Paddeltour ungestört die Natur genießen.

Zeugnissen zur neolithischen Besiedlung. In der Vergangenheit waren die Maremmen ein gefährlicher Ort.

Um die Mündung des Ombrone breitete sich unwirtliches Sumpfland aus, eine Brutstätte von Malaria-Erregern. Erst im letzten Jahrhundert gelang es endgültig, der Anopheles-Mücken Herr zu werden. Heute bevölkern sympathischere Tierarten den Park, Füchse zum Beispiel. Dann und wann schnürt ein neugieriger junger Fuchs über den Sand und beäugt die Menschen vorsichtig und mit gehörigem Sicherheitsabstand. Mit großem Glück bekommen die Besucher aber auch eine riesige Meeresschildkröte zu sehen.

Der Präsident des Parks, Gian Piero Sammuri, hat erst vor wenigen Jahren unter großem Medienrummel zwei Exemplare dieser seltenen Meeresbewohner in die Freiheit ausgesetzt. Unter Naturschutz sollen die zwei Schildkröten die nötige Ruhe finden, um im Nationalpark der Maremma wieder auf Dauer heimisch zu werden.

Das Naturreservat ist zwar ein besonderes, aber keineswegs das einzige Highlight an der Maremmenküste. Als Maremma Pisana fängt sie etwa auf der Höhe von Cécina an. Von dieser modernen, durch Industrie geprägten Stadt am Unterlauf des gleichnamigen Flusses führt ein Abstecher in den Pinienhain von Marina di Cécina, wo ein schön gelegener, im Sommer aber regelmäßig überfüllter Reisemobil-Stellplatz für die Nacht ausgewiesen ist.

Wer ausweichen will, folgt am besten der zur Provinzialstraße 39 degradierten ehemaligen Römerstraße Aurelia in Richtung Süden. Die neue Staatsstraße 1, die immer noch den stolzen Namen Aurelia führt, ist eine zwar schnelle, aber gesichtslose Autobahn – immerhin ist sie gebührenfrei.

Bald schon lockt linker Hand die schönste, mit fünf Kilometern auch längste und deshalb wohl berühmteste Zypressenallee Italiens zu einem Abstecher landeinwärts nach Bolgheri. Durch die Burg der Gheradesca betritt man

Land & Leute

Die Maremma bezeichnet den Abschnitt der toskanischen Küste zwischen Livorno und Tarquinia. Das Gebiet um die Mündung des Ombrone war bis in die Mitte des 20. Jahrhunderts eine Sumpfgegend, heute ist es ein Naturpark.

Feiern & Genießen

Alljährlich am 15. August spielen die Bewohner von Porto Santo Stéfano auf der Halbinsel Argentério eine historische Seeschlacht nach. Der Palio Marinaro ist ein prächtiges Kostümspektakel, das an die Rettung eines Fischerbootes vor den Sarazenen erinnert.

Essen & Trinken

Die Spezialitäten der traditionell orientierten Küche der Maremma sind Anguille Sfumate (Räucheraal), gebackene oder geschmorte Frösche und Wasserhuhn mit Bohnen. Direkt an der Küste gibt es dazu viel Seefisch, je weiter die Tour ins Bergland führt, desto öfter servieren die Wirte Polenta alla Maremmana (Maisschnitten).

Kur und Natur: **Maremma**
Eine Küste zeigt ihre besten Seiten

dort ein mittelalterliches Dörfchen.

Es liegt eingebettet in Olivenhaine und Weinfelder, auf denen die Trauben für den Sassicaia reifen, einen der teuersten Weine der Toskana. Gekeltert wird er in der Cantina Incisa della Rocchetta. Für eine Flasche dieses Rebsafts verlangen die Weinhändler je nach Jahrgang zwischen 50 und 100 Euro, versichern aber glaubhaft, dass der Sassicaia einer der besten Weine Italiens ist.

Der Ort Bolgheri ist im Sommer gut besucht, die Straßen sind gesäumt mit touristischen Anziehungspunkten wie Souvenirläden, Enotheken, Restaurants und Cafés. Eine Besonderheit ist das Denkmal der Dienerin Nonna Lucia vor dem Haus, in dem einst der in Italien beliebte Dichter Giosuè Carducci lebte.

So romantisch wie lehrreich ist der Ausflug nach Populónia. Hier öffnet sich dort eine mittelalterliche berstätte unter einem sieben Meter hohen Schlackenfeld entdeckten die Italiener, als sie während des Zweiten Weltkriegs neue Erzablagerungen für die Rüstungsindustrie suchten.

Sie enthält verschiedene Grabstätten, darunter Tumuli – Rundgräber mit einem Durchmesser von bis zu 25 Metern – und Ädikulagräber, also kleine Häuschen oder Tempel. Beeindruckend ist die Tomba dei Carri, in die ein zwölf Meter langer Gang hineinführt. In ihrem Inneren fanden Archäologen sogar einen etruskischen Kriegswagen.

Die Grabfunde lagern heute hauptsächlich im Archäologischen Museum in Florenz, aber auch ein kleines privates Museum in der Villa Gasparri in Populónia zeigt sehenswerte Ausgrabungsstücke wie Streitwagen, Sarkophage, Büsten und Kandelaber. Lohnend ist der Besuch der Stadt Populónia. Sie besitzt

Ein Kanal aus den Zeiten, als die Sümpfe trockengelegt wurden, durchquert den Parco dell'Uccelina. ▶

sich mit dem Golfo di Baratti eine schön geschwungene Bucht, in der es nicht nur bekannte Fischlokale, sondern auch einen Stellplatz für Reisemobile gibt.

Er grenzt direkt an eine der wichtigsten archäologischen Grabungsstätten der Region – ein etruskisches Gräberfeld aus der Zeit von 700 bis 450 vor Christus. Die etruskische Siedlung Puplune hatte zu ihrer Blütezeit gut 25 000 Einwohner. Sie förderten Zinn, Eisen, Blei und Kupfer und verschifften das verarbeitete Metall von hier aus bis nach Griechenland und Kleinasien. Die Gräzwei aus dem Mittelalter erhaltene Türme. Von ihnen genießen Besucher den Ausblick bis nach Livorno.

Die Straße, die das Reisemobil danach Richtung Follónica führt, ist ebenso langweilig wie schlecht. Schnurgerade verläuft sie durch die sumpfgrasige Ebene, hie und da von gewaltigen Industrieanlagen gesäumt. Der Belag ist löchrig, die Fugen sind ausgefahren – spätestens in Vignale ist das Geschirr in den Küchenschränken neu sortiert.

Dort erreichen die Reisemobilisten wieder die Aurelia, und ab Ritorto beginnt ein Ferienvergnügen wie aus dem Katalog eines Pauschalreiseveranstalters: Bettenburgen, Strandleben, Bars, Restaurants und Diskotheken, wohin das Auge blickt. Follónica gilt als das Rimini der tyrrhenischen Küste.

Wer hingegen einen Badeort mit Charme sucht, fährt weiter bis Castiglione della Pescáia. Die malerische Hafenstadt besitzt nicht nur einen schönen Strand, sondern auch eine sehenswerte Altstadt mit kopfsteingepflasterten Gässchen, mit der brunnengeschmückten Piazza Vecchietta und einer mächtigen Raubritterburg. Das Beste aber: In der Via Marconi befindet sich sogar ein Stellplatz für Reisemobile.

Zwischen Castiglione della Pescaia und Marina di Grosseto liegen mehr als acht Kilometer duftender Pinienwald. Einladende Strände breiten sich hinter dem Nadelwald aus, einige der schönsten Campingplätze der Toskana finden die Urlauber auf der Straßenseite landeinwärts. Auch wenn die Gegend hier absolut zum Bleiben auffordert, lohnt noch ein Abstecher in den Süden nach

▲
Wildschwein und Rotwein – zum Beispiel ein Chianti – gelten auch in der südlichen Toskana als Grundnahrungsmittel.

Gestern & heute

Bereits die Etrusker hatten in der Maremma ein Entwässerungssystem angelegt und Hafenstädte errichtet, die mit dem Niedergang Roms zerfielen. Reste altetruskischer Stadtmauern und eine Grabstätte gibt es in Populónia zu sehen, das dortige Etruskermuseum zeigt zahlreiche Grabbeigaben.

Wandern & Radeln

Das touristische Zentrum „Il Rialto" im Örtchen Alberese verleiht Mountainbikes und Straßenräder. Im Maremmenpark empfehlen sich die beschilderten Wege zur Ombronemündung und zum Sandstrand in Marina di Alberese.

promobil-Tipp

In Piombino starten in regelmäßigen Abständen die Fährschiffe zur Insel Elba. Urlauber, die einen Tagesausflug auf die beliebte Ferieninsel unternehmen wollen, können ihr Reisemobil währenddessen auf dem bewachten Hafenparkplatz stehen lassen und sparen sich so das teure Ticket für die Passage.

Orbetello. Zwei große Dünen rahmen die Lagunenstadt am Monte Argentário ein. Der vom World Wide Fund For Nature geleitete Naturpark Oasi di Orbetello ist ein Vogelparadies aus Sand, Schilf, Pappeln und Pinien. In den Wintermonaten finden hier zahllose Vogelarten Quartier, und seltene Gattungen wie der Stelzenläufer nisten in den Dünen. Reiher und Flamingos sind von den übers Wasser führenden Stegen und Beobachtungstürmen zu erkennen. Bei Sonnenuntergang nimmt das flache Meer in der Lagune goldrote Farbtöne an.

Die Stadt Orbetello bietet Urlaubern ein reiches Programm. Zum Schlendern schön sind die lebendige Markthalle, die zahlreichen Enotheken und die palmengesäumte Uferpromenade. Die Befestigungsanlagen und Stadttore zeigen deutlich fremden Einfluss. Sie stammen nämlich aus der spanischen Besatzungszeit der Stadt vom 16. bis zum 18. Jahrhundert. Kuriosestes Überbleibsel dieser Epoche ist eine mitten im Wasser stehende Windmühle. Schlussendlich besitzt die nahe gelegene Landzunge Tómbolo di Feníglia einige der schönsten Strände der Maremma, deren Reiz vielleicht gerade darin liegt, dass die Besucher sie nur zu Fuß oder mit dem Fahrrad erreichen können.

Kur und Natur: **Maremma**
Eine Küste zeigt ihre besten Seiten

▶ Route

Die Tour folgt im Wesentlichen der alten Römerstraße „Aurelia", die heute von der Strada Provinciale SP 39 und der Strada Statale SS 1 gebildet wird. Zunächst fahren die Mobilisten vom Küstenort Marina di Cécina in Richtung Süden, ein kleiner Abstecher landeinwärts erschließt den Weinort Bolgheri, dann geht es weiter zum ehemaligen Etruskerhafen Populónia und zu den Badeorten Follónica und Castiglione. Der Naturpark der Maremmen erstreckt sich von der Mündung des Flusses Ombrone bis Talamone. Die Stadt Orbetello liegt in der Lagune am Monte Argentário.

▶ Reisezeit

Der Küstenstreifen der Maremma ist noch etwas sonnenverwöhnter als die übrige Toskana. Schon Anfang April, wenn es in den Bergen gelegentlich heftig regnet und am Monte Amiata noch Schnee liegen kann, öffnen hier zaghaft die ersten Straßencafés. Im Mai blüht und duftet es überall, ab Ende Juni strömen viele Feriengäste herbei. Der September und der gesamte Oktober sind etwas ruhigere Reisezeiten und immer noch gut geeignet für Badefreudige.

▶ Camping

Die Küste der Toskana zwischen Cécina und San Vincenzo sowie Castiglione della Pescáia und Grosseto ist geradezu gespickt mit Campingplätzen. Direkt am Nationalpark der Maremma liegt zum Beispiel Talamone International Camping Village im gleichnamigen Ort. Keine Entsorgungsmöglichkeit, keine Hunde. Dennoch empfehlenswert wegen der guten Lage und der Ausstattung mit astronomischer Station, botanischem Garten, Reiten im Nationalpark. Telefon 00 39/05 64/88 70 26, Fax 00 39/05 64/88 71 70, www.talamonecampingvillage.com.
Casale Marittimo: Camping Valle Gaia, landeinwärts von Cécina, 144 Touristenplätze, Telefon 00 39/05 86/68 12 36, Fax 00 39/05 86/68 35 51, www.vallegaia.it.
Torre Mozza bei Ritorto: Camping Pappasole, 180 Touristenplätze, Telefon 00 39/05 65/2 04 14, Fax 00 39/0 565/2 03 46, www.pappasole.li.it.
Marina di Grosseto: Camping Le Marze, 485 Touristenplätze, Telefon 00 39/05 64/3 55 01, Fax 00 39/05 64/3 55 34.
Albinia: Camping International Argentário, 400 Touristenplätze, keine Hunde. Telefon 00 39/05 64/87 03 02, Fax 00 39/05 64/87 00 68.

▶ Sehenswertes

Populónia: Seit prähistorischer Zeit besiedelter Bergsporn mit beeindruckendem Blick über den Golf von Baratti nach Elba. Etruskergräber, Burganlage aus dem Mittelalter.
Bolgheri: Weindorf mit einer schnurgeraden Zypressenallee.
Punta Ala: An einem Kap liegendes Seebad am 345 Meter hoch aus dem Meer steigenden Póggio Peroni. Blick zur Insel Elba.
Castiglione della Pescáia: Sehr beliebter Badeort mit mittelalterlichem Kastell auf einem Felsen über dem Meer. Ringmauer, Türme, malerischer Hafen.
Grosseto: Provinzhauptstadt mit Mauersechseck aus der Renaissance. Dom am schöner Piazza Dante, Archäologiemuseum.
Parco Naturale della Maremma/Parco dell'Uccellina: Maremmennationalpark mit Möglichkeiten für Wandern, Radfahren, Tierbeobachtung und geführte Touren. Informationszentrum des Parks in Alberese. Achtung: Zu Ostern und Pfingsten kommt es gewöhnlich zu einem starkem Besucherandrang, was

▲
Im Nationalpark der Maremma wird Land wie in diesem uralten Olivenhain nach altem Brauch bewirtschaftet.

auch zu Problemen führen kann – die Parkleitung begrenzt die Zahl der Besucher pro Tag.
Monte Argentário: In vorgeschichtlicher Zeit eine Insel, heute durch angeschwemmte Dünenzüge mit dem Land verbunden, Halbinsel mit abwechslungsreicher und reizvoller Küste.
Orbetello: Hübsche Küstenstadt mit von den Spaniern geprägter Befestigungsanlage und Windmühle, wunderschöne Sandstrände auf der Landzunge Tómbolo di Feníglia, Naturpark Oasi di Orbetello.

▶ Aktivitäten

Kanu: Paddeltouren auf dem Unterlauf des Ombrone. Die Einsatzstelle und Vermietzentrale La Barca ist von Rispéscia aus zu erreichen.
Radeln: Geführte und individuelle Mountainbike-Touren bietet das Informationszentrum im Parco Naturale della Maremma/Parco dell'Uccellina an. Weitere Touren mit dem Mountainbike führen von Castiglione della Pescháia nach Punta Ala am Meer entlang und an der Küste um den Monte Argentário herum.
Reiten: Der Gutshof Spergolaia bei Rispéscia hat ein besonderes Angebot für alle, die einmal im Leben Cowboy sein möchten. Zusammen mit den Butteri, den Maremmen-Cowboys, können die Urlauber vom Hof aus eine Reittour unternehmen. Erfahrene Reiter dürfen sogar bei der Arbeit helfen und die Maremmenrinder treiben.
Wandern: Mehrere ausgeschilderte Routen im Maremma-Nationalpark, Karten am Info-Schalter in Alberese.

▶ Bücher & Karten

Als Reisebegleiter für diesen Teil der Toskana empfiehlt sich der ausgezeichnete Band von Michael Müller, „Südtoskana – Siena, Monte Amiata, Maremma, Monte Argentario", Michael Müller Verlag, 2002, 15,90 Euro. Für Wanderungen bietet sich die Kompass Karte Nr. 651 „Maremma, Argentaria, Grosseto, Isola del Giglio" an, Maßstab 1:50 000, 2002, 6,95 Euro. Gute Ergänzung zu gängigen Toskana-Führern: „Guida per la Week End Maremma", kostenfrei beim A. P. T. in Grosseto zu bekommen.

> **Weitere Informationen**
> **Azienda di Promozione Turistica,**
> Viale Monterosa 206, I-58100 Grosseto, Telefon 00 39/05 64/46 26 11, Fax 00 39/05 64/45 46 06, E-Mail aptgrosseto@grosseto.turismo.toscana.it, www.grosseto.turismo.toscana.it

Stellplatz-Tipps: **Maremma**
Wo Reisemobilisten willkommen sind

Von ihrer abwechslungsreichen Seite zeigt sich die Toskana im tiefen Südwesten: Wild, natürlich, unverfälscht wirkt der Nationalpark der Maremma an der Mündung des Ombrone, archäologische Entdeckungen finden sich um den ehemaligen Etruskerhafen Populónia, und als Krönung locken Badeorte mit langen Stränden, dichten Pinienwäldern und viel Charme. Gleich drei von ihnen, Marina di Cécina, Marina di Grosseto und Castiglione della Pescáia, locken auch mit ausgewiesenen Reisemobil-Stellplätzen.

Die Maremma setzt damit das dichte Netz an offiziellen Reisemobil-Stellplätzen fort. Erfreulich ist vor allem die Kombination von Stellplätzen mit den größten Attraktionen am Ort: Alberese ist nicht nur eine attraktive Etappenstation für Reisemobilfahrer, sondern weit und breit auch der beste Ausgangspunkt für Ausflüge in den Nationalpark, zu seinen Cowboys und den Rinderherden.

Ähnliches erwartet Reisemobilfahrer in Populónia. Hier schließt sich der Stellplatz direkt an den archäologischen Park an. Das moderne Besucherzentrum ist nur wenige Schritte entfernt, und auf den markierten Pfaden lassen sich schnell die imposanten Grabhügel der Etrusker erkunden. Offiziell steht der Stellplatz nur den reisemobilen Besuchern des Parks offen, doch das dürfte angesichts der Attraktionen wirklich kein Hindernis sein.

Alberese

Anfahrt: SS 1 Grosseto–Orbetello bis zur Abfahrt nach Spergoláia bei Rispéscia, dann weiter auf der Landstraße nach Alberese. Im Ort den Hinweisen zum Reisemobil-Parkplatz am Informationszentrum folgen.
Stellplätze: Gebührenfreier Stellplatz für 100 Mobile auf dem Parkplatz in der Nähe des Informationszentrums. Ebener, befestigter Untergrund, kein Schatten. Tagsüber lebhafter Betrieb, abends meist ruhig. Fußläufige Entfernung zum Informationszentrum des Parks und zur Abfahrtsstelle der Busse in den für Privatwagen gesperrten Park. Ganzjährig nutzbar.
Ent-/Versorgung: Frischwasseranschluss, Bodeneinlass auf dem Platz vorhanden. Tag und Nacht nutzbar.
Informationen: Parco Naturale della Maremma, Centro Visite del Parco, I-58010 Alberese, Telefon 00 39/05 64/40 70 98, Fax 00 39/05 64/40 72 78.

Castiglione d. Pescáia

Anfahrt: SS 1 Livorno–Grosseto bis zur Abfahrt Follónica, dann weiter auf der S 322 nach Castiglione della Pescaia. Der gut ausgeschilderte Stellplatz befindet sich bei Anfahrt aus dem Norden vor dem Ortseingang.
Stellplätze: Gebührenfreier Stellplatz für etwa 50 Reisemobile auf dem Parkplatz am Sportplatz außerhalb der Stadt an der S 322 Richtung Follónica. Ebener, asphaltierter Untergrund, schattenlos, beleuchtet, Abfallcontainer und Telefonzellen vorhanden. Im Ort ausgeschildert. Im August stark frequentiert. Ganzjährig nutzbar.
Ent-/Versorgung: Bodeneinlass sowie Frischwasserzapfhahn ohne Gewinde am Platz vorhanden.
Informationen: Azienda di Promozione Turistica, Piazza Garibaldi, I-58043 Castiglione della Pescáia, Tel. 00 39/05 64/93 36 78, Fax 00 39/05 64/93 30 54.

Marina di Cécina

Anfahrt: A 12 Pisa–Cécina bis Rosignano, auf der Via Aurelia

◀ Castiglione della Pescáia: Hoch über dem einstigen Fischerdorf mit seinen Badestränden und Pineten thront das Castello aus dem 10. Jahrhundert.

(S 1) bis nach Cécina, abbiegen zum Vorort Marina di Cécina. Der Stellplatz befindet sich an der Zufahrt zum Camping Le Tamerici.
Stellplätze: Gebührenpflichtiger Stellplatz für 20 Mobile auf dem Parkplatz rund 500 Meter vor dem Campingplatz Le Tamerici. Gebühr: 7,50 Euro pro Nacht und Mobil. Ebener, asphaltierter Untergrund. Beleuchtet, Spielplatz, Papierkörbe vorhanden. Max. Aufenthaltsdauer: 24 Stunden. Ganzjährig benutzbar. Im Sommer sehr stark besucht.
Ent-/Versorgung: Bodeneinlass, Frischwasseranschluss am Platz vorhanden.
Informationen: Ufficio Informazione, Largi Fratelli Cairoli 17, I-57023 Marina di Cécina, Telefon 00 39/95 86/62 02 78.

Marina di Grosseto

Anfahrt: SS 1 Livorno–Grosseto bis Follónica, auf der S 322 Richtung Marina di Grosseto. Hier die erste Abfahrt Marina di Grosseto ins Zentrum nehmen, den Schildern zum Strand Tre Stelle folgen.
Stellplätze: Gebührenfreier Stellplatz für 100 Mobile auf dem Parkplatz Tre Stelle. Unebener Waldboden, Schatten durch hohe Pinien. Der Platz links der Straße ist nur durch Dünen vom Strand getrennt, rechts der Straße ein weiterer, kleinerer Platzteil. Achtung: Der Stellplatz könnte in naher Zukunft geschlossen werden.
Ent-/Versorgung: Bodeneinlass, Frischwasserzapfstelle am Ortsausgang Richtung Principina al Mare an der Bushaltestelle.
Informationen: Azienda di Promozione Turistica, Viale Monterosa 206, I-58046 Marina di Grosseto, Telefon 00 39/05 64/46 26 11, Fax 00 39/05 64/45 46 06.

Populónia

Anfahrt: S 1 Livorno–Piombino bis zur Abfahrt bei San Vicenzo. Weiter auf der Küstenstraße Richtung Piombino bis zum Abzweig einer Landstraße Richtung Populónia. Den Hinweisen zum archäologischen Park folgen. Der Stellplatz grenzt an das Gelände.
Stellplätze: Gebührenpflichtiger Stellplatz für 50 Mobile auf dem Parkplatz des archäologischen Parks in der Localita Baratti. Die genaue Gebühr stand bei Redaktionsschluss noch nicht fest. Sie beträgt voraussichtlich 1,30 Euro pro Mobil und 9 Stunden. Parkplatz für Pkw und Reisemobile. Geschotterter Untergrund, meist eben, teilweise hoplrig. Ruhige Lage oberhalb der Küstenstraße, an Felder angrenzend. Kein Schatten. Ganzjährig nutzbar.
Ent-/Versorgung: Bodeneinlass und Frischwasserzapfstelle in der Nähe zum Stellplatz.
Informationen: Parco archeologico di Baratti e Populonia, Localita Baratti, I-57025 Piombino, Telefon 00 39/05 65/2 90 02, Fax 00 39/05 65/2 91 07.

10 Insel Giglio

Wie **ein Fisch** im Wasser

Die kleine Insel Giglio ist ein bezauberndes Stück Toskana vor der Küste der Provinz Grosseto und ein Paradies für alle, die Unterwasserwelten mit Taucherbrille und Schnorchel entdecken wollen.

10 Kur und Natur: **Insel Giglio**
Tauchfieber im Archipel

„Tauchen ist toll!" Kaum ragt Annettes Kopf wieder aus den Fluten, da sprudelt es schon aus ihr hervor. „Ich habe eine Putzerstation entdeckt." Sie strahlt über das ganze Gesicht. „Da stehen die großen Fische Schlange, um sich durch die kleinen Putzerfische von Parasiten befreien zu lassen." Auch andere Reisemobilisten aus Deutschland hält das Tauchfieber gefangen – die seltsam fremde Unterwasserwelt vor der italienischen Insel Giglio weckt in ihnen den Entdeckerdrang. Die kleine Insel vor der Halbinsel Argentario ist in Deutschland noch nicht allzu sehr bekannt, die Reise lohnt sich vor allem für Naturfreunde.

Den Tourverlauf finden Sie im Kartenteil auf Seite 9 und 10.

Giglio Porto ist die erste Station für die Reisenden, die von Porto Stefano, einem kleinen Fährhafen auf dem Festland, mit dem Schiff über die 13 Kilometer schmale Meerenge schaukeln. Am Inselhafen heißt es, Ruhe zu bewahren. Denn mit den Autos, Lastwagen und Reisemobilen ergießt sich ein hektisches Durcheinander aus Hupen, Flüchen und Parkplatzsuche über die Anlegestelle. Besser haben es die Urlauber, die auf der bergigen und kurvigen Inselstraße die beiden anderen Ortschaften des Eilands ansteuern: Giglio Castello und Campese.

Am Ortseingang von Campese liegt der einzige Campingplatz der Insel. Von hier lässt sich Giglio am einfachsten mit Rädern, auf Schusters Rappen oder mit der Buslinie „Brizzi" erkunden. Groß ist die Insel mit ihrer Länge von 20 Kilometern nicht, dennoch gibt es manches zu entdecken.

Hoch oben in Giglio Castello das Labyrinth der verwinkelten Gässchen, umgeben vom Flair eines bestens erhaltenen mittelalterlichen Wehrstädtchens. Immer wieder lassen sich neue schöne Ecken und Winkel aufstöbern, kleine Läden entdecken und herrliche Ausblicke genießen. In der Bucht von Campese, am einzigen größeren Sandstrand der Insel, sammeln sich die Badefreude, liegen am Strand, lauschen der sanften Brandung und bewundern den mächtigen Torre del Campese.

Seit Urzeiten erhebt der alte Wachturm sein graues Haupt am nördlichen Ende der Bucht. Abends verwöhnen Pizza und Pasta direkt am Strand den Gaumen, dazu läuft der gute italienische Wein mit Schwung die Kehle hinunter.

Der atemberaubende Sonnenuntergang an der Punta Faraglione, einer in der Ferne steil aus dem Meer

Wunderschöne Ausblicke bieten sich von dem steinigen Pfad, der hinauf nach Castello führt. ▶

◀ **Mächtig überragt der alte Wachtturm die Bucht von Campese. Hier befindet sich der längste Strand der Insel mit Bootsverleih, Windsurfschule und der Tauchstation.**

aufragenden Felsklippe, weckt auch bei nüchternen Naturen romantische Gefühle. Lange Spaziergänge führen durch die einsame Südhälfte der Insel, doch Vorsicht: Wo kein Weg ist, ist selten ein Durchkommen durch die Macchia, den dichten, dornenbewehrten Buschwald.

Müßiggänger vertrödeln einen herrlich faulen Nachmittag am Hafenbecken von Giglio Porto und sehen den sonnengegerbten Fischern beim Kartenspiel zu. Das regelmäßige Ritual des Fährverkehrs balanciert die Stimmung wohltuend zwischen Hektik und Langeweile aus. Wer aber einmal Taucherbrille und Schnorchel, Neoprenanzug und Flossen anlegt, verbringt einen Großteil seiner Zeit lieber gleich unter Wasser.

Dass es sich lohnt, hier „unterzugehen", können sich Kenner der italienischen Adriaküste vielleicht nur schwer vorstellen. Zugegeben, die Taucher begegnen nur selten großen Fischen oder sogar Meeressäugern, dafür begeistern die zahlreichen kleinen Entdeckungen, die sie in dieser ungeheuer vielfältigen und fremdartigen Tierwelt erleben.

Voraussetzung dafür sind ein geschultes Auge und ein wenig Fachwissen. In dieser Hinsicht sind die Unterwasserforscher auf der Tauchbasis in Campese bestens aufgehoben. Naturbegeisterte Sportler können an geführten meeresbiologischen Tauchgängen teilnehmen, Neulinge erlernen das Gerätetauchen.

Pavlos macht auf einem seiner ersten Tauchgänge eine erstaunliche Begegnung: „Ich habe gerade mit einem Oktopus gespielt, bis er dann beleidigt schwarze Tinte ausstieß und sich schnell in eine Felsspalte verkroch." Da kommt Thilo dazu und berichtet vom letzten Nachttauchgang, von schlafenden Fischen, die sich im Scheinwerferkegel fast streicheln ließen, und von dem Igelwurm, der sein ganzes Leben in ein und derselben Felsspalte verbringt, des Nachts seinen bis zu 1,5 Meter langen Rüssel ausfährt und die Umgebung „abgrast". Es scheint klar: Auch die Urlauber möchten das bezaubernde Giglio am liebsten nie mehr verlassen.

Land & Leute

Die Isola del Giglio ist nach Elba die zweitgrößte Insel des toskanischen Archipels. Sie liegt vor der Landzunge von Argentario, misst gute 21 Quadratkilometer, hat mehrere Sandstrände und ein bergiges Landesinnere. Die Bewohner leben in den Orten Giglio Porto, Giglio Castello und Campese.

Sehen & Erleben

Von Giglio Castello führt ein Pfad durch Pinienwälder zum höchsten Berg der Insel, dem 496 Meter hohen Póggio della Pagana – der Ausblick reicht bis zum Festland und zu den Inseln Giannutri und Montecristo.

promobil-Tipp

Die Weinbauern von Giglio stellen den seltenen Inselwein Ansonica fast nur noch für den Eigenbedarf her. Die Sorte ist eng mit der sizilianischen Inzolia-Rebe verwandt, die einen feinen und trockenen Weißwein ergibt. Wer den Rebensaft probieren möchte, hat auf Giglio beim Inselfest Mitte September die besten Chancen dazu.

Kur und Natur: **Insel Giglio**
Tauchfieber im Archipel

▶ Route

Die Reedereien Maregiglio und Toremar bieten einen regelmäßigen Liniendienst von Porto San Stefano nach Giglio. Die Überfahrt dauert etwa eine Stunde. Die Fähren können auch problemlos von größeren Reisemobilen benutzt werden. Ein Preisbeispiel: Bei Toremar kostet die einfache Überfahrt für ein Reisemobil ab 6 Metern Länge 6,97 Euro pro Meter Länge, zuzüglich einer Personengebühr von 5,16 bis 6,20 Euro (je nach Saison). In der Hochsaison ist es ratsam, die Rückfahrt gleich bei der Ankunft im Fährbüro in Giglio Porto zu buchen, um auf jeden Fall einen Platz zu bekommen. Infos im Internet: www.maregiglio.it oder www.gruppotirrenia.it.
Achtung: Zur Begrenzung des Autoverkehrs in der Hochsaison gibt es Fahreinschränkungen auf der Insel. Informationen über eventuell notwendige Fahrgenehmigungen erteilt die Tourist-Information.

▶ Camping

Der einzige Campingplatz liegt auf der Westseite der Insel vor Campese.
Campese: Camping Baia del Sole, terrassenförmig angelegtes Gelände, eigener Felsenstrand, Entsorgungsmöglichkeit, Lebensmittelladen, kleines Restaurant, Spielplatz, Hundeverbot, im Hochsommer sehr voll. Geöffnet von Ostern bis Ende September, Telefon 00 39/05 64/80 40 36, Fax 00 39/05 64/80 41 01.

▶ Sehenswertes

Giglio Porto: Lebendiger Hafenort mit netten kleinen Läden, Cafés und Restaurants, täglicher Fischmarkt am Hafenkai.
Giglio Castello: Verwinkeltes Städtchen, in der Mitte der Insel auf einem Berg gelegen, hübsche Gässchen und alte Häuser, zerfallene Burg aus dem 15. Jahrhundert, herrlicher Rundblick über die Insel.
Campese: Ferienort an der Westseite der Insel, längster Sandstrand mit Surfschule, Bootsvermietung, Tauchschule, Pizzerias, Eisverkauf, mächtiger Torre del Campese am Strand.
Giannutri: Nachbarinsel von Giglio, Fährverkehr von Porto San Stefano und Giglio aus. Auf der kleinen Insel Reste einer römischen Patriziervilla. Für Taucher ist vor allem die Cala dei Grottini ein gutes Revier.

▶ Aktivitäten

Bootsfahren: Viele schöne Buchten sind nur vom Wasser aus erreichbar. Stationen zur Bootsvermietung gibt es in Giglio Porto und in Campese. Rundfahrten um die Insel und geführte Touren bietet der Bootsdienst Giglio Mare in Giglio Porto an.
Tauchen: Als Tauchbasis dient das Institut für Marinebiologie, Station Giglio/Toskana, Residenze il Cabbiano, Campese, I-58012 Isola del Giglio. Es bietet eine breite Palette an Tauchangeboten.
Wandern: Zahlreiche Pfade überziehen die Insel und erschließen das fast menschenleere Inselinnere. Da Giglio nur gut 21 Quadratkilometer groß ist, dauern die Touren lediglich ein bis zwei Stunden. Sehr schön ist es, den Ort Castello von Campese aus zu Fuß zu erklimmen. Der stellenweise steile Pfad schlängelt sich durch Weinberge und kleine Gemüsegärten den Berg hinauf, während der Ausblick über die Insel und das Meer immer weiter wird. Von Castello aus haben die Wanderer schließlich eine Gesamtsicht über die Insel und einen faszinierenden Ausblick aufs Meer. Eine zweite attraktive Tour führt von Campese zu den Felsbuchten im Südwesten der Insel.

▲ Malerisch geht die Sonne über den ungewöhnlichen Felsformationen an der Bucht von Campese unter.

Mineralienfreunde können in dem Gestein längs des Weges gelben Schwefel und würflige Pyritformationen entdecken.
Sehr zu empfehlen ist die etwas längere Wanderung zur Südspitze der Insel. Sie führt zu einem steilen Felsenpfad in einer Bucht, in der das Wasser dramatisch wild an die Felsen schlägt und weit hochspritzt.
Die Tourist-Information hält eine kostenlose Inselkarte bereit, in der die verschiedenen Wandermöglichkeiten verzeichnet sind. Nicht erschrecken müssen die Wanderer, wenn sie auf ihren Touren Schlangen begegnen. Es gibt auf Giglio nur eine, für den Menschen völlig ungefährliche Schlangenart. Die kleinen Reptilien sonnen sich gerne auf den vielen Felsen und Steinen im gebirgigen Landesinneren und huschen schnell davon, wenn sich Menschen nähern.
Ein beeindruckender Anblick sind die grün schimmernden Eidechsen, die ebenfalls in großer Zahl auf der Insel leben und in Windeseile in ein Versteck fliehen, wenn Spaziergänger vorbeikommen.

▶ Essen & Trinken

Die Hafenstraße von Giglio Porto ist gesäumt von kleinen Straßencafés, Bäckereien, Pizzerias und Lebensmittelläden. Mit etwas Glück können Urlauber hier sogar den Ansonica ergattern, den auf der Insel sowie am Monte Argentario auf dem Festland angebauten, bernsteinfarbenen Wein. Ein guter Tipp ist der täglich stattfindende Fischmarkt in Giglio Porto, auf dem es fangfrische Fische aus dem kristallklaren Meer gibt. Ihr zartes, weißes Fleisch schmeckt am besten mit frischen Kräutern gewürzt und auf dem Grill gegart. Am Strand von Campese befindet sich das nette kleine Restaurant Da Tony mit freundlichem Service, vorzüglicher Pizza und leckeren Fischgerichten (ganzjährig geöffnet von 7 bis 1 Uhr).

▶ Bücher & Karten

Die meisten Reiseführer der einschlägigen Buchverlage beschreiben die Insel Giglio nur sehr kurz. Am ausführlichsten ist noch: Michael Müller, „Toskana", Michael Müller Verlag, 2002, 22,90 Euro. Die Lücke füllen die hilfreichen Broschüren und Karten aus dem Touristenbüro der Insel in Giglio Porto.

Weitere Informationen

Pro Loco, I-58012 Giglio Porto, Isola del Giglio,
Telefon und Fax 00 39/05 64/80 94 00,
E-Mail infoweb@isoladelgiglio.it, www.isoladelgiglio.it.

11 Insel Elba

Eine Insel mit viel **Bergen**

Duftende Pflanzen, glitzernde Steine und eine wildbewegte Geschichte – trotz ihrer großen Popularität als Ferienziel konnte sich die Insel Elba ihre Natürlichkeit weitgehend bewahren.

Kur und Natur: **Insel Elba**
Ein bergisches Stück Toskana im Mittelmeer

Halsbrecherisch knattert ein pastellfarbener Roller um die Ecke, zwischen abblätternden Fassaden flattert die weiße Wäsche, und aus einem roten Cabrio lacht Sophia Loren. Italien wie im Film, Italien wie vor 40 Jahren. Wunderbarerweise lügt dieses Klischee mit keinem Bild. Die Insel Elba ist immer noch so klassisch schön, das Meer so klar und schillernd, die Luft angefüllt vom Duft der Macchia und jede Bucht ganz genauso wildromantisch, wie es sich das sehnsuchtsvolle Herz eines deutschen Urlaubers träumt. Die sonnenfarbenen Häuser um den Hafen von Portoferraio verbreiten schon bei der Ankunft gute Laune. Rosa Oleander und weißer Jasmin duften aus den Kübeln am Rand der Piazza della Repubblica und locken in die engen Gassen und die schattigen Innenhöfe der Altstadt.

Über dem Häusergewürfel thront die Befestigungsanlage Forte Stella, schon so mancher hat von dort nach einem Piratenschiff Ausschau gehalten. Am späten Vormittag zieht nur eine weiße Fähre ihre Schaumspur zum Festland, die bunten Fischerboote sind schon früh am Morgen eingelaufen, um den frischen Fang bei den Restaurants am nördlich gelegenen Kiesstrand Ghiaie abzuliefern. Als gehörte ihnen alle Zeit der Welt, flicken die Männer ihre Netze, der eine flachst mit großen Gesten, die anderen grinsen zahnlückig. Liegt es an den lustigen Fischern oder am

Den Tourverlauf finden Sie im Kartenteil auf Seite 9.

würzigen Wildfenchelreis? Der Schwertfisch, der mittags im Restaurant Le Palme in der Bagnaia di Portoferraio auf den Tisch kommt, schmeckt so aromatisch wie nie. Sicher tut auch der Elba bianco das Seinige dazu, der kräftige Weißwein der Insel. Für Italien ungewöhnlich grünbewachsen sind die Anhöhen auf dem knapp 225 Quadratkilometer kleinen Eiland. Auf der Ostseite ragen die Erhebungen nur 500 Meter hoch, im Westen sticht der Monte Capanne mit 1019 Metern steil aus dem Meer. Viele Wege winden sich zwischen Macchia und Pinienwäldern bergauf und bergab. Ein alter, gepflasterter Pfad beginnt in Marciana Alta und führt hinauf zur ältesten Wallfahrtskapelle Elbas. Alle Wanderungen belohnen schwer atmende Mountainbiker oder dahinschlendernde Fußgänger mit traumhaften Weitblicken bis nach Korsika oder zum toskanischen Festland. Die abwechslungsreiche Küstenlinie mit ihren zahllosen Buchten, dem Wechsel aus schroffen Felsen, Kies- und Sandsträn-

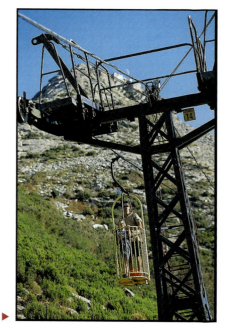

Wer nicht laufen will, kann mit der Korbgondel zum Gipfel der über 1000 Meter hohen Inselspitze Monte Capanne schweben. ▶

◀ Im Hafen von Porto Azzurro, dem zweitgrößten Hafen der Insel, läuft am Morgen reicher Fang ein.

den bildet ein Traumrevier für Wassersportler jeder Couleur.

Gesteinsfreunde begeistern sich für den Mineralienreichtum auf Elba. Silbriger Pyrit, schwarzgrüner Serpentit, Malachit und viel anderes funkelndes Gestein lagert in den Felswänden. Die Mineralienmuseen Parco Minerario und Museo di Minerali zeigen die schönsten Funde. Die einst in Steinbrüchen, Minen und Hochöfen schuftende Bevölkerung von Elba hat sich längst zu einer Dienstleistungsgesellschaft mit Schwerpunkt Tourismus gewandelt. Hotels, Restaurants, Campingplätze und Freizeitangebote sind die neuzeitlichen Goldgruben der Elbaner.

Gleichwohl hat die Insel trotz der rasanten Tourismus-Entwicklung ihre Ursprünglichkeit bewahrt. Statt Hotelturmen und raumgreifenden Clubanlagen stehen hier italienische Villen und romantische Häuschen, aus dem Grün der Berge wachsen einige malerisch verfallene Burgruinen.

Doch ob Historiker, Naturfreund oder Wassersportler: Wer auf Elba fündig werden will, muss erst einmal hinkommen. Das unübersichtliche Gewusel im Festlandfährhafen von Piombino ist nur etwas für starke Nerven. Den hastigen und lautstarken Kommandos der Einweiser sollten die Mobilisten ihre Besonnenheit und Lenkerfahrung entgegensetzen: Die Rampen langsam und diagonal anrollen, die Gefahr des Aufsetzens mit Schürze oder Heck ist hoch.

Und noch etwas: Urlaub auf Elba erfordert Inselzuschlag. Das Leben ist hier grundsätzlich etwas teurer als auf dem Festland. Auch die Fähre kostet in der Hochsaison für eine vierköpfige Familie samt Reisemobil leicht an die 150 Euro,

es lohnt also, auf Sonderangebote, bestimmte Wochentage und Packages zu achten. Gerade in der Hauptsaison ist eine Vorausbuchung sinnvoll.

Die Fähren sind dann oft auf Tage hinaus belegt. Wer über seine Zeit frei verfügen kann, peilt Elba deshalb im Vorsommer oder Frühherbst an. Dann sind die Strände leer und die Kellner freundlich, und vielleicht lenkt sogar ein Filmstar sein rotes Cabrio auf das bergige Stückchen Toskana im Mittelmeer.

Land & Leute

Die Insel Elba ist ein klassisches Ziel für Italienurlauber mit seit Jahrzehnten unverändert großem Charme. Sie bietet herrliche Wanderwege über grünbewachsene Inselberge, optimale Bademöglichkeiten und Wassersportbedingungen sowie eine fischreiche Küche.

Sehen & Erleben

Napoleon verbrachte nur 300 Tage im Exil auf Elba. Dennoch hinterließ der Franzose hier unzählige Spuren. Jährlich am 1. Mai findet ihm zu Ehren in Portoferraio ein Umzug statt, seine Wohnhäuser auf der Insel sind viel besuchte Museen.

promobil-Tipp

Lange hat der Bergbau die Insel beherrscht. Einen kleinen Eindruck von der Vergangenheit geben die Führung und die Minenbahnfahrt in La piccola Miniera, einem Besucherbergwerk in Porto Azzurro.

Kur und Natur: **Insel Elba**
Ein bergisches Stück Toskana im Mittelmeer

▶ Route

Einen regelmäßigen Fährdienst zwischen dem Hafen von Piombino auf dem italienischen Festland und Portoferraio auf Elba bietet die Reederei Moby Lines (Telefon 06 11/1 40 20, www.mobylines.de). Die einfache Deckspassage kostet je nach Saison und Abfahrt zwischen 6,50 Euro und 9,50 Euro pro Person plus Hafengebühren, die Mitnahme eines Sonder-Kfz wird nach Längenmetern berechnet: Pro Meter sind zwischen 11,50 Euro und 13 Euro einzukalkulieren (Saison 2003). Zur ersten Orientierung auf der Insel empfiehlt sich für Elba-Neulinge eine Inselrundfahrt mit dem Reisemobil. Das rund 150 Kilometer lange Straßennetz ist zwar in gutem Zustand, aber häufig sind die Straßen eng und immer kurven- und steigungsreich.

▶ Reisezeit

Die beste Reisezeit für Elba liegt außerhalb der Hochsaison. Denn im Juli und August wird es auf der Insel sehr voll, sind beliebte Campinganlagen oft bis auf den letzten Quadratmeter belegt – die schönen Strände Elbas locken Badeurlauber und Wassersportler geradezu magisch an. Im Frühsommer oder im Herbst ist die Insel dann deutlich leerer, sind die Einheimischen auch entspannter.

▶ Sehenswertes

Portoferraio: Mit rund 12 000 Einwohnern die Inselhauptstadt von Elba. Reizvolle Lage an einer felsigen Landzunge, schöner Naturhafen. Sehenswert: Festungsanlage Forte Stella, Forte Falcone, Napoleon-Museum, Altstadt.
Marciana Marina: Hafenstädtchen im Nordwesten der Insel mit großer Fischereiflotte. Sarazenenturm, mehrere schöne Strände.
Marina di Campo: Beliebtester Badeort im Südwesten der Insel. Gute touristische Infrastruktur mit Surf- und Segelschulen, breiten Sandstränden. Das Acquario dell'Elba an der Einmündung der Straße nach Porto Azzurro/Lacona (geöffnet 1. 6.–31. 10., 9 bis 17.30 Uhr, in der Hauptsaison bis 23.30 Uhr) zeigt in 40 Aquarien 150 Arten von Lebewesen des Tyrrhenischen Meeres.
Porto Azzurro: Ruhiger und freundlicher Ort mit dem zweitgrößten Hafen der Insel. Zahlreiche Mineraliengeschäfte. Dem Bergbau widmet sich das Museum La piccola Miniera. Zur 15-Minuten-Führung kommt eine Rundfahrt mit der Minenbahn.

Im Frühjahr hält die Bucht am Golfo di Campo noch genügend Sand und Platz für alle Feriengäste bereit. ▶

◄ Sonnenverwöhnte Inselfrüchte breiten die Verkäuferinnen in der Markthalle von Portoferraio aus.

▸ Aktivitäten

Baden: Die Insel bietet eine gute Auswahl von Sand- und Kiesstränden. Im Sommer sind die Strände in den Ferienorten überfüllt, es gibt aber immer noch einsame, abgelegene Buchten.
Bootstouren: Mit dem Glasbodenschiff Nautilus Subsea Explorer bekommen auch Nichttaucher Einblicke in die fantastische Unterwasserflora und -fauna des Mittelmeers. Die Anlegestelle ist in Bagni Lacona.
Mountainbike: Über Militärpfade und Steilstrecken führt die 35 km lange Tour von Marina di Campo durch das Literno-Tal zum Monte San Martino, an einer Quelle vorbei auf den Monte Orello zum Capo Fonza und zurück nach Marina di Campo.
Mineralien: Die Lieblingsgebiete der Mineralogen sind die Süd- und Südostseite des Monte Capanne bei den Dörfern San Piero und Sant'Ilario. Der Strand von Le Ghiaie in Portoferraio besteht aus Aplit, einem milchfarbenen Stein, der mit dunkelgrünen oder braunen Turmalinen gesprenkelt ist. Im Osten zählt die Gegend um Capoliveri zu den Fundorten für grünen Malachit, blauen Azurit, weißen bis bläulichen Aragonit.
Wandern: Eine Wanderung am 1019 Meter hohen Monte Capanne, dem höchsten Berg der Insel, lässt sich mit einer Fahrt in einer Stehkorb-Seilbahn kombinieren. Der Lift startet in Marciana.

▸ Essen & Trinken

Auf Elba beherrschen natürlich Fischgerichte die Speisekarten. Beliebt sind die Fischsuppe Cacciuco, Reis mit Tintenfisch, Kalamare in Teufelssoße, gekochte Kraken, Gemüse-Gurgurlione, Klippfisch-Sburita. Schiacciata briaca ist ein Dessertgenuss aus Pinienkernen, Rosinen und Aleatico-Wein, Corollo eine Nachspeise aus Eiern, Zucker und Gewürzen, Schiaccia pasquale meint eine Süßspeise mit Anissamen. Elba verfügt über etwa 180 Restaurants in allen Preisklassen. Empfehlenswert: das Fischrestaurant Le Palme am Parco Ottone.

▸ Bücher & Karten

Einen umfassenden Überblick über Historie, Kultur und Attraktionen geben Eva Gründel und Heinz Tomek, „Elba – die Inseln des toscanischen Archipels", DuMont Verlag, 2003, 12 Euro. Speziell für Wanderer: Renate Gabriel, Wolfgang Heitzmann: „Elba – 40 Spaziergänge, Wanderungen und Bergtouren", Bergverlag Rother, 2002, 11,90 Euro. Ähnlich gut: Horst Landeck: „Wandern auf Elba – 30 Touren", DuMont Verlag, 2001, 12 Euro.

Weitere Informationen

Agenzia per il turismo dell' Arcipelago Toscano, Calata Italia 26, I-57037 Portoferraio, Telefon 00 39/05 65/91 46 71, Fax 00 39/05 65/91 63 50, E-Mail info@aptelba.it, www.arcipelago.turismo.toscana.it.

Stellplatz-Tipps: **Elba**
Wo Reisemobilisten willkommen sind

Unter den beliebtesten Ferieninseln im Mittelmeer hat Elba ganz eindeutig die Nase vorn: Anders als Sizilien oder das französische Korsika setzt die Insel Elba das gute Stellplatznetz der Toskana fort. Gleich vier Stellplätze empfehlen sich für eine Rundreise über die Insel: Cavo an der Nordspitze von Elba, Porto Azzurro im Südosten, Marciana Marina sowie Prócchio im Westen.

Die Popularität von Elba zeigt aber auch in einem anderen Punkt Wirkung: Drei der vier weiter unten aufgeführten Stellplätze sind gebührenpflichtig, und das Preisniveau ist im Vergleich zu ähnlich gelagerten und ausgestatteten Stellplätzen durchaus happig. Denn die Übernachtungspauschalen bewegen sich, je nach Saisonzeit, zwischen zehn und fünfzehn Euro pro Reisemobil. Immerhin, Ent- und Versorgung sind beispielsweise in Procchio in der Gebühr bereits enthalten.

Die gute Nachricht dabei: Die gebührenpflichtigen Stellplätze verfügen über eine reisemobilspezifische Ausstattung mit Frischwasseranschluss und Entsorgungsvorrichtung – landestypisch fällt diese aber oft sehr einfach aus. Die beste Ausstattung bietet der Stellplatz in Prócchio: Auf diesem Gelände gibt es sogar Toiletten und Duschen.

Eine Ausnahme macht hier lediglich der Stellplatz in Marciana Marina. Im Prinzip handelt es sich um einen schmucklosen, neu genutzten Parkplatz ohne weitere Ausstattung und ohne markierten Übernachtungsbereich. Sein größter Vorzug ist die Nähe zum Strand. Allerdings ist hier auch mit parkenden Pkw oder Fahrzeugen des Bauhofs zu rechnen.

Lobenswert ist dagegen die Größe der Stellplätze. Offiziell wird die Kapazität mit jeweils gut 30 Fahrzeugen angegeben, im Sommer können es auch deutlich mehr sein. Für die absolute Hochsaison im August aber, so steht zu befürchten, wird die Kapazität dieser Stellplätze nicht ausreichen – attraktive Stellplätze sind dann oft bis auf den letzten Quadratzentimeter belegt.

Wer in diesen Wochen auf Nummer sicher gehen will, sollte die Fährpassage und den Aufenthalt auf einem Campingplatz rechtzeitig reservieren.

Cavo

Anfahrt: Straße Rio Marina–Cavo. Am Ortseingang von Cavo Hinweis beachten und in einer Kurve Richtung Friedhof abbiegen. Auf der befestigten Straße zum Parkplatz in der Località San Bennato fahren.
Stellplätze: Gebührenpflichtiger Stellplatz für 35 Mobile auf dem Parkplatz Acinelli in der Loc. San Bennato. Gebühr je nach Saison: 12 Euro bis 15 Euro pro Mobil und Nacht. Separates Gelände nur für Mobile in Strandnähe (8–22 Uhr geöffnet). Terrassiertes Gelände mit drei Ebenen. Ebener, befestigter Untergrund, etwas Schatten. Durch Tallage angenehmer Wind. Nutzbar von Juni–September.
Ent-/Versorgung: Bodeneinlass und Frischwasseranschluss für Platzgäste vorhanden. Es wird eine Gebühr für Ent- und Versorgung erhoben.
Informationen: A. P. T. Arcipelago Toscano, Calata Italia 26, I-57037 Portoferráio, Telefon 00 39/05 65/91 46 71, Fax 00 39/05 65/91 63 50.

Marciana Marina

Anfahrt: Hauptstraße von Portoferráio über Prócchio nach Marciana Marina. Im Ort den Hinweisen zum Großparkplatz an der Viale Aldo Moro folgen.
Stellplätze: Gebührenfreier Stellplatz für 30 Mobile auf dem Park-

◀ Prócchio: Vorwiegend naturbelassen und mit nur wenigen Schattenplätzen präsentiert sich der Stellplatz am Ortsrand.

platz an der Viale Aldo Moro. Schmuckloser Großparkplatz für Pkw und Reisemobile ohne für Mobile reservierte Bereiche. Fast ebener, befestigter Untergrund, kaum Schatten. Entfernung zum Strand: 700 Meter. Ganzjährig nutzbar, dient gelegentlich aber auch als Abstellplatz für Fahrzeuge des Bauhofes. Maximale Aufenthaltsdauer: 24 Stunden. Kein Campingleben erwünscht.
Ent-/Versorgung: Auf diesem Parkplatz nicht möglich. Ent- und Versorgungsanlagen in Prócchio vorhanden.
Informationen: A.P.T. Arcipelago Toscano, Calata Italia 26, I-57037 Portoferráio, Telefon 00 39/05 65/91 46 71, Fax 00 39/05 65/91 63 50.

Porto Azzurro

Anfahrt: Hauptstraße Portoferráio–Rio Marina bis Porto Azzurro. Im Ort den Hinweisen zum P 4 in der Loc. Bocchitto folgen.
Stellplätze: Gebührenpflichtiger Stellplatz für 30 Mobile auf dem Parkplatz P 4 in der Loc. Bocchetto. Gebühr: 10 Euro pro Mobil und Tag, inkl. Wasser und Entsorgung. Separates Gelände nur für Reisemobile. Ebener, asphaltierter Untergrund, teilweise schattig, teilweise schattenlos. Beleuchtet, Mülleimer vorhanden. Entfernung zum Zentrum: 500 Meter. Nutzbar April–August.
Ent-/Versorgung: Entsorgung in den Bodeneinlass und Frischwasser für Platzgäste in der Gebühr enthalten, Transitfahrer zahlen in der Regel extra.
Informationen: Coop. Sociale Longone, Telefon 00 39/05 65/9 53 16. A. P. T. Arcipelago Toscano, Calata Italia 26, I-57037 Portoferráio, Telefon 00 39/05 65/91 46 71, Fax 00 39/05 65/91 63 50.

Prócchio

Anfahrt: Straße 15 Portoferráio–Marciana Marina bis Prócchio. Am Ortseingang rechts abbiegen, dem Hinweis Campo all'Aia folgen und bis zum Ende der Straße durchfahren. Der Stellplatz ist erst an der Zufahrt zum Gelände beschildert.
Stellplätze: Gebührenpflichtiger Stellplatz für 30 Mobile auf dem Reisemobilplatz in der Loc. Campo all' Aia am Ortsrand von Prócchio. Gebühr je nach Saison: 10 bis 15 Euro pro Mobil und angefangenem Tag (9–9 Uhr). Separates Gelände nur für Mobile. Leicht abschüssiger, befestigter Untergrund, etwas Schatten. Campingleben nicht gestattet. WC, Duschen vorhanden (gegen Gebühr). Ganzjährig nutzbar (in der Nebensaison vorab prüfen).
Ent-/Versorgung: Bodeneinlass, Frischwasseranschluss für Gäste vorhanden.
Informationen: A.P.T. Arcipelago Toscano, Calata Italia 26, I-57037 Portoferráio, Telefon 00 39/05 65/91 46 71, Fax 00 39/05 65/91 63 50.

12 Cinque Terre

Immer an der **Wand** lang

Wie Schwalbennester kleben fünf malerische Dörfer an der ligurischen Felsküste – Platz gibt es in den winzigen Orten kaum, dafür aber einen wunderbaren Wanderweg entlang der Steilküste.

12 — Das reizvolle Umland: **Cinque Terre**
Malerische Dörfer an der Felsküste

Tollkühn und in mehreren Schichten stapeln sich die bunten Häuser übereinander, den Rücken fest im Fels verankert, die Fenster trotzig zum Meer gerichtet. Jahrhundertelang waren die an schroffen Bergen klebenden Küstenorte der Cinque Terre vom Hinterland Liguriens abgeschnitten und nur auf dem Wasserweg zu erreichen. Erst der Eisenbahn gelang es, mit Hilfe unzähliger Tunnel und Brücken die versteckten Dörfer mit der Welt zu verbinden. Obwohl seit einigen Jahrzehnten auch mühsam gebaute Straßen an die Küste führen, haben sich die Ortschaften ihren Inselcharakter bewahrt.

Den Tourverlauf finden Sie im Kartenteil auf Seite 2 und 3.

Das liegt nicht zuletzt an den wenigen Sandstränden, aber sicher auch an den schwierigen Verkehrsbedingungen. In den „Fünf Flecken" geht es sehr eng zu. Als Ausgangspunkt empfehlen sich deshalb die Campingplätze in Levanto oder bei Monterosso al Mare. Dort kann das Reisemobil gut stehen bleiben, die Bahnverbindungen in dem nur neun Kilometer langen Küstenstreifen sind ausgezeichnet, die Wanderwege traumhaft. Nur ein paar Euro kostet die viertelstündige Zugfahrt ans andere Ende der Cinque Terre, nach Riomaggiore, von wo aus der Rückmarsch auf dem Sentiero Azzurro, dem blauen Pfad, beginnen kann.

Auf dem ersten Teilstück, der Via dell'Amore, schreitet der Besucher wie durch einen botanischen Garten in Richtung Manarola. Wild wachsende Agaven und je nach Jahreszeit blühender Stechginster oder gelb behangene Zitronenbäume säumen den Weg. Nach einer Stärkung in Manarola führt die zweite Etappe über Stufen hinauf ins malerische Corníglia. Freunde kleiner Kirchen finden in jedem Ort der Cinque Terre zusätzlich zur Hauptkirche eine mehr oder weniger abgelegene Wallfahrtskapelle.

Im Falle von Corníglia dauert der sportlich-religiöse Abstecher zum Bergkirchlein S. Bernardino eine Stunde. Ab Corníglia wird der Weg dann steiler, aber die Anstrengung lohnt: Kein anderes Fischerdorf in den Cinque Terre ziert so oft Aquarelle oder Postkarten wie Vernazza. Schon der erste Anblick der farbenfrohen, eng gedrängten Häuser vermittelt einen unwiderstehlichen Charme. Ausblicke auf das tiefblaue Meer sowie zwei gemütlich dicke Rundtürme geben Vernazza sein eigenes Gesicht. In munterem Auf und Ab geht es schließlich zurück nach Monterosso.

Wer nach diesem Tagesmarsch eine längere Laufpause einlegen will, erholt sich an einem der wenigen Badestrände im östlichen Ligurien. Am flachen Küstenabschnitt von Sestri Levante bis San-

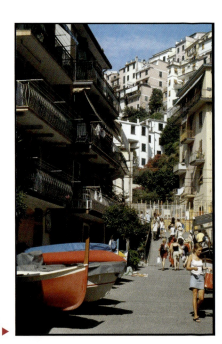

Platz ist in den Cinque Terre Mangelware, deshalb parken die bunten Fischerboote direkt vor dem Hauseingang. ▶

◀ Wie auf den Rängen eines antiken Amphitheaters stehen die Häuser von Manarola an der Steilküste rund um den kleinen Naturhafen.

ta Margherita Ligure finden Wasserratten mit der Baia del Silenzio, der Bucht des Schweigens, und der Baia delle Favole, der Märchenbucht, zwei bildhübsche Plätze für Sonnenbäder.

Als Basislager für weitere Ausflüge könnte eine der schönen Freizeitanlagen in Sestri Levante dienen. Von dort fährt die Bahn direkt in den sehenswerten Ort Rapallo. Zwischen Festung und Hafen erstreckt sich eine mit Freiluftcafés und Bars bestückte, quirlige Strandpromenade. Die Seilbahn am Ende der Via Betti bringt die Gäste auf den 612 Meter hohen Montallegro, den fröhlichen Berg.

Von Camogli, einem Bilderbuch-Fischerort folgt ein schmaler Pfad der Felsküste zum Kloster San Fruttuoso. Der mit zwei roten Punkten markierte Weg weist faszinierende Ausblicke, aber auch einige sehr schwierige Stellen auf.

Eine weniger anstrengende Route verläuft oberhalb dieser Strecke am Monte Portofino entlang. Der Ausblick aus luftiger Höhe auf das in einer engen Schlucht versteckte Kloster San Fruttuoso mit seinem kleinen Hafen und dem türkisfarbenen Wasser lohnt jeden Weg.

Die Besichtigung des Klosters führt einen etwas willkürlich rekonstruierten Gebäudekomplex und ein bunt bestücktes Klostermuseum vor. Nach dem Rundgang – trotz aller kunsthistorischen Bausünden empfehlenswert – zieht es die Besucher hinunter zur Bucht. Im Sommer und an den Wochenenden steuern die Ligurier den Strand an. Eine regelmäßige Fährverbindung, die auch müde Wanderer gerne benutzen, besteht nach Portofino. Noble Segelyachten und picobello restaurierte Häuser – trotz der zahlreichen Touristen und der gehobenen Preise gehört die schönste der Küstenstädte zum absoluten Muss.

Ein Spaziergang zur Kirche von San Giorgio oder die Besichtigung der Festung ist immer ein Erlebnis. Erst wenn die Abendsonne die pastellfarbenen Häuser mit warmem Schimmer überzieht, wird es Zeit, die Bootsverbindung zum Bahnhof von Santa Margherita zu nutzen. Die kurze Überfahrt enthüllt in versteckten Buchten die Schlösschen und Villen betuchter Wahlitaliener, die auf diesem von der Sonne verwöhnten Stück Erde ihr Paradies gefunden haben.

Land & Leute

Die Cinque Terre sind ein landschaftlich reizvoller, zugleich aber auch schwer zugänglicher Küstenabschnitt. Wanderer finden entlang des schmalen Küstenstreifens traumhafte Pfade und malerische Fischerdörfer.

Essen & Trinken

Tintenfisch, Nudeln mit Lachs, Muscheln und gegrillter Edelfisch duften in den Küchen. Dass der leckere Fang nicht immer aus dem Mittelmeer kommt, muss keinen stören.

promobil-Tipp

Das unter Naturschutz stehende Vorgebirge des Monte Portofino ist ein gut erschlossenes Wandergebiet im unverbauten Hinterland der ligurischen Küste. Auf alten Pfaden, über Pflasterwege und zu einsamen Gehöften führen die bequem zu laufenden, gut markierten Routen.

Das reizvolle Umland: **Cinque Terre**
Malerische Dörfer an der Felsküste

12

INFOTHEK: DIE TOUR IM DETAIL

▶ Route

Ideale Ausgangspunkte für eine Erkundung der Cinque Terre sind die Orte Levanto und Monterosso del Mare im Norden des 12 Kilometer langen Küstenabschnitts nordwestlich von La Spezia. Dort bleibt das Reisemobil am besten stehen, und es geht mit der sehr guten und günstigen Bahnverbindung in die Cinque Terre hinein. Für Wanderungen auf der weiter westlich gelegenen Halbinsel Portofino gilt Ähnliches: Vierräder parken am flachen Küstenabschnitt zwischen Sestri de Levante und Santa Margherita, südlich der Halbinsel. Nach Rapallo und Camogli fährt ein Zug, ab San Fruttuoso und über Portofino verkehrt die Fähre.

▶ Reisezeit

Für Küstenwanderungen empfehlen sich vor allem die Monat im späten Frühling (Mai, Juni), wenn der blühende Ginster die Küstenwanderwege in grelles Gelb taucht. Die Temperaturen im Hochsommer sind für längere Küstentouren oft zu heiß. Besser ist dann wieder der Herbst.

▶ Sehenswertes

Corníglia: Sehr schöne Altstadt mit ruhigen Plätzen und stillen Gassen hoch über dem Meer, weitab vom Badebetrieb am längsten Strand der Cinque Terre. Herrliche Ausblicke auf Küste und Meer, schöner Fußweg nach Vernazza (1,5 Stunden).
Manarola: Malerischer Ort mit Steilhängen, an denen turmhohe Häuser emporsteigen. Tiefverzweigte Bucht mit Badebetrieb und kleinem Hafen.
Monterosso: Touristisch geprägter, größter Ort der Cinque Terre mit dem einzigen Sandstrand in den Cinque Terre. Kleine Altstadt mit Convento dei Cappuccini.
Riomaggiore: Ältester Cinque-Terre-Ort mit einem ursprünglichen Fischereihafen und quirliger Hauptstraße, montags Markttag. Sehenswert: Kirche Chiesa San Giovanni Battista an der oberen Hauptstraße (14. Jh.).
Vernazza: Hübsches Fischerdorf mit Hafen, Mole und Strand, kleiner Piazza, schlichter Pfarrkirche und den Ruinen eines Kastells. Eine besonders schöne Aussicht bietet sich vom etwas verwitterten Rundturm aus. Sehr schöner Wanderpfad in das Nachbardorf Corníglia (1,5 Stunden, etwas steiler Anstieg).

▶ Aktivitäten

Baden: Für den schnellen Sprung ins Wasser gut geeignet ist ein klitzekleiner, schöner Kiesstrand in Corniglia. Von der Piazza in der Ortsmitte führt der Weg dorthin nach rechts, markiert mit Schildern „Marina". Gute Erholungsmöglichkeiten nach anstrengenden Wandergen bietet der angenehme Badeort Noli an der Riviera di Ponente. Sichelförmige Bucht mit schönem Sandstrand, gut erhaltene Altstadt, Burgruine.
Bootstour: Mit dem Ausflugsschiff ist das mittelalterliche Kloster San Fruttuoso in einer tief eingeschnittenen Bucht an der Halbinsel von Portofino zu erreichen. Klosterkirche und andere Gebäude des Ensembles stehen Touristen offen. Sehenswerte Grabmäler der Familie Doria in der Krypta (13. Jahrhundert).
Promenieren: In Santa Margherita Ligure tun Urlauber, was Greta Garbo und Maria Callas hier taten und was nach wie vor der Italiener liebster Volkssport ist: Sie flanieren auf der von Palmen und Pinien gesäumten Strandpromenade, umkreisen das Kolumbus-Denkmal und bewundern die sündteuren Yachten im Hafen. Sehenswert sind der

▲ Ausflüge mit dem Mobil sind auf den schmalen Straßen fast unmöglich, zu Fuß und mit der Bahn geht es bequemer und auch schneller voran.

Palazzo des Hafenamtes und die Seefahrerkirche, i-Tüpfelchen des Luxus ist die Villa Durazzo in einer gepflegten Parkanlage mit Zypressen, Strandkiefern und exotischen Bäumen.

Wandern: Auch die Halbinsel Portofino bietet fantastische Wandermöglichkeiten. Eine überaus reizvolle Tour führt durch den Parco Naturale Monte di Portofino. Die acht Kilometer lange Strecke beginnt am Bahnhof von Portofino mit einem steilen Treppenweg auf 200 Meter Höhe. In dieser Höhe folgt ein schmaler Pfad dem Küstenverlauf bis zu einem Weiher und weiter zur Casa Prato. Auf einem Höhenweg geht es zur Base O aus dem 2. Weltkrieg und dann hinab zum Kloster San Fruttuoso.

Als Alternative zu der rauen Küste Liguriens empfiehlt sich ein Bummel durch die lieblichen Giardini Hanbury im Dörfchen Mortola Inferiore zwischen Ventimiglia und der französischen Grenze. Sir Thomas Hanbury schuf hier 1867 eine fantastische Gartenanlage mit tropischen Pflanzen – trotz einer gewissen Vernachlässigung ist der Garten immer noch einen Besuch wert.

▶ Essen & Trinken

Osteria a Cantina De Manan, **Corníglia**, Via Fieschi 117. Sympathische, stimmungsvolle Trattoria mit frischem Fisch und selbst gekeltertem Wein. Dienstag Ruhetag. Il Baretto, **Vernazza**, Via Roma 31. Kleines Restaurant mit schöner Straßenterrasse und hausgemachter Pasta. Montag Ruhetag. Ristorante Miki, **Monterosso**, Via Fegina. Knusprige Pizza aus dem Holzofen und Hausweine. Enoteca Internazionale, **Monterosso**, Via Roma 62. Großes Angebot an guten Cinque-Terre-Weinen, viele Produkte von Kleinwinzern.

▶ Bücher & Karten

Detailreich und unübertroffen gut ist der Band von Michael Machatschek: „Italienische Riviera/Cinque Terre", Michael Müller Verlag, Erlangen, 2001, 16,90 Euro. Kunst und Landschaft kombiniert Christoph Hennig in „Cinque Terre, Ligurische Küste – die Riviera von Genua bis La Spezia", Oase Verlag, 2003, 19,80 Euro. Gut für den Rucksack: das Taschenbuch von Bettina Dürr: „Marco Polo Ligurien", Mairs Geographischer Verlag, 2003, 7,95 Euro. Für Wanderer: Kompass Karte Nr. 644 Cinque Terre, 1:50 000, 6,95 Euro.

Weitere Informationen

Azienda di Promozione Turistica, Viale Mazzini 47, I-19121 La Spezia, Telefon 00 39/01 87/25 43 11, Fax 00 39/01 87/77 09 08, E-Mail info@aptcinqueterre.sp.it, www.aptcinqueterre.sp.it.

13 Lago di Trasimeno

Stille Wasser die sind **tief**

Der viertgrößte See Italiens erweist sich als weitgehend unbekanntes Ferienparadies mit verwunschenen Märchen-Inseln, malerischen Orten und jeder Menge Natur-Erlebnissen.

Das reizvolle Umland: **Umbrien**
13 Rund um den Lago di Trasimeno

Eidechse müsste man sein, könnte den lieben, langen Tag auf einem sonnengeheizten Stein gemütlich vor sich hindösen und so die hochsommerliche Hitze mitten im zeitigen Frühling in aller Ruhe aussitzen. Für die Besucher der Isola Maggiore bleibt das allerdings ein frommer Wunsch. Denn die Insel mitten im Lago di Trasimeno bezirzt ihre Besucher mit einer frühlingshaft-frisch ergrünten Flora, die ihr einen verwunschenen, fast schon märchenhaften Zauber verleiht. Der Lago di Trasimeno ist eines der Feriengebiete, die der breiten Masse in Deutschland noch nahezu unbekannt sind. Nur ein paar Kilometer von der Ostgrenze der Toskana entfernt verbirgt sich der viertgrößte See Italiens, der größte Umbriens, inmitten einer leicht hügeligen Landschaft.

Olivenhaine und auch einige Weinberge rahmen das Binnenmeer auf drei Seiten ein, erst dahinter steigen die Hügel steiler hinauf. Im Sommer steigt das Thermometer oft auf über vierzig Grad, der Frühling ist die beste Jahreszeit für Radtouren um den Trasimenischen See oder für Wanderungen. Die Isola Maggiore ist die zweitgrößte Insel im See und eines der beliebtesten Ausflugsziele zugleich.

Alle paar Stunden legt einer der weißen Ausflugsdampfer an, die von Tuoro oder Passignano aus herüberkommen. Ein recht schmaler Pfad führt vom Schiffsanleger in die breite Dorfstraße hinein. Nur 40 Familien, weniger als 100 Menschen, leben auf dem Eiland, die meisten von der Fischerei, einige auch vom Tourismus und von der Gastronomie – die legendären Fischspezialitäten des Restaurants „Da Sauro" sorgen für einen nie abreißenden Strom hungriger Gäste.

Den Tourverlauf finden Sie im Kartenteil auf Seite 11.

Die Insel steht unter Denkmalschutz, und beim Anblick der wuchtigen Fischerhäuser, der langen, schmalen Boote und der zum Trocknen aufgehängten Reusen und Netze weiß der Besucher auch gleich, warum. Vom Dorf führt ein Pfad hügelauf, mitten hinein in eine üppig wuchernde Pflanzenwelt. Eine Idylle tut sich auf – angefüllt mit duftenden Glyzinien, schattigen Hohlwegen, blumenübersäten Feldern und den Ruinen eines kleinen Kastells in einem schattigen Wäldchen.

Die winzige Insel ließe sich im Nu umrunden, doch wer will das schon? Zumal sich die anderen Passagiere des Ausflugsschiffes schnell irgendwo im Grün des Inselchens verlieren und bald wieder Ruhe und Frieden eintritt. Diese Abgeschiedenheit muss es wohl auch

Blumenübersäte Wege laden Naturliebhaber zum Entdecken der Isola Maggiore ein. ▶

◀ Herrliche Ausblicke auf den Lago di Trasimeno eröffnen sich am Fuß der Löwenburg von Castiglione del Lago.

gewesen sein, die Franz von Assisi im Jahre 1211 angezogen haben mag.

Der Ordensmann hatte sich in der Fastenzeit als Eremit auf die damals unbewohnte Isola Maggiore zurückgezogen. Genau 42 Tage, so behauptet die Legende, soll er sich hier aufgehalten und so inbrünstig gebetet haben, dass er von den zwei mitgenommenen Brotlaiben nur einen halben aufgegessen habe.

Ganz anders ist die Situation heute. Auf einer schattigen Wiese fast auf dem höchsten Punkt der Isola treffen sich einige Ausflüglergrüppchen vom Schiff wieder. Die einladende Stelle ist ein beliebter Picknickplatz italienischer Familien, die hier ihre Decken ausbreiten und den Inhalt der mitgebrachten Körbe – Brot, Salami, Schinken, Käse und Wein – darauf verteilen. Mit den Mengen der darin verborgenen Leckereien wäre der genügsame Heilige vermutlich sogar mehrere Jahre ausgekommen.

Den Rückweg zum Dorf versüßen immer neue malerische Ausblicke auf den See und auf die umliegenden Höhenzüge, die im Dunst der heißen Sonne nur schemenhaft zu erkennen sind. Mit ein bisschen Glück lässt sich im Dorf noch eine unerwartete Entdeckung machen. Abends sind ältere Frauen beim Klöppeln hochwertiger Spitzen zu entdecken. Dieses Kunsthandwerk hatte eine irische Lehrerin vor rund 100 Jahren auf die Insel gebracht.

Diese ist am besten zu Fuß zu erkunden, für den gesamten See bietet sich das Fahrrad an. Die Uferlinie misst 60 Kilometer, und das ist leicht zu schaffen. Passignano ist eines der typischen Ferienzentren am Trasimeno: klein, überschaubar und dank der langen Uferpromenade bei Anglern und Spaziergängern sehr populär. Ein hübscher Kern mit Uhrenturm und einigen Palazzi, ein Sportboothafen, ein paar Restaurants an der Uferstraße und die Ruinen einer Feste über der Stadt, damit ist das Frei-

Land & Leute

Mit einer Ausdehnung von 128 Quadratkilometern ist der Lago di Trasimeno der viertgrößte See von Italien. Weinberge und Olivenhaine rahmen das Binnenmeer ein, das an seinen Ufern mit malerischen Fischerdörfern und lebhaften Badeorten sowie mit drei Inseln aufwartet.

Sehen & Erleben

Das Naturschutzgebiet La Valle bei San Savino umfasst ausgedehnte Schilfgebiete, die zahlreichen scheuen Wasservögeln wie Haubentauchern, Blesshühnern und Fischadlern als Rast- und Brutplatz dienen. In der Saison finden samstag- und sonntagnachmittags geführte Touren mit dem Elektroboot durch das Gebiet statt.

Essen & Trinken

Ein typisches Erzeugnis auf den Hügeln rund um den See ist das Olivenöl, das jetzt durch ein eigenes Herstellerprädikat geschützt werden soll. Tipp: Jedes Jahr feiern die Bewohner von Paciano anlässlich der Ernte in den ersten zehn Tagen im Dezember ihr Ölfest, bei dem in den Tavernen des Ortes natürlich die mit Öl verfeinerten Spezialitäten der Region im Mittelpunkt stehen.

Das reizvolle Umland: **Umbrien**
13 Rund um den Lago di Trasimeno

zeitangebot bereits hinreichend beschrieben. Das Zentrum zeigt sich modern und ohne Schnörkel, die Auswirkung eines Luftangriffs im Zweiten Weltkrieg.

Der Massentourismus konnte sich am See noch nicht so recht etablieren. Zwar gibt es in Passignano wie auch in den anderen Orten am See eine Reihe von Campingplätzen, kleinere Hotels und Urlaubsangebote auf einigen Bauernhöfen im Hinterland, doch fehlen erfreulicherweise Industrieansiedlungen und Bettenburgen, die so viele Orte an der Mittelmeerküste verschandeln.

Mehr noch, seit 1995 steht das gesamte Gebiet zudem als Regionalpark unter Naturschutz, und erfreulicherweise gibt es mittlerweile auch eine Ringkanalisation. Zwei der kleinsten Orte am See sind zugleich auch die charmantesten: Monte del Lago auf einem Felsvor-

zu nutzen. Beim Karneval in Rom hatte der Regent seine plötzliche Leidenschaft für die Marchesa Luisa Fiorenzi entdeckt – und zog sich diskret, wie es seinerzeit noch angebracht war, mit seiner Geliebten nach Monte del Lago zurück.

Das kleine San Feliciano ein paar Autominuten weiter im Süden ist viel nüchterner, auch etwas ärmer, aber auf seine Weise nicht minder reizvoll als Monte del Lago. Es ist das Fischerdorf schlechthin am Lago di Trasimeno. Im Hafen lassen sich die ungewöhnlich langen, offenen und flachen Boote in Augenschein nehmen, sind die alten Fischer beim Flicken ihrer Netz zu beobachten, ist der Fang zu inspizieren: Aal, Hecht, Zander und Königskarpfen.

Es waren die Fischer von San Feliciano, die in ihrem Ort ein Museum der Fischerei einrichteten und dafür sorgten, dass die Isola Polvese und der süd-

Die Kirche erinnert an Franz von Assisi, der auf der abgeschiedenen Insel die Fastenzeit verbrachte. ▶

sprung am Ostufer zum Beispiel ist ein architektonisches Gedicht.

Vom Parkplatz am Ortseingang führt eine Treppengasse steil abwärts zum See, dessen Fluten leuchtend blau durch die Häuserflucht hinaufblitzen. Üppiger Blumenschmuck wuchert die Natursteine der Hausfassaden zu beiden Seiten der Gasse hinauf, eine andere Straße überrascht als Aussichtsterrasse über dem See – ein verschwiegener Ort, wie geschaffen als Liebesnest.

Schon Bayernkönig Ludwig I. wusste diese Vorzüge zu schätzen – und auch

östliche Teil des Sees nun unter Naturschutz stehen. Dichte Schilfbestände bedecken diesen Abschnitt, in dem seltene Vögel wie Seidenreiher und Bartmeise zu Hause sind.

Der See besitzt zwar eine stolze Fläche von 128 Quadratkilometern, ist aber nur sechs Meter tief, was im Spätsommer mit schöner Regelmäßigkeit zu mehr als angenehmen Badetemperaturen führt. Wassergräben und künstliche Kanäle speisen das Binnenmeer, das nur einen Abfluss hat, den Menschenhand vor gut 100 Jahren angelegt hat, um die regelmäßigen Überschwemmungen zu verhindern. Die künstlichen Eingriffe sind für den Laien kaum zu erkennen. Im Gegenteil: Gerade im Südosten erweckt der Trasimenische See den Eindruck einer intakten Naturlandschaft.

Die Krönung einer Reise um den See wäre jetzt ein Abstecher nach Panicale, einem befestigten mittelalterlichen Marktflecken ganz in der Nähe, der für sein historisches Zentrum aus dunkelroten Backsteinen, die Befestigungsanlagen und den fantastischen Blick auf den See berühmt ist. Das Problem ist nur: Der Ort liegt auf einem gut 400 Meter hohen Berg, und der Aufstieg ist eine schweißtreibende Angelegenheit, bei der kaum Muße bleibt, der lieblichen Hügellandschaft einen Blick zu gönnen.

Tief unten, am Westufer des Sees, liegt Castiglione del Lago. Eine weithin sichtbare Landzunge erstreckt sich weit in den See hinein. Obendrauf sind selbst aus der Ferne die Reste der zinnengekrönten Löwenburg mit ihrem kantigen Bergfried zu sehen, überragt der Glockenturm der Kirche Santa Maria Maddalena das Dächergewirr. Das Städtchen ist die ungekrönte Königin des Sees. Nicht, weil es die meisten Einwohner hat – es sind etwa 14 000 –, die einzigen echten Supermärkte und einen wunderschönen Olivenhain am Fuße der Rocca del Leone. Castiglione besitzt Charme. Gerade am Abend wird sein Zauber spürbar. Wenn das Tageslicht zur Neige geht, die Lampen die Altstadt aus dem Halbdunkel reißen und sich die Tische der Restaurants füllen. Der See ist für das beeindruckende Farbenspiel seiner Sonnenuntergänge berühmt, und Castiglione macht keine Ausnahme.

In dieser Idylle ist es schwer zu glauben, dass in der Gegend einst viele Männer den Tod fanden. Der römische Feldherr Gaius Flaminius war von Rom hierher geschickt, um die Truppen von Karthago zu schlagen. Das Unternehmen endete für die Römer in einem Desaster. Hannibal lockte sie in die Ebene am Nordufer, besetzte im Schutz des Frühnebels die Hügel nördlich des heutigen Tuoro und attackierte die Römer von den Höhen. Die Karthager drängten die überraschten Legionäre in den See und machten sie bis auf den letzten Mann nieder: 15 000 Soldaten verloren ihr Leben, darunter der Feldherr, der sie ins Verderben geführt hatte.

▲ Unter Denkmalschutz stehen die historischen Fischerhäuser auf der Insel mitten im Lago di Trasimeno.

Gestern & heute

„Missione Annibale" ist der Titel eines Bühnenstücks, das im Hochsommer samstags und sonntags auf dem ehemaligen Schlachtfeld bei Tuoro aufgeführt wird. Es thematisiert das Gemetzel, das die Truppen Karthagos unter Führung von Hannibal anno 217 vor Christus unter den Legionären anrichteten.

Wandern & Radeln

Auch zu Fuß und mit dem Pferd lässt sich der Lago di Trasimeno gut erkunden. Gut beschilderte Wege verlaufen meist am Seeufer. Eine kostenlose Broschüre des Info-Büros von Castiglione empfiehlt mehrere Wege auch in das Hinterland.

promobil-Tipp

Auf eine Privatinitiative geht das Fischereimuseum am Nordhafen von San Feliciano bei Magione zurück, das die Besucher über die Fischerei im Trasimenischen See informiert, über Fangmethoden im Mittelalter, über die Entstehung des Gewässers und über das tägliche Leben der Fischer am und mit dem See.

Das reizvolle Umland: **Umbrien**
Rund um den Lago di Trasimeno

▶ Route

Ausgangspunkt für eine Reise an den Lago di Trasimeno ist das Städtchen Cortona in der benachbarten Toskana. Von hier aus verläuft die Route durch das Hügelland nach Mercatale, dann bergab nach Tuoro sul Trasimeno, folgt dem Seeufer und verbindet Passignano, Monte del Lago, San Feliciano sowie Sant'Arcangelo. Kurz darauf lockt ein Abstecher in das Bergdorf Panicale, anschließend geht die Fahrt nach Castiglione del Lago. Per Schiff bieten sich Ausflüge zur Isola Maggiore oder zur Isola Polvese an.

▶ Reisezeit

Der Lago di Trasimeno gehört zu dem vom Klima begünstigten Regionen Mittelitaliens. Bereits im März/April kann das Thermometer die 20-Grad-Marke erreichen. Dann zeigt sich die Landschaft rund um das Trasimenische Meer frühlingshaft erblüht und geradezu üppig. Im Hochsommer kann es mit 40 Grad am See allerdings auch sehr heiß werden. Das Wasser erreicht im März laut Statistik im Schnitt 12 Grad, im August können es bis zu 28 Grad sein.

▶ Camping

Für einen längeren Urlaubsaufenthalt am Lago di Trasimeno empfehlen sich unter anderem folgende Campinganlagen:
Borghetto: Camping Badiaccia. Leicht geneigte Wiese mit hohen Bäumen und flachem Strand. Animation für Sportler, gehobene Sanitärausstattung. Öffentliches Freibad. 180 Touristenplätze. Anfang April bis Ende September geöffnet. Tel. 00 39/07 5/9 65 90 97, www.badiaccia.com.
Castiglione del Lago: Camping Listro. Ebene Wiese mit Pappeln, teils Mattendächer. 300 Meter langer Sandstrand, Beachvolleyballfeld. Animation für Sportler und Kinder. 110 Touristenplätze. Von Anfang April bis Ende September geöffnet. Tel. 00 39/0 75/ 95 11 93, www.listro.it.

▶ Sehenswertes

Castiglione del Lago: Wichtigste Stadt auf einem Kalksteinfelsen am Westufer des Sees mit 14 000 Einwohnern, der Festung Rocca del Leone, altem Rathaus, großem Markt und guten Einkaufsmöglichkeiten.
Isola Maggiore: Denkmalgeschützte Insel mit Fischerdörfern, romanischer Kirche San Salvatore und dem ehemaligen Kloster Villa Isabella. Sehr schöne Spazierwege und Picknickplätze.
Isola Polvese: Größte Insel im See mit Pappeln, Ölbäumen, Naturlehrpfaden und einem Umwelt-Studienzentrum.
Magione: Landeinwärts gelegenes Industriestädtchen mit dem sehenswerten Castello dei Cavalieri di Malta.
Monte del Lago: Malerischer Ort mit steilen Treppengassen und blumengeschmückten Terrassen auf einem Felsvorsprung über dem Ostufer. Sehenswerte Kirche Sant'Andrea.
Panicale: Mittelalterlich wirkender Ort mit Stadtmauer und Festungstürmen auf einem Bergrücken über dem See. Sehr schöne Panorama-Aussicht.
Passignano sul Trasimeno: Beliebter Ferienort mit langer Uferpromenade, Sportboothafen und Fähranleger. Ruinen einer Festung in der Oberstadt. Ausflug nach Castel Rigone gut 600 Meter über dem See. Panoramablick.
San Feliciano: Kleiner Ort mit Sandstrand, hübschem Fischereihafen und Fischereimuseum Museo della Pesca.
Tuoro sul Trasimeno: Unscheinbarer Ort am Nordufer, interessant als Fährhafen. In der Nähe

▲ Spezialitäten vom Wildschwein bis zum Olivenöl prägen das Angebot in den Geschäften von Castiglione.

des Dorfes liegt das Schlachtfeld, auf dem Hannibal im Jahre 217 vor Christus eine Schlacht gegen die Römer gewann. Dokumentationszentrum und 4 Kilometer langer Lehrpfad zu den Stätten der Schlacht und den Brandgruben der Gefallenen.

▶ Aktivitäten

Radfahren: Ausgeschilderte Wege führen um den See herum und erlauben auch immer wieder Abstecher ins Hinterland.
Natur erleben: Südlich von San Savino gibt es einen guten Ausblick auf die Vogelwelt des Sees, zum Beispiel auf Seidenreiher und Bartmeisen. Führungen durch das Schilfdickicht im Naturschutzgebiet La Valle.
Schiffstouren: Regelmäßiger Liniendienst u. a. zwischen Castiglione del Lago, Tuoro und Passignano zur Isola Maggiore und zur Isola Polvese.
Wandern: Das Touristen-Büro gibt eine kostenlose Broschüre zum Thema heraus, die mehrere längere Routen empfiehlt, auch auf den Spuren Hannibals über das alte Schlachtfeld.

▶ Essen & Trinken

Die umbrische Küche, jahrzehntelang als Arme-Leute-Küche verspottet, bietet hervorragende Rezepte vom Schwein, oft mit Pilzen serviert oder mit Trüffeln verfeinert. Für seine Fischspezialitäten, vor allem Königskarpfen, Hecht, Schlei und Aal, ist das Restaurant Da Sauro auf der Isola Maggiore gut bekannt. Eine sehr gute Küche pflegt auch das Hotel-Restaurant Miralogo in Castiglione del Lago. Unter den umbrischen Weinen ragen die Tropfen des Gutes Lungarott heraus.

▶ Bücher & Karten

Der Lago di Trasimeno wird in den Reiseführern deutscher Verlage nur kurz gestreift. Am besten sind das Taschenbuch von Ursula Romig-Kirsch, „Marco Polo Umbrien", Mairs Geographischer Verlag, 2001, 7,95 Euro, der Baedeker-Allianz-Reiseführer „Umbrien", 2001, Mairs Geographischer Verlag, 15,95 Euro und das Taschenbuch von Nana Nenzel „Umbrien", DuMont-Verlag, 2000, 12 Euro. Eine Karte für Aktivurlauber: Kompass Wander- und Radtourenkarte 662 „Lago Trasimeno", Maßstab 1:50 000, Kompass Verlag, 2003, 6,95 Euro.

Weitere Informationen

IAT del Trasimeno, Piazza Mazzini 10, I-06061 Castiglione del Lago, Telefon 00 39/0 75/9 65 24 84, Fax 00 39/0 75/9 65 27 63, E-Mail info@iat.castiglione-del-lago.pg.it, www.castiglionedellago.it

14 Marken

Der **Duft** des milden Südens

Badespaß, viel Kultur und eine gute Küche: Die in Deutschland weitgehend unbekannten Marken zwischen Adria und Apennin erfüllen Urlauberwünsche – ganz auf italienische Art.

Das reizvolle Umland: **Marken**
Zwischen Adria und Apennin

Umfragen im Freundeskreis führen gelegentlich zu erstaunlichen Resultaten: „Wer von euch kennt eigentlich die Marken?" „Die was bitte?" Etliche Augenpaare schauen fragend. Nur Mario, dessen Mutter aus Mittelitalien stammt, lacht: „Den Hafen von Ancona nutzen viele als Sprungbrett nach Griechenland. Aber nur wenige Urlauber wissen, dass dies die Hauptstadt der Marken ist." Le Marche – der Name geht auf die Zeit Karls des Großen zurück, als die Grenzgebiete des Reiches Marken hießen.

Den Tourverlauf finden Sie im Kartenteil auf Seite 6, 7, 12 und 13.

Mario gerät beim Gedanken an die Heimat seiner Familie geradezu ins Schwärmen: „Alte Traditionen und Bräuche sind in diesem Teil von Italien noch unverfälscht lebendig, typisch italienisch eben."

Durch sonniges Hügelland führt die Autostrada von Bologna nach Pesaro, der nördlichsten Stadt in den Marken. Das ist ein Ort, wie er in einem Italien-Bilderbuch stehen könnte: ein betriebsamer Gemüsemarkt, dicke, tratschende Mamas vor bröckelnden Hausfassaden, hausierende Bürsten- und Besenhändler, dazu scharenweise fröhlich lärmende Kinder in langen, alten Gassen, die so schmal sind, dass selbst zur Mittagszeit kaum ein Sonnenstrahl hineinfällt. Kein Zweifel: Der kleine Italiener hat wirklich nicht übertrieben, hier ist anscheinend seit Generationen alles beim Alten geblieben.

Nur im Sommer wird es eng in Pesaro. Dann kommen außer den vielen Normal-Touristen auch scharenweise Musik-Stammgäste.

Weltberühmte Sänger treten mit ihrem „Figaro, Figaro, Figaro!" zum Rossini-Opern-Festival an – Pesaro ist die Geburtsstadt des Komponisten. In der Via Rossini Nr. 34 steht das bescheidene Haus, in dem der Künstler im Jahr 1792 das Licht der Welt erblickte. Das Conservatorio Rossini, von ihm selbst gegründet, besitzt eine Sammlung seiner Partituren und Manuskripte und sogar sein Spinett. Der Frühsommer schenkt der Stadt noch Gelassenheit, die gemächlich ansteigenden Apenninhügel sind grün belaubt, und im weiten Tal des Flusses Foglia breiten sich saftige Mais- und Weizenfelder aus.

Urlaubernasen schnuppern lustvoll nach Ginster- und Thymiangerüchen, und über der gesamten Idylle wölbt sich ein Himmel, so blau wie im Schlagertext. Ein gutes Stück hinter Pesaro wird die Straße zunehmend enger und schlängelt sich Kurve um Kurve die Hügel hinauf. Plötzlich ragen auf einer Anhöhe

Am Fuße des 600 Meter hohen Monte Conero verstecken sich kleine Buchten. ▶

◀ Unendlich weit breitet sich der weiße Sand an dem beliebten Strand von Senigallia aus.

die Häuser der nächsten Stadt empor. In Urbino, dem Heimatort des Malers Raffael, ist „jeder Stein ein Monument".

So zumindest lautet der Touristik-Slogan für den historischen Ort aus den rotbraunen Backsteinen. Dieses einmalige Ensemble im Stil der Renaissance ist immer einen Abstecher vom Mittelmeer wert. Am Nachbarhügel San Donato liegt der Campingplatz Pineta. Von dort bietet sich eine fantastische Sicht hinüber zu der mittelalterlichen Kulisse. Wuchtig umklammert die Stadtmauer Türme und Kuppeln, Kirchen und fensterreiche Paläste.

Die untergehende Sonne taucht Mauern und Dächer in ein bühnenreifes Flammenrot – ein einmaliges Erlebnis. Tags darauf geht's nach Urbino hinein und dann eine der schmalen Treppengassen hinauf zum inneren Altstadtkern. Dieser Spaziergang ist Geschichtsunterricht in seiner schönsten Form. Die Stadt erlebte ihre Blütezeit im 15. Jahrhundert, als sie zum Treffpunkt für Künstler und Literaten avancierte. Von der prächtigen Epoche zeugt der Herzogspalast, der die Nationalgalerie der Marken beherbergt.

Hier befinden sich neben Gemälden von Paolo Uccello und Tizian auch wichtige Werke von Raffael. Einige weitere Bilder und Skizzen des berühmtesten Sohnes der Stadt hängen in seinem Geburtshaus. Ein paar Gassen dahinter, in der Piazzale Roma, stellte der italienische Bildhauer Belli 1897 ein Denkmal auf, das den begabten Raffael beim Malen von Papst Leo X. zeigt.

Rund um diese Musealitäten quirlt italienisches Leben in Reinkultur. Die Fußgängerzone und Einkaufsmeile mit feinen Modeboutiquen und Delikatessenläden wird am Nachmittag zum Treffpunkt für Studenten und Einheimische. Lautes Palavern, Lachen und Schimpfen dringt an die Ohren.

In den zahlreichen Bars sitzen die Urbiner, schlürfen einen cremigen Espresso und debattieren in das aktuelle Lieblingsspielzeug vieler Italiener, das nie ruhende „telefono". Trotz aller Regsamkeit auf den Piazzen, wirtschaftlich blieben die Marken weit hinter dem

Land & Leute

Die Marken sind ein weitgehend unentdeckter Teil von Italien mit lebendigen Städten voller Kultur und Historie, mit kilometerlangen Sandstränden an der Adriaküste und mit einzigartigen Wandermöglichkeiten durch den Nationalpark am 600 Meter hohen Monte Conero.

Wandern & Radeln

Der Nationalpark del Conero ist für Wanderer ein absolutes Muss. Viele markierte Pfade schlängeln sich durch das wildbewachsene, duftende Naturreservat mit herrlichen Ausblicken auf weiße Felsen, Klippen und einsame Meeresbuchten.

Essen & Trinken

Bodenständig und zugleich raffiniert ist die traditionelle Küche der Marken. Außer Pasta-Gerichten locken Trüffel und würzige Salami. Besonders gut: in Rotwein geschmortes Kaninchen. Dazu Weine wie Rosso Piceno oder Verdicchio.

Das reizvolle Umland: **Marken**
Zwischen Adria und Apennin

starken Norden und dem subventionierten Süden zurück. Die Einheimischen arbeiten in kleinen Handwerkerbetrieben oder verdienen ihr Brot als Bauern auf einem der zahllosen verstreuten Einzelgehöfte.

Ihren bodenständigen Humor haben sie sich trotz finanzieller Schwierigkeiten erhalten. Wie die Menschen eine Mischung aus Bergbewohnern, Bauern und alten Adelsfamilien sind, so ist auch ihre Küche eine raffinierte Kombination aus bäuerlicher Kost und verfeinerter Cuisine. Mit unaufdringlicher Gastfreundschaft servieren die Marchesen in ihren Restaurants und Trattorien alles, was Land und Keller hergeben: Pasta, Trüffel, Schnecken, würzige Salami, Gebratenes und Schafkäse.

Köstlich schmecken der schwere Rosso Piceno oder der frische weiße Verdicchio aus der berühmten Amphorenflasche. An Sehenswürdigkeiten haben die Marken ebenfalls einiges aufzutischen: Zu den geschichtlichen Preziosen zählt das Hügelstädtchen Loreto.

Seit über 700 Jahren schöpfen Gläubige neue Hoffnung bei einer Wallfahrt zu der berühmten Madonna dieser Stadt. Fünf Millionen Pilger und Heilungsuchende ziehen in einem Jahr durch den Ort. Eine Legende berichtet, dass nach der Eroberung Palästinas durch die Moslems die Engel vom Himmel kamen und das Geburtshaus Marias durch die Lüfte über das Mittelmeer nach Loreto trugen. Über dieses Heiligtum stülpten die Italiener eine Basilika mit einer mächtigen Kuppel, genau daneben bauten sie das Städtchen.

Heutige Besucher haben vom geräumigen Parkplatz neben dem religiösen Bezirk einen grandiosen Blick über die weite Landschaft bis zum blauen Meer. Der Nachbarort Recanati ist von hier schnell erreicht. Er ist die Geburtsstadt des Dichters Giacomo Leopardi. Der Palazzo, in dem Leopardi 1798 das Licht der Welt erblickte, dient noch heute seinen Nachfahren als Wohnsitz. Recanati erinnert aber auch an Benjamino Gigli, den weltberühmten Tenor. Ihm zu Ehren wurde hier ein kleines Museum errichtet mit vielen Erinnerungsstücken und einigen Originalkostümen.

Nach so viel Kultur locken 170 Kilometer Strand. In Richtung Adria, an der Riviera del Conero, liegt Porto Recanati, ein traditioneller Familienbadeort. Der Tourismus brachte dem einst armen Fischerstädtchen in den letzten Jahrzehnten etwas Wohlstand, aber leider auch einige Betonpaläste. Mobilisten steuern den Campingplatz Bellamare an, dort wiegt sanftes Wellenrauschen die Gäste in erholsamen Urlaubsschlaf.

Frühmorgens ist allerdings bald Schluss mit der Ruhe, die ersten Jogger keuchen am Stellplatz vorbei, junge Damen treffen sich zur Frühgymnastik, und braungebrannte, schlacksige Knaben rennen einem Fußball hinterher.

Sehenswertes zuhauf: Selbst die kleinsten Orte verzaubern mit stolzen Türmen und schönen Häuschen. ▶

Ein paar Fischer kehren mit ihrem Fang zurück, ungeduldig erwartet von den Hausfrauen, die die frischen Meeresfrüchte zum Mittagessen zubereiten wollen. Die Luft schmeckt salzig, und die Zeit dehnt sich hier so endlos wie der Strand. Mitten ins Dolcefarniente – das süße Nichtstun – platzt der Tipp von einem Italiener: „Ihr habt die Riviera del Conero nicht erlebt, wenn ihr unseren Naturpark nicht besucht."

Also geht's am nächsten Vormittag mit dem Bus los, etwa 30 Kilometer in Richtung Norden, zum Hafen von Portonovo. Die Aussicht auf die wilde Felsenküste des 572 Meter hohen Monte Conero ist überwältigend. Blendendweiße Klippen fallen schwindelerregend steil zum Meer hin ab. An der Bushaltestelle zeigt eine Übersichtskarte eine Vielzahl von Wanderwegen durch den Naturpark. Ein sanft ansteigender Pfad führt am romanischen Kirchlein Santa Maria vorbei in das grüne Paradies.

Anfang Juni blühen hier Sträucher und Blumen um die Wette. Der Ginster strahlt goldgelb, weiß und zartrosa

▲
Die Altstadt von Ascoli Piceno ist neben der Mittelalterkulisse von Urbino die größte bauliche Attraktion in den Marken.

leuchten die Zistrosen, tieforange die Lilien. Von der warmen Erde steigen betörende Kräuterdüfte empor, Grillen zirpen, und weit draußen auf dem Meer brummt leise ein Schiffsmotor.

An jeder Kurve öffnen sich atemberaubende Aussichten auf intime Badebuchten, scharfkantige Felsbrocken, weiße Gischtberge und schaukelnde Yachten. Dazwischen blinkt immer wieder das türkisfarbene Wasser. Nur wenige Menschen sind in dem weiten Park unterwegs, niemand stört die Rast auf einem Picknickplatz unter schattigen Steineichen. Genug Platz und Ruhe also für den mitgebrachten Schafkäse, das würzige Weißbrot und anschließend ein kleines Mittagsschläfchen.

Zurück zum Campingplatz geht es wieder bequem per Bus, tapfere Wanderer können die beeindruckende Strecke über raue Wiesen, durch wilden Buschwald, Weinberge und Olivenhaine aber auch gut erlaufen. Am Abend bewältigen alle Urlauber den Weg vom Campingplatz in die nahe Trattoria mit erstaunlicher Leichtigkeit. Während die hausgemachte Pasta mit Kaninchenragout auf der Zunge zergeht, ordert der Marken-Kenner noch eine Flasche Conero-Wein und wirft dann den leicht verschleierten Blick weit übers Meer.

Feiern & Genießen

Das Städtchen Ascoli Piceno dreht alljährlich am ersten Sonntag im August die Zeit um ein paar Jahrhunderte zurück. Zur Quintana ziehen rund 1500 Bürger farbenprächtige Kostüme über und ziehen durch die Straßen der Stadt. Vertreter der Stadtviertel treten im Lanzenstechen gegeneinander an.

Stellplatz & Stil

Die Marken sind eine der reisemobilfreundlichsten Regionen in Italien. Ein dichtes Netz von Stellplätzen zieht sich von der Adria bis in die abgelegene Bergwelt. Einen guten Überblick zu diesen Plätzen gibt eine Broschüre des regionalen Tourismusverbandes der Marken.

promobil-Tipp

Eine Kuriosität ist die Marienbasilika im Wallfahrtsort Loreto. Über das angeblich von Engelshand herbeigetragene Geburtshaus der Maria stülpten die Loreter eine Basilika mit beeindruckendem Kuppelgewölbe, im Inneren ausgeschmückt mit kunstvollen Mosaiken.

Das reizvolle Umland: **Marken**
Zwischen Adria und Apennin

▶ Route

Für Ankommende längs der Adriaküste ist Pesaro die erste Stadt in den Marken. Von dort geht es im Tal des Flüsschens Foglia landeinwärts und dann die Hügel hinauf nach Urbino. Zurück an der Küste und etwa 50 km südlich von Ancona liegen der Wallfahrtsort Loreto sowie das Städtchen Recanati und der Badeplatz Porto Recanati. Ausgangspunkt für Wanderungen im Nationalpark am Monte Conero ist Portonovo, etwa 30 km nördlich von Porto Recanati und von dort gut mit dem Bus zu erreichen.

▶ Reisezeit

Die Marken sind ein typisches Reiseziel für die Zeit von April bis Oktober. Im Frühling und Herbst zieht es vor allem Naturliebhaber in den Nationalpak am Monte Conero und Kulturtouristen in die prächtigen Renaissanceorte wie Urbino, Ascoli Piceno und Loreto in die Marken. Die Hochsaison steht dann im Zeichen der Badeurlauber, die die langen Sand- und Kiesstrände der Adriaküste belagern. Der Andrang ist nicht ganz so stark wie in Rimini weiter im Norden, doch gerade im August wird es voll.

▶ Aktivitäten

Ascoli Piceno: Vielfach gewundener Wanderweg zum 694 m hohen Aussichtsberg Colle San Marco, von dort auf der Straße zur Talstation der Seilbahn auf den 1676 m hohen Monte Piselli mit traumhaftem Weitblick bis zur dalmatinischen Küste.
Grotte di Frasassi: Die Führung durch die beeindruckende Tropfsteinhöhle mit bis zu 20 m hohen Säulen und einem über 200 m hohen Saal lohnt jeden Abstecher.
Nationalpark Conero: Wanderwege durch unberührte Wälder, antike Einsiedelei Badia.
Sirolo und Numana: Idyllisch gelegene Kiesstrände unterhalb des Monte Conero. In Sirolo Aussichtspunkt und Grotte Urbani, in Numana archäologisches Museum Antiquarium. Weitere, etwas ruhigere Badebuchten direkt im Nationalpark.

▶ Sehenswertes

Ancona: Typische Hafenstadt an der Adria, stark frequentierter Fährhafen für Überfahrten nach Griechenland. Lebendige, nicht sonderlich gut sanierte Altstadt. Schöne Aussicht über die Stadt vom Colle Guasco aus (Aufstieg über steile Treppenwege).
Ascoli Piceno: Lebhaftes Städtchen mit sehr schönem Altstadtkern auf einem Plateau zwischen zwei Flüssen. Wunderbare Piazza del Popolo, zahlreiche Palazzi und Geschlechtertürme.
Fano: Ruhiges Städtchen mit großem Fischereihafen, Kies- und Sandstränden. Historisches Zentrum mit Teilen der alten Stadtbefestigung. Sehenswerter Palazzo der Familie Malatesta (Renaissance).
Loreto: Berühmter Wallfahrtsort und Hauptort der Marienverehrung. Sehenswert: Basilika Santuario della Santa Casa, Altstadt mit perfekter Renaissanceanlage (Piazza della Madonna).
Pesaro: Größere Stadt an der Adria. 4 km langer Sandstrand. Sehenswert: Museo Civico, Via Tosci Mosca 29, mit Keramiksammlung. Ausflug zum mittelalterlich anmutenden Dorf Gradara mit seiner Burganlage.
Riviera del Conero: Schönster Teil der Adriaküste, gleich südlich von Ancona. Gute Wandermöglichkeiten in dem Naturschutzgebiet unmittelbar am Kap.
San Leo: Bilderbuch-Dorf im Hinterland der Küste. Reizvolle Lage an einem Hang, darüber ein Kastell aus dem Mittelalter.
Senigallia: Im Sommer stark besuchtes Feriensädtchen mit lan-

▲ Ancona, die Hauptstadt der Marken, ist in erster Linie als großer Fährhafen im Griechenlandverkehr bekannt.

gem Sandstrand. Besichtigung: Rocca Roveresca, eine Festung aus der Renaissancezeit.
Urbino: Perfekt erhaltene Renaissancestadt in schöner Hügellage zwischen Adria und Appenin. Sehenswert: mauerumgebene Altstadt mit Dom, Palazzo Ducale und Fortezza. Stadtbesichtigung zu Fuß, ausgeschilderte Parkplätze vor der Stadtmauer.

▶ Essen & Trinken

Acqualagna-Furlo: La Ginestra, Via Furlo 17. Kleines Restaurant am Ende der Schlucht.
Fermo: Pizzeria Lapizzicosa, Piazzale Azzolino 3. Leckere Pizza in vielen Variationen.
Loreto: Andreina, Via Buffolareccia 14. Traditionelles Restaurant etwas außerhalb des Ortes.
Pesaro: Cassetta Vaccai, Via Toschi Mosca. Café mit viel Stimmung und alter Holzdecke, Delikatessenverkauf.
Urbino: Agripan, Via del Leone 13. Verwendet nur Produkte aus der Region, hausgemachte Gnocchi. Stimmungsvoller Gastraum. Il Girarrosto, Piazza San Francesco 3. Spezialität: Cresce sfogliate, gefüllte Blätterteig-Pfannkuchen.

Abtei Fonte Avellana, etwas westlich der Furlo-Schlucht. Nach der Besichtigung von Kreuzgang und Basilika laden die Mönche zu hausgemachten Genüssen in der Kloster-Bar, zusätzlich verkaufen sie Hauslikör, Honig und selbst gemachte Seife (www.fonteavellana.it).

▶ Bücher & Karten

Die Marken gehören nach wie vor zu den Geheimtipps in Italien, und das schlägt sich auch im Markt der Reiseführer nieder: Erst kürzlich sind die ersten Bände ausschließlich zu dieser Region erschienen: Kurz und knapp fällt das Taschenbuch von Katrina Behrend aus, „Merian Live Marken", Gräfe und Unzer, 2002, 7.95 Euro. Eine Fundgrube von Informationen und Campingtipps ist der Band von Sabine Becht, „Marken", Michael Müller Verlag, 2002, 15,90 Euro. Lesenswert ist auch das Buch von Michael Sattler und Christiane Tolkmitt, „Die Marken – unbekanntes Italien zwischen Adria und Apennin", Carinthia Verlag, 2001, 18 Euro. Gleich zwei attraktive Reiseregionen Mittelitaliens fassen Georg Henke und Julia Sander zusammen: „Umbrien und die Marken", Reise Know How Verlag, 2003, 19,90 Euro.

Weitere Informationen

Assessorato Regionale al Turismo, Via Gentile da Fabriano 9, I-60125 Ancona, Tel. 00 39/0 71/8 06 22 84, Fax 00 39/0 71/8 06 21 54, E-Mail servizio.turismo@regione.marche.it, www.diemarken.com.

Stellplatz-Tipps: **Marken**
Wo Reisemobilisten willkommen sind

Ehre, wem Ehre gebührt: Die Marken sind die reisemobilfreundlichste Region Italiens. Von der Adriaküste bis in das gebirgige Hinterland erstreckt sich ein dichtes Netz offiziell ausgewiesener Stellplätze für Reisemobile. Mit ihrem Angebot übertreffen die Marken sogar noch ebenfalls reisemobilfreundliche Nachbarregionen wie die Emilia-Romagna oder die Toskana. Der Grund dafür liegt auf der Hand. Die Marken sind zwar mit ihrer Mischung aus Meer, Gebirge und mittelalterlich anmutenden Ortschaften durchaus attraktiv, sie stehen aber im Schatten der arrivierten Urlaubsorte an der nördlichen Adriaküste oder der berühmteren Städte der Toskana.

Für die beschriebene Tour bieten sich die hier vorgestellten fünf Stellplätze an, die durchaus typisch sind für die Angebote in vielen anderen Orten. Faustregel: Im Binnenland sind die Stellplätze fast durchweg gebührenfrei, am Meer dagegen ist auf gut besuchten Plätzen in Badeorten auch mit einer Abgabe zu rechnen.

Die Ausstattung ist auch bei den Plätzen in den Marken durchweg einfacher als in Frankreich oder Deutschland, aber meist ausreichend. Zum Entsorgen dient in der Regel ein Bodeneinlass, das Frischwasser spendet ein einfacher Zapfhahn. Und wie auf den meisten Stellplätze in Italien gilt auch in den Marken: Campingleben mit Tisch, Stuhl und Wäsche vor dem Reisemobil ist auf vielen Stellplätzen nicht erwünscht.

Fabriano

Anfahrt: A 22 Innsbruck–Verona bis Modena, A 14 bis zur Abfahrt Ancona-Nord, auf der S 76 bis Fabriano. Im Ort den Schildern zum Stadion/Camper-Service zum Parkplatz am Stadion folgen.
Stellplätze: Gebührenfreier Stellplatz für 30 Mobile auf dem Parkplatz am Stadion. Großparkplatz für Pkw und Reisemobile. Ebener, asphaltierter Untergrund, ruhige und zentrale Lage zum Ortskern, teils schattig. Ganzjährig nutzbar. WC im Stadion nach Absprache.
Ent-/Versorgung: Bodeneinlass zur Entsorgung am Stellplatz, ebenso ein Anschluss für die Frischwasserversorgung. In der Saison Stromanschluss am Stellplatz möglich.
Informationen: Azienda di Promozione Turistica, Piazza Manin 11, I-60044 Fabriano, Telefon 00 39/07 32/62 50 67, Fax 00 39/07 32/62 97 91.

Fossombrone

Anfahrt: A 22 Innsbruck–Verona bis Modena, A 14 Richtung Ancona bis zur Abfahrt Fano, auf der E 78 weiter bis zur Abfahrt Fossombrone-Ost. An der ersten Ampel im Ort rechts und dann links zum Stellplatz abbiegen auf den Parkplatz an der Via Morandi/Via Saraceni.
Stellplätze: Gebührenfreier Stellplatz für 20 Mobile auf dem Parkplatz an der Via Morandi/Via Saraceni. Einfacher Parkplatz für Pkw und Reisemobile. Ebener, asphaltierter Untergrund, zum Teil schattig. Papierkörbe vorhanden. Parkanlage mit Ruhebänken und Spielplatz am Platz vorhanden. Ganzjährig nutzbar.
Ent-/Versorgung: Bodeneinlass zur Entsorgung am Stellplatz, ebenso Anschluss für die Frischwasserversorgung vorhanden.
Informationen: Municipio Fossombrone, Corso Garibaldi 8, I-61034 Fossombrone, Telefon 00 39/07 21/72 32 40, Fax 00 39/07 21/72 32 05.

Pérgola

Anfahrt: A 22 Innsbruck–Verona bis Modena, auf der A 14 Rich-

◀ Recanati: Der Camping Club von Recanati betreut den Stellplatz ganz in der Nähe zum Zentrum.

tung Ancona bis zur Abfahrt Fano und weiter bis Marotta. Dann über Monte Porzio, S. Lorenzo in Campo bis Pérgola. In Pérgola in Richtung Zentrum fahren und dem Reisemobilsymbol zum Stellplatz unterhalb einer Brücke am Parco Mercatale folgen.
Stellplätze: Gebührenfreier Stellplatz für 10 Mobile auf dem Parkplatz beim Mercatale-Park in der Via S. Biagio. Asphaltierter, leicht abschüssiger Untergrund. Zum Teil schattig. Zentrale Lage zum Ortskern. Ganzjährig nutzbar.
Ent-/Versorgung: Bodeneinlass zur Entsorgung von Brauchwasser links an der Zufahrt zum Stellplatz, Frischwasseranschluss ebenfalls vorhanden.
Informationen: Pro Loco Pérgola, V. Don Minzoni 48, I-61045 Pérgola, Telefon 00 39/07 21/73 64 69.

Recanati

Anfahrt: A 22 Innsbruck–Verona bis Modena, A 14 Richtung Ancona bis zur Abfahrt Loreto-Porto Recanati, weiter in Richtung Macerata bis Recanati. Reisemobile werden um den Ort geleitet.
Stellplätze: Gebührenfreier Stellplatz für 80 Mobile auf dem Gelände des Camping-Clubs Recanati, Via Campo Boario. Für Reisemobile reserviertes Gelände. Ebener, geschotterter Untergrund, geteerte Zufahrt und schattig. 400 Meter Entfernung ins Zentrum. Anmeldung beim Camping-Club erwünscht. Achtung: Samstagvormittag (6–13 Uhr) nur eingeschränkt nutzbar.
Ent-/Versorgung: Bodeneinlass zur Entsorgung, Frischwasserzapfstelle, Toiletten, Duschen, Mülltonnen am Platz vorhanden.
Informationen: Ufficio di Informazione e Accoglienza Turistica, Piazza Leopardi 31, I-62089 Recanati, Telefon und Fax 00 39/ 0 71/98 14 71.

San Severino Marche

Anfahrt: A 22 Innsbruck–Verona bis Modena, A 14 Richtung Ancona bis zur Abfahrt Loreto-Porto Recanati. Auf den Staatsstraßen 571/361 bis San Severino Marche. Im Ort von der Via Mazzini links abbiegen, den Schildern zur „impianti sportivi" folgen und auf den ausgewiesenen Stellplatz für Reisemobile fahren.
Stellplätze: Gebührenfreier Stellplatz für 20 Mobile auf dem Parkplatz an der Via Mazzini neben der Sporthalle. Parkplatz für Pkw und Reisemobile. Ebener, asphaltierter Untergrund. Kein Schatten, beleuchtet. Relativ ruhige Lage am Ortsrand. Ganzjährig nutzbar.
Ent-/Versorgung: Bodeneinlass und Anschluss für Frischwasserversorgung direkt am Stellplatz. WC-Benutzung/Duschen im Sanitär-Container. Mülltonnen vor Ort vorhanden.
Informationen: Pro Loco San Severino Marche, Piazza del Popolo 2, I-62027 San Severino Marche, Telefon 00 39/07 33/63 84 14.

15 Campingplätze

Stellplatz mit allem **Komfort**

Nicht nur Stellplätze, auch gut ausgestattete Camps sind in der Toskana reichlich vorhanden. Das Reisemobil hat Pause, denn die meisten organisieren Ausflüge zu Kunst und Natur.

15 — Campingplatz-Tipp
Camping Barco Reale

Preisgruppe 5, ★★★

Niemand Geringeres als das Fürstengeschlecht der Medici pflegte in den Hügeln von San Baronto zu jagen. Auf dieses Revier lässt sich der Name zurückführen. Heute erholen sich in der waldreichen und landwirtschaftlich geprägten Gegend zwischen Pistoia und Vinci, dem Geburtsort des berühmten Leonardo, Touristen von der Jagd nach Kulturerlebnissen. Und das gelingt ihnen prächtig. Die Aussicht von der Poolterrasse auf das grandiose Toskanapanorama ist eine Augenweide, die man so leicht nicht vergessen kann. Obendrein ist der Platz gut ausgestattet, bietet auf Wunsch Frisch- und Abwasser an der Parzelle und hat vorbildliche Sanitäreinrichtungen, auch für Kinder und für Körperbehinderte. Campinggäste können Ermäßigungen für eine Tageskur im nahen Monsummano Terme, einem Badeort mit natürlicher Sauna, Schlammbädern und Hydromassage, bekommen. Obendrein werden vom Platz Busausflüge zu den Kunststädten veranstaltet. Der Ort San Baronto ist schnell zu Fuß erreicht.

TRIP-TIPP

Westlich von Barco Reale liegt das Feuchtgebiet Padule di Fucecchio, der größte Binnensumpf Italiens. Er beherbergt höchst seltene, spezialisierte Pflanzen wie weiße und gelbe Seerosen. Übers Jahr kann man rund 150 Vogelarten zählen, etwa 50 davon bauen hier ihre Nester. Darunter sind Reiher, deren Horste in Kolonien angelegt werden. Auf der Durchreise trifft man Kranich und Schwarzstorch. Neun Rundwege erschließen den Sumpf zu Fuß.

Von der Freibadterrasse fällt der Blick auf ein traumhaftes Toskana-Panorama. ▶

INFOTHEK

Adresse: Camping Barco Reale, Via Nardini 11/13, I-51030 San Baronto-Lamporecchio (PT), Telefon 00 39/05 73/ 8 83 32, Fax 00 39/05 73/ 85 60 03, Internet www.barcoreale.com E-Mail info@barcoreale.com
Anreise: Autobahn A 11 Firenze–Lucca, Ausfahrt Pistoia, dort ca. 15 km Richtung Vinci, Lamporecchio bis San Baronto, beschildert.
Lage: Terrassierter Hügel mit Bäumen und Büschen und verschiedenen Stellplatznischen. Steile Auffahrt. 500 m vom Ort, dort Busverbindung.
Größe: Gesamtareal 10 Hektar, 175 Stellplätze (50 bis 100 qm, einige mit Direktanschlüssen), keine Dauercamper. Mietunterkünfte.
Öffnungszeiten: Anfang April bis Ende September.
Preise: Saisonstaffeln. Hauptsaison: Stellplatz 11,70 bis 12,90 €, Person 8,30 €, Kind bis 3 Jahre 3,80 €, bis 12 Jahre 5,00 €, Komfortparzelle Aufschlag 1,10 €, Hunde erlaubt.
Weitere Infos: Reservierung empfohlen. Kreditkarten.
Sport: Freibad, Fußball, Volleyball, Basketball, Pétanque, Tischtennis, Wandern, Radfahren. In der Nähe: Golf (7 km), Angeln (5 km), Hallenbad (5 km).
Animation/Unterhaltung: Hauptsaison: Kinder- und Jugendanimation. Italienischkurs, Filme, geführte Wanderungen, Ausflüge.
Essen und Trinken: Bar, Restaurant, Pizzeria, Eisdiele, Minimarkt.

Camping zwischen Gütern, ausgedehnten Ländereien und kleinen Dörfern.

☺ **Ruhige Naturlage zwischen Kulturzielen. Camping Cheques.**

Campingplatz-Tipp
15 Camping Toscana Village
Preisgruppe 4, ★★★

Toscana Village ist ein neu entstandener Campingplatz mit zahlreichen Miet-Mobilheimen in zentraler Toskana-Lage. Das Restaurant ist noch nicht fertiggestellt. Die Anlage ging aber schon im Sommer 2001 in Betrieb – sehr zur Freude von Kunst- und Kulturtouristen. Fertig ist das geschmackvolle Sanitär, das auch für Behinderte eingerichtet ist. Rollstuhlfahrer dürften es allerdings angesichts der starken Hanglage auf dem Platz nicht leicht haben. In die völlige Ruhe der ursprünglichen Toskana kann sich zurückziehen, wer zuvor den ganzen Tag Kirchen, Städte und Museen besichtigt hat. Toscana Village hält die ideale Distanz zu den wichtigsten Ausflugszielen. Nur 30 bis 50 Kilometer sind die Top-Ziele entfernt: Florenz, Pisa, das tyrrhenischen Meer, Lucca, San Gimignano oder Volterra. Dabei hilft auch die Nähe zum Bahnhof. Er liegt nur zweieinhalb Kilometer weiter. So lassen sich selbst die großen Kunstzentren durchaus stressfrei auch mal ganz ohne Auto bequem erreichen.

TRIP-TIPP
Nur rund 15 Kilometer in westlicher Richtung vom Campingplatz entfernt, liegt im Arnotal die Industriestadt Pontedera. Hier ist das Stammwerk der Firma Piaggio, deren bekanntestes Produkt, der Motorroller „Vespa" (Wespe), die italienische Volksmotorisierung einleitete. Nicht aus dem Straßenbild fortzudenken ist auch das mit der Vespa verwandte Lastendreirad „Ape" (Biene). Piaggio zeigt seine Klassiker in einem kleinen Museum.

Junge Campingterrassen schmiegen sich an einen steilen Hang, hohe Bäume geben Schatten. ▶

INFOTHEK

Adresse: Camping Toscana Village, Via Fornoli, 2, I-56020 Montopoli (PI), Telefon 00 39/05 71/ 44 90 32, Fax 00 39/05 71/ 44 94 49, Internet www.toscanavillage.com E-Mail montop@libero.it
Anreise: Autobahn A 1, Ausfahrt Firenze-Signa, dort Superstrada SS 67 Richtung Pisa, Ausfahrt Montopoli. Bergan Richtung Zentrum bis zum Friedhof, dort scharf links in die Via Fornoli, dort beschildert.
Lage: Stark terrassierter Hang hoch über dem Arnotal mit gelichtetem Wald, Grasnarbe, befestigten Wegen. Steile Auffahrt. 900 m vom Ort, Bushaltestelle.
Größe: 3,5 Hektar, 93 Stellplätze (80 qm, einige mit Direktanschlüssen), überwiegend für Reisemobile geeignet, keine Dauercamper. Mietunterkünfte.
Öffnungszeiten: Anfang März bis Ende Oktober.
Preise: Saisonstaffeln. Hauptsaison: Stellplatz 11,00 bis 13,50 €, Person 6,00 €, Kind bis 3 Jahre frei, dann Vollzahler, Strom 1,30 €, Hund keine Preisangabe.
Weitere Infos: Reservierung empfohlen. Kreditkarten.
Sport: Freibad, Volleyball, Radverleih. In der Umgebung: Wandern, Radtouren.
Animation/Unterhaltung: Organisierte Ausflüge mit Führungen in verschiedenen Sprachen.
Essen und Trinken: Bar, Imbiss. Restaurant geplant. Alle weiteren Versorgungsmöglichkeiten im Ort.

Auch ein Freibad gehört zu diesem neu angelegten Platz in der Toskana.

☺ **Für Kunst- und Kulturtouristen. Camping Cheques.**

Campingplatz-Tipp
Camping Il Pogetto

15 Preisgruppe 5, ★★★

Von der Höhe dieses Familiencampingplatzes, der erst 1996 auf alten, aufgelassenen Chianti-Weinfeldern in schnörkelloser, moderner Architektur neu angelegt wurde, schweift der Blick weit über die typische Landschaft der Toskana. Bemerkenswert ist die Ruhe, die besonders nach anstrengendem Sightseeing in den fantastischen Kunststädten der Toskana gut tut. Die Nähe zu Florenz und Siena sowie zum wilden, bergigen Hinterland machen Il Pogetto zu einem guten Standort für Natur- und Kulturfreunde. Im Schwimmbad mit Kinderbecken (Badehaubenpflicht), auf dem Spielplatz und dem Volleyballfeld können Kinder prima mit Bewegung ausgleichen, was vorher am Tag vielleicht an Kultur ein bisschen viel war. Bar, Pizzeria und ein im Jahr 2001 deutlich aufgewertetes Restaurant sorgen fürs leibliche Wohl. In den modern, luftig und schick gestalteten Waschhäusern kann man auch private Sanitärkabinen mieten, seit 2002 gibt es eine eigene Kinderabteilung. Für Clubveranstaltungen steht ein großer Saal mit Konferenztechnik zur Verfügung.

TRIP-TIPP
Mitten im Chianti Urlaub machen, gute Höhenluft und Ruhe genießen, aber dennoch alle Kunstschätze von Florenz anschauen, das gelingt auf Il Pogetto. Der Linienbus von Regello oder Figline hält zuverlässig unweit des Campingplatzes und bringt die Touristen stressfrei und aussichtsreich in einer knappen dreiviertel Stunde zum Bahnhof Santa Maria Novella mitten ins Herz der Arno-Metropole. Fahrpläne und Billetts gibt es an der Rezeption.

Weit schweift der Blick von der Restaurantterrasse über die lieblichen Hügel des Chianti. ▶

INFOTHEK

Adresse: Il Pogetto, Pogetto 143, I-50010 Troghi, Telefon 00 39/05 58 30 73 23, Fax 00 39/05 58 30 73 23, Internet www.camping toscana.it/ilpogetto, E-Mail pogetto@tin.it
Anreise: Autobahn A 1 Florenz–Rom, Ausfahrt Incisa, in Incisa Richtung Troghi, Florenz bis Ortsteil Cellai, beschildert. Alternative: Ausfahrt Firenze-Sud, über Antella und Osteria Nuova nach Troghi ist kürzer, aber steigungs- und kurvenreich, eng.
Lage: Geländestufen mit befestigtem Grasboden und einzelnen Bäumen. Umgebung Wein und Wald, Geräuschschleier von Autobahn möglich.
Größe: 4,5 Hektar, 90 Parzellen (80 qm), davon 60 für Reisemobile, keine Dauercamper. Mietunterkünfte.
Öffnungszeiten: Anfang März bis Ende Oktober.
Preise: Saisonstaffeln. Hauptsaison: Person 7,00 €, Kind bis 12 Jahre 5,00 €. Stellplatz 12,50 €, Hund 2,00 €.
Weitere Infos: Reservierung empfohlen, Kreditkarten.
Sport: Freibad. Fahrradverleih. Volleyball- und Bolzplatz. Unterhalb des Platzes örtliches Sportzentrum. Wanderungen.
Animation/Unterhaltung: Live-Musik, bunte Abende, Kinderprogramm, Kellereibesichtigungen, naturkundliche Wanderungen. Organisierte Ausflüge. Themenveranstaltungen.
Essen und Trinken: Terrassen-Restaurant, Pizzeria und Café-Bar, Minimarkt.

Dem geschwungenen Terrassenbogen folgt das mit viel Holz gestaltete Haus.

 Familiär geführte Anlage. Für Clubveranstaltungen geeignet.

Campingplatz-Tipp
Norcenni Girasole Club

15   Preisgruppe 5, ★★★★

Das alte Landgut über dem Arnotal bietet in seinem Hauptgebäude auch heute noch einen wohl sortierten Weinkeller. Schließlich gehört der zur Grundausstattung eines Gutes im Chianti Colli aretini, wie das Anbaugebiet rund um Arezzo korrekt heißt. Daneben gibt es einen Bazar und verschiedene Shops, aber der Markttag von Figline ist auch nicht zu verachten. Der Campingplatz liegt auf einem der Hügel, wo die Vegetation üppig und artenreich ist. Die Sanitäranlagen des Vier-Sterne-Platzes sind erster Klasse, es besteht auch die Möglichkeit, eigene Badezimmer mit allem Komfort zu mieten. Ein modernes Fitnesszentrum bietet Sauna, türkisches Bad und Massageabteilung. Es gibt einen Spielpark für Kinder, Spielsalon, Tischtennis und Reitmöglichkeit. In den verschiedenen Bars und Pizzerien wird es in der Hochsaison trotz großer Kapazität voll – so begehrt sind sie. Der Supermarkt ist gut sortiert und bietet täglich frische Ware an. Von Norcenni Girasole („Sonnenblume") Club fährt ein Privatbus täglich in die Kunstmetropole Florenz.

TRIP-TIPP

Von Norcenni Girasole Club aus lassen sich leicht auch schöne Ausflugsziele ansteuern, die immer etwas im Schatten von Florenz und Siena stehen. Arezzo, Cortona, der Trasimenische See, die malerisch gelegene Abtei von Monte Oliveto Maggiore, Weinorte wie Radda und Greve in Chianti, Montepulciano als Heimat des Vino Nobile, die am Reißbrett geplante Renaissancestadt Pienza, die trockene Scholle der Crete und der waldreiche Monte Amiata.

▶ Großzügige Schwimmlandschaft: das vordere Becken kann überdacht werden.

INFOTHEK

Adresse: Norcenni Girasole Club, Via Norcenni, 7, I-50063 Figline Valdarno, Telefon 00 39/0 55 95 96 66, Fax 00 39/0 55 95 93 37
Anreise: Autobahn A 1 Florenz–Rom, Ausfahrt Incisa, SS 69 Richtung Arezzo bis Figline Valdarno, beschildert.
Lage: Ländliche Umgebung um ein über dem Arnotal gelegenes ehemaliges Landgut, terrassiertes Wiesengelände mit Bäumen, teils auch Mattendächer.
Größe: 11 Hektar, 320 Parzellen (80–100 qm, teils auch unparzelliert), 20 Dauercamper, Bungalows, Mietunterkünfte.
Öffnungszeiten: Anfang April bis Ende Oktober.
Preise: Saisonstaffeln. Hauptsaison: Person 8,60 €, Kind bis 12 Jahre 5,20 €. Stellplatz 12,40 €, Pauschalgebühr für Dusche, Strom, Freibad.
Weitere Infos: Reservierung empfohlen.

Die toskanische Küche wird am Platz erkundet.

Sport: Frei- und Hallenbad. Schwimmkurse, Tennis, Tenniskurse, Reiten, Reitunterricht, Fitnesscenter mit Sauna, türkischem Dampfbad und Massage. Fahrradverleih.
Animation/Unterhaltung: Live-Musik, bunte Abende, Kinder-, Jugend- und Erwachsenenprogramm, Italienischkurse, Kochkurse, Relax- und Schönheitsprogramme, Diskothek. Organisierte Ausflüge mit eigenem Bus, geführte Touren in Kulturstädte.
Essen und Trinken: Verschiedene Restaurants und Bars, Imbiss/Mitnahmemahlzeiten, SB-Geschäft. Weitere Angebote in Figline Valdarno.

☺ **Das breiteste Camping-Angebot in der Toskana.**

15 Campingplatz-Tipp — Preisgruppe 5, ★★★★
Campeggio delle Piscine

Was sind schon 30 Jahre in einer Region, in der man 48 000 Jahre alte Faustkeile nachgewiesen hat? Viel, wenn es sich um einen einzigartigen Campingplatz handelt. Dottore Gianfranco Guerrini feierte 2001 sein 30-jähriges Betriebsjubiläum. Er tat dies mit neuen Wegen, neu gestalteten Parzellen und weiterer intensiver Pflege seiner Grünanlagen. Damit wird der Campingplatz im Herzen des Etruskerlandes zweifellos noch attraktiver. Der größte Anziehungspunkt ist die eigene Thermalquelle, mit der drei Schwimmbecken gespeist werden. Das Wasser ist exakt 24° Grad warm, hat also jene Temperatur, bei der olympische Wettbewerbe ausgetragen werden. 350 Liter pro Sekunde strömen aus der Quelle und erneuern das Durchfluss-Schwimmbad unaufhörlich. Die Liebe zur Region zeigt sich in den Touren- und Wandervorschlägen. Das kleine Sarteano eröffnet Gastronomie und Läden bequem zu Fuß. Die Ausstattung des Vier-Sterne-Platzes ist vorbildlich. Besonders hilfreich ist ein vom Platz herausgegebener Regionalführer in deutscher Sprache.

TRIP-TIPP
Im Wasser von Sarteano hat vor über 2000 Jahren schon Kaiser Oktavian gebadet, um sein Rheuma zu lindern. Der Dichter Horaz, ein Zeitgenosse Oktavians, spülte mit dem Wasser seine erkrankten Augen. Seit dieser Zeit ist die Wirkung des Wassers auf die Augenschleimhäute bekannt und hat ihm im Volksmund den Beinamen „Quelle der Augen" eingetragen. In christlicher Zeit nach einem Märtyrer benannt, heißt die Quelle „Bagnosanto".

▶ Geschmackvoll und vornehm zeigt sich das Heilbad.

INFOTHEK

Adresse: Parco Campeggio delle Piscine, I-53047 Sarteano (SI), Telefon 00 39/05 78/2 69 71, Fax 00 39/05 78/26 58 89, Internet www.evols.it/bagnosanto, E-Mail bagnosanto@krenet.it
Anreise: Autobahn A 1 Firenze–Roma, Ausfahrt Chusi/Chianciano Terme, nach Überquerung der Autobahn gleich links Richtung Sarteano, beschildert.
Lage: Ebenes, teils sonniges, teils dicht baumbestandenes Wiesengelände, Bachlauf, parkartig angelegt. Direkt am Ortsrand. Bus hält am Platz.
Größe: 15 Hektar, 450 Stellplätze (100 bis 144 qm, einige mit Direktanschlüssen), davon 350 für Reisemobile geeignet, keine Dauercamper, Mietunterkünfte.
Öffnungszeiten: Ende März bis Ende September.
Preise: Saisonstaffeln. Hauptsaison: Person 11,00 €, Kind bis 3 Jahre frei, bis 10 Jahre 7,00 €, Stellplatz 16,00 bis 20,00 €, Strom ab 2,60 €.
Weitere Infos: Keine Hunde. Reservierung empfohlen, Kreditkarten.
Sport: Schwimmen und Thermalbaden, Solarium. Tennis, Tischtennis, Sportplatz, Kleinfeldfußball, Volleyball, Reiten, Wandern, Mountainbike, Fahrradverleih.
Animation/Unterhaltung: Organisierte Ausflüge, TV-Großbildleinwand, Musikveranstaltungen.
Essen und Trinken: Bar, Imbiss, Restaurant. SB-Markt und andere Geschäfte leicht zu Fuß zu erreichen.

Ständiger Wasserdurchsatz im Bad.

 Toskana-Komfort-Camp mit eigenem Thermalbad.

15 Campingplatz-Tipp
Camping Valle Gaia

Preisgruppe 5, ★★★★

Welch ein Kontrast: Hier die rummelige, im Hochsommer oft überlaufene tyrrhenische Küste, dort der Campingplatz Valle Gaia mit seiner stimmungsvollen Naturlage. Valle Gaia heißt „glückliches Tal", und das ist es auch. Umgeben von Steineichen duften Oleanderbüsche, Pinien und Macchia um die Wette. Nach einem schönen Badetag am Meer kehrt hier oben wieder Ruhe ein. Außerdem locken die zahllosen kulturellen Highlights in Pisa, Volterra, San Gimignano, Populonia oder Florenz, wo etruskische und römische Funde mit Kirchen und Palästen aus Mittelalter und Renaissance konkurrieren. Valle Gaia hingegen ist modern. Eines der drei Sanitärhäuser wird bei Bedarf beheizt, die Ausstattung ist gut. Gemeinsam mit der angrenzenden Ferienhausanlage „La Casetta" betreibt der Campingplatz sein solarbeheiztes Schwimmbad, die Tennisanlage sowie das Sport- und Unterhaltungsprogramm. Besonders wertvoll sind die Tipps der Platzleitung. Sie machen es leicht, die Toskana abseits der bekannten Kunststädte kennen zu lernen.

TRIP-TIPP

Volterra, rund 50 Kilometer landeinwärts gelegen, ist eines der attraktivsten Kleinodien der Toskana. Die Stadt etruskischen Ursprungs beherbergt ein interessantes Etrusker-Museum sowie natürlich unzählige Baudenkmale aus dem Mittelalter. Eindrucksvoll auch die „Balze" genannten Steilabbrüche am nordwestlichen Stadtrand. Der Erosion dort sind allerdings schon eine Kirche und Teile der Stadtmauer zum Opfer gefallen.

▶ Entspannung am Pool nach Kulturgenuss in der Toskana.

INFOTHEK

Adresse: Camping Valle Gaia, I-56040 Casale Marittimo, Telefon 00 39/05 86/ 68 12 36, Fax 00 39/05 86/ 68 35 51, Internet www.vallegaia.it, E-Mail Info@vallegaia.it
Anreise: Autobahn A 12 La Spezia–Livorno, dann autobahnartige Superstrada SS1 Aurelia Richtung Roma bis Cecina, dort auf SS 206, Fluss überqueren und 5. Kreuzung links nach Casale Marittima, beschildert.
Lage: Teils terrassiertes, teils leicht ansteigendes Wiesengelände mit Oliven- und Pinienbäumen, Oleanderbüschen und Hecken, 9 km von der Küste, 3,5 km von Casale entfernt.
Größe: 4 Hektar, 149 Stellplätze (90 qm), davon 3 Dauercamper. Mietunterkünfte.
Öffnungszeiten: Anfang April bis Mitte Oktober.
Preise: Saisonstaffeln. Hauptsaison: Stellplatz mit Strom 12,60 €, Person 6,95 €, Kind bis 10 Jahre 5,10 €, Hund 4,20 €.
Weitere Infos: Reservierung empfohlen.
Sport: Freibad, Tennis, -kurse, Boccia, Tischtennis, Volleyball, Fahrradverleih.
Animation/Unterhaltung: In Hauptsaison Animation für verschiedene Altersstufen. Musikveranstaltungen. Detaillierte Ausflugsrouten.
Essen und Trinken: Bar, Restaurant, SB-Markt.

Den verführerischen Duft des Südens verströmen die vielen Pflanzen auf und um Valle Gaia.

☺ DCC-Europapreisträger 2003. Schöne Lage.

15 — Campingplatz-Tipp
Camping Pappasole

Preisgruppe 5, ★★★★

Trübsal blasen gilt auf Camping Pappasole nicht. Schließlich kümmern sich hier professionelle Animateure um die gute Laune ihrer Gäste und bringen ihnen vom Tauchen bis zum Bogenschießen alles bei, was sie probieren möchten. Aber auch Kulturfreunde müssen nicht darben, denn die Kunstschätze der Toskana liegen alle nur einen Tagesausflug entfernt. Charter-Busse fahren sogar bis Rom. Genauso kann man aber auch einen Ausritt zu Pferd buchen oder einen Tag am Thermalsee verbringen. Auf dem Vier-Sterne-Platz lassen zwar Straße und Bahnlinie dann und wann einen Geräuschschleier herüberwehen, doch die Ausstattung ist top, vor allem die rund 350 Stellplätze mit eigener Sanitärkabine und Küche. 200 Meter entfernt breitet der Golf von Follonica seinen Sandstrand aus. Dort können Sie wählen: Zum freien Strand muss man schleppen, was man den Tag über braucht. Am bewirtschafteten Gestade indes können Sie sich Liegestuhl nebst Sonnenschirm mieten und sich kühle Drinks genehmigen.

TRIP-TIPP

Nördlich des Industriehafens Piombino ragt die alte Etruskerstadt Populonia 179 Meter hoch über das Meer. Von der alten Hafenstadt haben sich Reste der Stadtmauer erhalten, am ehemaligen Hafen auch ein Friedhof (Nekropole). Von der Burg bietet sich ein herrlicher Ausblick bis zur Insel Elba. Die Auffahrt ist allerdings für große Reisemobile nicht geeignet, da schmal und mit überhängenden Bäumen. Lohnend ist der Besuch des Museums.

Als Zugabe zum Golf von Follonica gibt es ein schönes Freibad. ▶

INFOTHEK

Adresse: Camping Bungalow Maxicaravan Pappasole, Loc. Torra Mozza, Via Carbonifera 14, I-57020 Vignale Ritorto, Telefon 00 39/05 65/2 04 20, Fax 00 39/05 65/2 03 46, Internet www.pappasole.li.it, E-Mail pappasole@etruscan.li.it
Anreise: Autobahn A 12 La Spezia–Livorno, weiter Superstrada SS 1 Aurelia Richtung Rom bis Abzweig Ritorto, dort Strada Communale Carbonifera–Torre Mozza, beschildert.
Lage: Ebene Anlage mit Pinien- und Laubbäumen, teils auch Palmen und exotischen Büschen. Mattendächer. 200 Meter vom Strand, 5 km von Follonica.
Größe: Gesamtareal 13 Hektar, 436 Stellplätze (90 qm), davon 42 Dauercamper. Mietunterkünfte.
Öffnungszeiten: Ende März bis Ende. Oktober.
Preise: Saisonstaffeln. Hauptsaison: Person 10,00 €, Kind bis 10 Jahre 6,50 €, Stellplatz 21,50 bis 33,50 €, Hund 8,30 €.
Weitere Infos: Reservierung empfohlen. Kreditkarten.
Sport: Baden und Wassersport in Meer und Pools, Tennis, Volleyball, Basketball, Kleinfeldfußball, Tauch-, Schwimm-, Surfkurse, Minigolf. Bogenschießen. Rad-, Kanu-, Surfboard-, Segel-, Tretboot-, Jetskiverleih.
Animation/Unterhaltung: Sportkurse, Wasserski, Parachuting, Animation, Kabarett, Musik, Tanz, organisierte Ausflüge mit Bussen und Booten.
Essen und Trinken: Restaurant, Pizzeria, Bar, SB-Markt, Metzgerei, Fisch.

Fast alle Parzellen haben Privat-Sanitär und Küche.

😊 **Lebhaftes Aktivcamp für Familien.**

Campingplatz-Tipp
Camping Le Marze

15   Preisgruppe 5, ★★★★

Camping Le Marze liegt an einem verwöhnten Küstenstrich. Eine jahrhundertealte Pineta, die den Sommer über den würzigen Duft des Südens verströmt, beherbergt die Stellplätze, die renovierten Sanitärgebäude mit mietbaren Privatkabinen, die neu gestaltete Bar, das Restaurant und den Markt. Jenseits der Straße wartet ein schier endloser, sanft ins Meer abfallender Sandstrand, der besonders gut für kleine Kinder geeignet ist. Rundherum locken attraktive Ziele. Hierzu zählen der Maremma-Nationalpark, der Monte Amiata, die Inseln Giglio, Giannutri und Elba. Sehenswert sind auch die etruskischen Städte und Friedhöfe, römische Ausgrabungen, Zeugen einer wechselhaften Geschichte wie der mächtige Dom von Grosseto und die immer noch sprudelnden Thermalquellen von Saturnia, in denen schon die Römer kurten. Auf keinen Fall darf man versäumen, malerische Städtchen wie Pitigliano oder Sorano zu besuchen. Zur Entspannung bietet der Strand von Le Marze eine willkommene Abwechslung.

TRIP-TIPP

Der Naturpark der Maremma erstreckt sich von Principina a Mare bis Talamone und umfasst das Sumpfgebiet der Ombrone-Mündung und die Hügelkette der Monti dell'Uccellina. Der Park hat zwei Eingänge in Alberese und Talamone und kann nur auf vorgeschriebenen Routen besucht werden. Die Lagunen von Orbetello sind Zuflucht zahlreicher seltener Vogelarten. Bis 1801 gehörte das Gebiet den Spaniern als Garnisonsstaat.

Acht Kilometer misst der private Sandstrand von Le Marze. Da findet jeder sein eigenes Eckchen. ▶

INFOTHEK

Adresse: Camping Le Marze, I-58046 Marina di Grosseto (GR), Telefon 00 39/05 64/3 55 01, Fax 00 39/05 64/3 55 34
Anreise: Autobahn A 12 La Spezia–Livorno, weiter SS 1 Aurelia bis Follónica, dort Richtung Castiglione della Peschaia. SS 322 über Castiglione Richtung Marina di Grosseto, beschildert.
Lage: Weitläufiges Gelände in einem hundertjährigen, naturbelassenen Pinienwald nur auf der landeinwärts liegenden Seite der SS 322. Eigener, acht Kilometer langer Sandstrand 700 m entfernt. 5 km vom Ort.
Größe: 20 Hektar, 530 Stellflächen (80 bis 100 qm), davon 40 Dauercamper, verschiedene Mietunterkünfte.
Öffnungszeiten: 1. Mai bis Mitte Oktober.
Preise: Hauptsaison: Person 8,50 €, Kind bis 8 Jahre 5,00 €, Stellplatz mit Strom 12,50 €, Mietbad 7,50 €.
Weitere Infos: Reservierung empfohlen. Zahlung bar.
Sport: Wassersport, Volleyballfeld, Tischtennis, Fahrradverleih. Wandern, Radfahren.
Animation/Unterhaltung: Programme für verschiedene Altersgruppen, TV-Übertragungen, Filmvorführungen, Musikveranstaltungen, Show.
Essen und Trinken: Bar, Restaurant, SB-Markt.

Im jahrhundertealten Pinienwald stehen die Caravans im Schatten.

☺ **Idyllischer Pinienwald, acht Kilometer Sandstrand.**

15 Campingplatz-Tipp
Camping Talamone

Preisgruppe 5, ★★★

Unterm dichten Grün ausladender Pinienschirme verteilen sich auf Camping Talamone die Stellplätze in verschiedenen Arealen. Der Campingplatz ist in Terrassen am Hang angelegt, vom Freibad im „ersten Stock" genießt man einen weiten Blick auf die Bucht von Talamone. Zum Meer hält der Campingplatz einige hundert Meter Abstand, es gibt jedoch einen Strand für Camper, an dem verschiedene Wassersportaktivitäten organisiert werden. Mit astronomischen Beobachtungen in der platzeigenen Sternwarte, Ausritten in den Maremma-Naturpark und seinem botanischen Garten setzt der Platz eigene Akzente, die über das übliche Freizeit-Angebot hinausgehen. Für Reisemobilfahrer ist Camping Talamone interessant, weil in der gesamten Bucht und im Ort selbst ein Verbot für freies Übernachten besteht. Gleichwohl: Die Dickschiff-Piloten müssen beim Rangieren auf die knorrigen Äste achten, eine Entsorgungsstation gibt es hier nicht. Die findet sich aber kostenlos im nahen Alberese.

TRIP-TIPP

Von allen Naturparks Italiens ist der direkt an den Campingplatz grenzende „Parco Naturale Regionale della Maremma" der abwechslungsreichste. Der im Volksmund nach den Uccelina-Bergen kurz „Parco dell'Uccelina" genannte Schutzraum umfasst alle charakteristischen Gebiete der Maremma-Landschaft: am Unterlauf des Ombrone die sumpfige Trappola, Dünen, Macchia und Pinienhaine, aber auch kalkige Bergflanken.

Der alte Etruskerhafen Talamone, vom Camp aus gesehen, wird von einer Festung überragt. ▶

INFOTHEK

Adresse: International Camping Village Talamone, I-58010 Talamone (GR), Telefon 00 39/05 64/88 70 26, Fax 00 39/05 64/88 71 70, E-Mail gitavnet@tin.it
Anreise: Autobahn A 12 Pisa–Livorno, weiter auf gebührenfreier, autobahnartig ausgebauter SS 1 „Aurelia" Richtung Grosseto, Rom. Ausfahrt Fonteblanda, dort Richtung Talamone, beschildert.
Lage: Terrassen in altem Olivenhain für Zelte, ebene Stellplätze im unteren Bereich für Caravans und Reisemobile unter Pinien. 500 m vom Meer, 1,5 km vom Ort entfernt.
Größe: 5 Hektar, 360 Stellplätze (70 qm), davon 30 Dauercamper, Mietunterkünfte.
Öffnungszeiten: Mitte April bis Ende September.
Preise: Stellplatz 10,00 €, Person 10,00 €, Kind bis 6 Jahre 6,00 €.

Kanutouren sind auf dem nahen Ombrone möglich.

Weitere Infos: Keine Hunde, Reservierung empfohlen. In Hauptsaison Buszubringer zum Strand.
Sport: Baden in Freibad und Meer, Wassersport: Kanu, Kajak, Tretboote, Bootsliegeplätze, Segeln, Tauchen. Schwimm-, Segel-, Tauchkurse. Kleinfeldfuß-, Volleyund Basketball, Tennis, Bogenschießen. Reiten, Fitnesstraining.
Animation/Unterhaltung: Miniclub, organisierte Ausflüge in den Naturpark, Reitexkursionen, Bootstouren, Musik, Tanz, TV-Übertragungen. Astronomische Beobachtungen mit Teleskop.
Essen und Trinken: Bar, rustikales Restaurant, Minimarkt.

Das Camping-Tor zum Maremma-Naturpark.

Campingplatz-Tipp
Camping Rosselba Le Palme

Preisgruppe 5, ★★★

Rosselba Le Palme ist eine moderne Campinganlage in leuchtendem Oleanderschmuck. Die Sanitärgebäude, vor einigen Jahren komplett erneuert, bieten sogar vier Familienkabinen. Und das eigene Wasserversorgungssystem sorgt für ausreichend Trinkwasser – nicht überall auf der Mittelmeerinsel ist das selbstverständlich. Campingplatz, Bungalowdorf und die wichtigsten Urlaubseinrichtungen gruppieren sich um das extravagante Grün. Rosselba Le Palme verfügt über einen gut sortierten Supermarkt und ein Restaurant. Kinder tummeln sich im Pool, Sportler auf den Tennisplätzen, surfen im Mereswind oder jagen dem Beachvolleyball hinterher. Andere üben unter fachkundiger Anleitung das Bogenschießen oder Segeln. Als „junge Forscher" erkunden die Kinder spielerisch Flora, Fauna und Wetter. Über Treppen und eine Straße ist der schmale Privatstrand zu erreichen, hinter dem Ottone-Garten wartet die Ruine der Festung Volterraio auf Wanderer. Spuren von Etruskern, Römern und Napoleon geben Elba Reiz.

TRIP-TIPP

Das Schmuckstück des Campinggeländes ist der Palmengarten Parco dell'Ottone, in dessen Mitte eine schöne Villa steht. Das botanische Kuriosum entstand im Jahr 1910 nach den Plänen eines Münchner Großgrundbesitzers. Heute gilt der Ottone-Park als der interessanteste noch erhaltene Akklimatisationsgarten der Toskana. Hier wachsen rund 60 verschiedene Palmen- und Pflanzenarten, darunter auch die einzige Blaupalme Europas.

Pinienduft und ein Platz im Schatten: In der Mittagspause regiert das süße Nichtstun. ▶

INFOTHEK

Adresse: Rosselba Le Palme Camping-Villaggio, Loc. Ottone, 3, I-57037 Portoferraio, Italien, Telefon 00 39/05 65/93 31 01, Fax 00 39/05 65/93 30 41, Internet: www.rosselbalepalme.com, E-Mail info@rosselbalepalme.com
Anreise: Autobahn A 12 La Spezia–Livorno, weiter SS 1 Aurelia bis Venturnia, SS 398 bis Piombino. Fähre. Dann Richtung Porto Azzurro bis Abzweig nach Bagnaia, bis Ottone. Beschildert. Steigungen, schmale Straßen mit engen Kurven.
Lage: Malerische Lage über der Bucht von Portoferraio. Das stark terrassierte und üppig bepflanzte Gelände hat teils kleine Parzellen und sehr steile, enge Straßen. Schlepphilfe. Zum Strand jenseits der Straße führen Treppen.
Größe: 30 Hektar, 260 Stellflächen (70 qm), davon 10 Dauercamper, Mietunterkünfte.
Öffnungszeiten: 10. April bis 30. September.
Preise: Saisonstaffeln. Hauptsaison: Person 12,90 €, Kind bis 8 Jahre 9,30 €, Hund 5,00 €. Stellplatz mit Strom ab 17,00 €.
Weitere Infos: Reservierung empfohlen.
Sport: Wassersport, Kajakkurse, Segelschule 400 m entfernt, Bootsslip, Liegeplätze, Fußball, Tennis, Freibad, Trampolin, Radverleih. Wandern.
Animation/Unterhaltung: Programme für verschiedene Altersgruppen, TV-Übertragungen, Musik, Show.
Essen und Trinken: Bar, Restaurant, SB-Markt.

Tägliche Programme – vom Bogenschießen bis zum Segeln – unterhalten die Gäste.

 Ideale Mischung aus Natur, Sport und Kultur.

15 Campingplatz-Tipp
Camping Bungalows Lacona

Preisgruppe 5, ★★★

Der Süden Elbas ist für Familien mit Kindern besser geeignet als der Norden. Denn im Süden gibt es einige ausgedehnte Sandstrände und flache Buchten. Die Bucht von Lacona zählt zu den schönsten, was zu einer Ansammlung von Campingplätzen und Ferienhäusern geführt hat. Glücklicherweise blieb dabei die Ursprünglichkeit der Landschaft unversehrt. Camping Lacona, seit 2001 auch mit einem Fitnessraum und einem Internet-Zugang für Gäste ausgerüstet, macht sich gleich zwei Strände zunutze: Am direkt an den Platz angrenzenden Kiesstrand von Margidore können Boote an Bojen vertäut werden. Einige Hundert Meter weiter ist es zum Sandstrand von Lacona, der als zweitgrößter der Insel auch im Hochsommer genug Platz bietet. Die enge Zusammenarbeit mit der benachbarten Tauchschule ermöglicht geführte Tauchgänge, Kurse, und Flaschenfüllung für die Campinggäste. Wer Edelsport an Land bevorzugt, findet einen Golfplatz an der Straße nach Portoferraio.

TRIP-TIPP

Die traditionellen Weine Elbas sind „Elba Rosso" und „Elba Bianco", beide trocken. Nahe des Campingplatzes liegt das Weingut Mazzarri, welches den Rot- und Weißwein als DOC (mit kontrollierter Herkunftsbezeichnung) ausbaut. Die Weinlagen umrahmen zum Teil den Campingplatz. Besichtigungen und Verkostungen auf dem Gut sind möglich, der Wein wird jedoch auch ganz profan im Campingshop angeboten.

Aus der Luft wird deutlich: Camping Lacona leistet sich den Luxus zweier Buchten. ▶

INFOTHEK

Adresse: Camping Bungalows Appartamenti Lacona, Loc. Lacona, I-57037 Portoferraio, Telefon 00 39/05 65/96 41 61, Fax 00 39/05 65/96 43 30, Internet www.camping-lacona.it, E-Mail info@camping-lacona.it
Anreise: Autobahn A 12 La Spezia–Livorno, weiter SS 1 Aurelia bis Venturnia, SS 398 bis Piombino. Fähre. Dann Richtung Porto Azzurro bis Abzweig nach Campo, bis Lacona, dort Richtung Meer. Beschildert.
Lage: Nicht ganz ebene Grasnarbe mit Schatten spendenden Laub- und Nadelbäumen. Zelt-Terrasse in lichtem Wald. 100 m vom Kies- und 400 m vom Sandstrand, Ortsrandlage, dort auch Bushaltestelle.
Größe: 2,8 Hektar, 200 Stellplätze (40–80 qm), Reisemobilstellplätze. Keine Dauercamper. Mietunterkünfte.
Öffnungszeiten: Ende März bis Ende September.
Preise: Saisonstaffeln. Hauptsaison: Stellplatz mit Strom 15,00 bis 16,50 €, Person 10,50 €, Kind bis 2 Jahre frei, bis 5 Jahre 7,50 €, Hund 3,00 €, Strom 3 A incl., 6 A 1,80 €.
Weitere Infos: Reservierung empfohlen, Kreditkarten.
Sport: Baden und Wassersport in Freibad und Meer, Bootsliegeplätze, Tauchen, -Kurse, Fitnessraum, Radverleih. In der Nähe: Golf.
Animation/Unterhaltung: Mini-Club, Sportturniere, bunte Abende, Musik, organisierte Ausflüge.
Essen und Trinken: Bar, Restaurant-Pizzeria, Minimarkt.

Einer der schönsten Badestrände auf Elba.

 Baden und Tauchen am zweitgrößten Strand der Insel.

EINER WIE KEINER

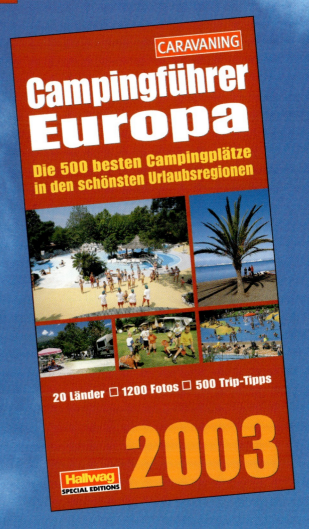

Hier müssen Sie nicht lange suchen

Informativ, übersichtlich, anschaulich: Dieser Premiumführer stellt rund 500 ausgewählte Spitzenplätze in 20 Ländern vor – ausführlich beschrieben und reich bebildert.

6. Auflage, 13 x 24 cm, 720 Seiten, Klebebindung

Am besten heute noch bestellen:
promobil-Bestellservice, D-70138 Stuttgart,
Fax 07 11/1 82-17 56, Telefon 07 11/1 82-23 23,
Internet www.scw-webshop24.de
oder direkt im Buchhandel.

16 Reise-Infos

Ein klarer
Spitzenreiter

Innerhalb Italiens rangiert die Toskana bei Reisemobil-Touristen auf dem ersten Platz. Kein Wunder – der Mix aus Kultur, Natur und guter Infrastruktur ist einfach Spitze.

Reise-Infos: Campingland Toskana
Alles, was Sie über die Region wissen müssen

Die Toskana ist ein bestens erschlossenes Reiseziel. Reisemobilisten profitieren davon. Denn einerseits gibt es ausreichend Stellplätze, auch im etwas ruhigeren Landesinneren und andererseits eine große Zahl guter Campinganlagen, meist direkt am Meer.

In der Urlaubs-Hitliste der mobilen Touristen hat Italien ohnehin schon Spanien und Frankreich überholt und sich auf den ersten Platz gesetzt. Zweieinhalb Millionen aktive Reisemobilsten und Camper machen Italien selbst zu einer Campingnation, dazu kommen 140 000 zugelassene Reisemobile, 200 000 Caravans und zwei Millionen Zelte.

Für Italiener selbst heißt Urlaub seit Jahrzehnten: ans Meer. Dabei bevorzugen sie eher den Urlaub im Süden ihres Landes. Campingplätze an der oberen Adria und der tyrrhenischen Küste der Toskana überlassen sie mehrheitlich den Besuchern aus Deutschland, den Niederlanden und Skandinavien.

Ein Vier-Sterne-System bildet seit vielen Jahren das Rückgrat der Klassifizierung italienischer Campingplätze. Ein Stern symbolisiert dabei eine einfache Ausstattung, vier Sterne verheißen das beste Niveau. Beispielsweise garantieren sie eine Parzellengröße von mindestens 90 Quadratmetern.

▲ Günstig zu haben: Tonwaren kommen typischerweise aus Impruneta.

Die Bandbreite der Campingplätze ist allerdings größer, als es durch das Vier-Sterne-Raster erfasst wird. Ein Fünf-Sterne-System wie etwa in Deutschland würde von vielen Campingunternehmern begrüßt. Außerdem gilt: Da die Sterne immer für fünf Jahre verliehen werden, verstreicht viel Zeit bis zur nächsten Überprüfung und der Standard eines Platzes kann in der Zwischenzeit abgesackt oder deutlich angehoben worden sein.

Typisch für die Küste und Elba, die größte Insel des toskanischen Archipels, sind große, ständig instand gehaltene Anlagen mit einem besonders breiten Sport- und Jugendangebot. Meist gehören auch noch

Camping-Saison & Preise

Spitzenreiter bei den Campingübernachtungen in Italien ist die Toskana. Camping in Italien ist im europäischen Vergleich recht teuer, zwei Erwachsene und zwei Kinder zahlen im Schnitt 34 Euro, in Einzelfällen auch deutlich über 50 Euro. Überwiegend haben toskanische Plätze über die Sommersaison geöffnet, es sind aber auch einige Ganzjahresplätze vertreten. Ein breites Urlaubsangebot mit Sport, Spiel, Animation bieten hauptsächlich die Ferienanlagen entlang der tyrrhenischen Küste und auf Elba. Im Landesinneren dominieren gut eingerichtete Camps für Kulturtouristen: Oft mit Busverbindung in die Städte, mit Wein- und Naturexkursionen im Angebot. Es gibt auch abgeschiedene Naturcampingplätze.

Italien: Wichtige Reise-Infos

▶ **Persönliches**
Reisepass oder Personalausweis, Kinder unter 16 Jahren Kinderausweis oder Eintrag im Elternpass.

▶ **Tierisches**
Tollwutimpfung vor mindestens 20 Tagen, höchstens elf Monaten. Internationaler Impfpass. Für Hunde sind Maulkorb und Leine mitzuführen. An Badestränden sind Hunde verboten.

▶ **Automobiles**
Nationale Fahrzeug- und Führerscheine reichen, internationale grüne Versicherungskarte ist nur für Nicht-EU-Bürger obligatorisch, aber empfehlenswert.

▶ **Allgemeines**
Höchstgeschwindigkeiten: Stadt 50, außerorts 90, Autobahnen 130 km/h. Caravangespanne auf Landstraßen und Autobahnen 80 km/h. Reisemobile bis 3,5 Tonnen wie Pkw, darüber wie Caravan. Überstehende Lasten wie Fahrräder, Motorroller oder Surfmasten müssen mit einer rot-weiß diagonal gestreiften Warntafel (Panello) gesichert werden. Auf Autobahnen muss auch tags mit Licht gefahren werden. Promillegrenze 0,5.

▶ **Nützliches**
Landesvorwahl aus D/A/CH 00 39. Nach der Landesvorwahl muss die „0" der Ortsnetzkennzahl mitgewählt werden. Auch innerhalb Italiens ist die Ortsnetzkennzahl immer mitzuwählen.
Notruf 113, Bundespolizei 112, Feuerwehr 115, Abschleppdienst 116. ACI-(Auto Club Italiano-)Informationsstelle 06 44 77 (auf Deutsch).

▶ **Touristisches**
Staatliches Italienisches Fremdenverkehrsamt ENIT, Kaiserstraße 65, 60329 Frankfurt am Main, Telefon (Prospektbestellung, gebührenfrei) 0 80 00 00 48 25 42, (spezielle Auskünfte) 0 69/23 74 34, Fax 0 69/23 28 94, www.enit.it.

▶ **Autobahn & Fähre**
Am schnellsten geht die Zahlung der Maut auf den „Viacard"-Spuren. Fähren braucht man für die italienischen Inseln.

Italiens Autostrade sind mautpflichtig. Preise in Euro, Stand 2002

5,50 Zwei-achsige Kfz mit einer Höhe von mehr als 1,30 m an der Vorderachse.

9,50 Fahrzeuge mit einachsigen Anhängern. Für Kfz mit zwei-achsigen Anhängern (auch Tandemachse) wird ein Zuschlag von durchschnittlich 60 % berechnet.

Reise-Infos: **Campingland Toskana**
Alles, was Sie über die Region wissen müssen

Blauer Himmel, raues Mauerwerk und schroffer Fels: So präsentiert sich das toskanische Hinterland vielerorts. ▶

mindestens eine Bar, ein Restaurant oder eine Pizzeria zum Platz. Wassersport steht hoch im Kurs, auf Elba ganz besonders Tauchen.

In den meisten Fällen sind die Sanitäranlagen sauber und gut in Schuss. Ärgerlich ist jedoch, dass in den Duschen selten ein Vorraum oder Spritzschutz für die abgelegte Kleidung existiert. Toilettenpapier muss man oft selbst mitbringen. Je weiter man in den Süden kommt, desto mehr dominieren Stehtoiletten die Sanitärräume.

Für die Hauptsaison erfordern die Küsten- und Inselplätze eine Buchung im Voraus. In Italien beginnt die Hauptsaison im Übrigen erst mit dem 15. Juli. Weil die Campingpreise ziemlich gesalzen sind, sollte jede Möglichkeit, vor diesem Termin zu buchen, genutzt werden. Die Fülle

Mehr als Pizza & Pasta

Die Allgegenwart von Pizza mit diversen Belägen ist nur die Fastfood-Evolution eines neapolitanischen Arme-Leute-Essens. Italiener nehmen lieber ein Menü zu sich. Und das nicht vor 20 Uhr. Vorspeisen (Antipasti) – Meeresfrüchte, eingelegte Gemüse und rohe Fleischwaren – können oft am Buffet gewählt werden. Der erste Gang (primo) besteht meist aus einem Nudelgericht. Erst beim zweiten Gang (secondo) gibt es Fleisch oder Fisch. Beilagen (contorni) müssen extra bestellt werden. Salat kommt ohne Dressing, dafür mit Essig und Öl an den Tisch. Dessert (dolce) gibt es nach Angebot. Typisch Toskana sind Wildgerichte von Cinghiale (Wildschwein) oder Lepre (Wildhase). Suppen und Eintöpfe heißen „acqua cotta" und „ribollita". Gedeck (coperto) und manchmal Bedienung (servizio) werden separat bezahlt. Dennoch ist ein Trinkgeld üblich.

Auch viele Campingplätze bieten köstliche Spezialitäten der toskanischen Küche an.

Folklore & Festivals

Zu Ehren ihrer Schutzpatrone oder aus anderen traditionellen Gründen veranstalten viele Städte in der Toskana ein- oder zwei mal im Jahr rituelle Spiele. Das bekannteste ist das Pferderennen „Palio delle Contrade" in Siena, welches zweimal im Jahr ausgetragen wird. Hier ist allerdings kaum ein Zuschauerplatz zu erlangen. In Pisa gibt es ein „Gioco del Ponte" (am letzten Sonntag im Juni), in Pomerance einen Palio mit Ochsen (in der ersten Septemberhälfte). Viele weitere Orte bieten Kostümumzüge wie Cécina und Ritterspiele. Herausragend ist das antike Fußballspiel „Calcio storico" in Florenz, das jeweils an zwei Terminen Ende Juni ausgetragen wird. Zum Match gehört ein farbenprächtiger Umzug, das Spiel findet auf der Piazza Santa Croce statt. Mit hohen Eintrittsgebühren muss gerechnet werden.

Mehr als nur Folklore: prachtvolle Feste – hier in Massa Marittima.

auf den Plätzen steigert sich ab Mitte Juli kontinuierlich und gipfelt im kollektiven Stau am 15. August. Ferragosto heißt dieser Tag, an dem man tunlichst jede Autobahn und größere Staatsstraße meiden sollte.

Überwintern in Italien gehört zwar für immer mehr Pensionäre zum Camper-Glück. Typische Destinationen sind jedoch Kalabrien und Sizilien. Immerhin, auch in der Toskana findet man im Winter offene Camps (dann meist ohne Nebenbetriebe wie Restaurant und Laden). Allerdings fehlt hier das Klima für einen entspannten Winteraufenthalt. Die Toskana ist winters rau und niederschlagsreich. Auf jeden Fall ist es wichtig, sich rechtzeitig über die Betriebszeiten der Campingplätze zu informieren.

Einige Anlagen öffnen zu Ostern, die meisten am 1. Mai. Für manche beginnt die Saison aber erst mit dem 1. Juni. Einige Plätze schließen schon am 20. September, andere Anfang oder Mitte Oktober. Als günstiges Nebensaison-Zahlungsmittel sind Camping Cheques inzwischen auch in der Toskana verbreitet. Immerhin fünf Partnerplätze stehen bereit.

Animation für Kinder und Jugendliche wird auf typischen Ferienanlagen groß geschrieben und meist sogar mehrsprachig angeboten. Ebenso zeigen viele der gehobeneren

◀ Wer Wasser sucht und dennoch mal nicht ans Meer will, kann an den Binnenseen die Seele baumeln lassen.

Reise-Infos: Campingland Toskana
Alles, was Sie über die Region wissen müssen

16

◀ Pinocchio ist allgegenwärtig: Die berühmte Holzfigur hat in Collodi ihr Zuhause.

Anlagen prächtigen Pflanzen- und Blumenschmuck. Dass trotz all dieses gepflegten Ambientes die Stellflächen überwiegend eher klein sind, beruht auf den vorherrschenden italienischen Gepflogenheiten. Zeltcamping ist in Italien nach wie vor sehr populär, die Wohnwagen sind wegen der eher kleineren Zugfahrzeuge auch deutlich kürzer als in Deutschland. Für diese reichen auch 70-Quadratmeter-Parzellen aus. Besitzer besonders großer Reisemobile sollten sich deshalb vorab erkundigen, ob ihr Wunschplatz auch geeignete Parzellen bietet.

Entsorgungsmöglichkeiten zu finden, die in Italien Camper Service heißen und eindeutig mit einem stilisierten Alkovenfahrzeug über einer Grube beschildert werden, ist auf kaum einem Campingplatz eine Schwierigkeit. Auch sehr viele freie Stellplätze haben solche Entsorgungsstellen. Es handelt sich immer um Bodeneinlässe, denn italienische Reisemobile haben überwiegend feste Abwasser- und Toilettentanks.

Das Autobahnnetz ist inzwischen gut ausgebaut und macht das lang gestreckte Land mit seinen großen Distanzen rasch durchquerbar. Die meisten sind mautpflichtig. Wichtig ist, dass man bei Einfahrt ein Ticket zieht (außer auf den wenigen pauschalierten Strecken), denn ohne Ticket muss man bei der Ausfahrt für die größtmögliche Distanz bezahlen. Am schnellsten geht die Zahlung auf den sogenannten Viacard-Spuren der Mautstellen. Hier kann bequem mit der Kreditkarte bezahlt werden. Das geht so: Erst das Ticket, dann die Kreditkarte in den Schlitz schieben, dann die Karte entnehmen.

Mautfreie Schnellstraßen heißen Superstrade. Ihre vier Fahrspuren sind allerdings schmaler, die Kurven enger als auf Autobahnen. Sie verbinden Toskana (Livorno) und Latium (Rom) sowie Florenz und Siena.

In den Städten ist das Fahren mit dem Reisemobil eher anstrengend. Unübersichtliche, kleinformatige Beschilderung und die von allen Seiten kommenden Motorroller und Lastdreiräder, Hupen und Rufe zerren an den auf deutsche Ordnung geeichten Nerven. Überdies ist die Aussicht auf einen Parkplatz gering.

Besichtigungen unternimmt man deshalb besser vom städtischen Stellplatz oder einem Campingplatz etwas außerhalb mit Bus oder Bahn. Glücklicherweise gibt es derart vernetzte Angebote an allen wichtigen Touristenstädten. Viele Campingplätze bieten solche Touren auch mit Führung an, manche schicken sogar einen eigenen Bus auf die Runde.

Caravaning-Checkliste

▶ **Strom**
Die meisten Campingplätze haben inzwischen CEE-Anschlussdosen. Sonst braucht man einen Adapterstecker mit drei parallelen Kontakten. Die Absicherung ist oft gering (4 oder 6 A).

▶ **Gas**
Mit einem Euro-Gasflaschen-Füllset ist die Gasversorgung in Italien gesichert. Je nach Gaslieferant sind die Gewinde unterschiedlich, deshalb braucht man vier Reduzierstücke. Sehr weit verbreitet sind in Italien Gastanks für Reisemobile. Da mit Bajonettanschluss getankt wird, ist ein Adapter wichtig. Gastankstellen sind mit „Gasauto" oder „GPL" gekennzeichnet.

▶ **Wasser**
An Campingplatz-Zapfstellen sind oft Hähne ohne Gewinde. Hier hilft eine überstülpbare Gummitülle beim Schlauchanschluss.

▶ **Entsorgung**
Luxus-Campingplätze bieten Wasser- und Abwasseranschluss an der Parzelle. Für Reisemobile gibt es zumindest in Nord- bis Mittelitalien ein dichtes Netz an Entsorgungsstationen (Camper Service) auf kommunalen Plätzen, auf neuen Autobahnraststätten und auf Campinganlagen.

Einkaufen & Bezahlen

▶ **Währung**
Seit 1. Januar 2002 gilt in Italien der Euro.

▶ **Eurocheque-Karte**
ec-Geldautomaten (Bancomat), die es auch in kleineren Städten reichlich gibt, lassen sich auf deutsche Bedienerführung schalten.

▶ **Kreditkarten**
Bei Autobahnmaut und Tankrechnung werden sie akzeptiert, bei Restaurants und (seltener) Campingplätzen ebenfalls. Mit PIN gibt's an Geldautomaten auch Bares, allerdings gegen saftige Gebühren.

▶ **Öffnungszeiten**
Einheitliche Öffnungszeiten gibt es nicht, in der Regel öffnen Banken Mo–Fr 8.30 Uhr bis 13 oder 13.30 Uhr und 14.30 oder 15 bis 16 oder 17 Uhr. Kleine Postämter öffnen zwischen 8 und 14 Uhr, große bis 19 Uhr, an Samstagen alle nur bis 13 Uhr. Geschäfte unterschiedlich, meist 8.30 Uhr bis 12.30 Uhr und 16 bis 19.30 Uhr, auch länger, sonntags.

▶ **Quittungen**
Bewahren Sie unbedingt alle Kassenzettel bis zum Verlassen des Ladens auf! Die Finanzpolizei kontrolliert.

▶ **Trinkgeld**
Ist nicht obligatorisch, aber durchaus üblich.

Vokabeln für unterwegs

▶ **Camping & Stellplatz**
Parcheggio – Parkplatz
custodito – bewacht
Acqua potabile – Trinkwasser
Campeggio – Campingplatz
Posteggio – Parzelle
Distributore di corrente – Stromverteiler
Servizio – Waschraum
Gabinetto – Toilette

▶ **Caravan & Reisemobil**
Innaffiatoio – Gießkanne
Bombola gas – Gasflasche
Serbatoio G.P.L. – Gastank
Cavo – Kabel
Autocaravan/Camper – Reisemobil
Caravan/Roulotte – Caravan
Cassetta W.C. estrabili – Cassettentoilette
Fusibile – Sicherung
Cavo di allungamento – Verlängerungskabel
Otre – Schlauch

▶ **Zelt & Vorzelt**
Intelaiatura – Gestänge
Veranda – Vorzelt
Martello – Hammer
Tenda – Zelt

▶ **Auto & Technik**
Macchina – Auto
Gommista – Reifenservice
Benzina senza piombo – bleifreies Benzin
Gasolio/Diesel – Diesel
Posto di rifornimento – Tankstelle

Service: **Fährlinien**
Die wichtigsten Verbindungen von und nach Italien

Fahrt ins **Blaue**

Vom italienischen Festland zu den Inseln Elba, Sardinien und Sizilien ist es nur ein Katzensprung. Diese Übersicht nennt die wichtigsten Fährlinien zu den Ferieninseln.

▶ Auskünfte

Allgemeine Reiseauskünfte und Buchungen für die genannten Fährverbindungen in jedem guten Reisebüro oder telefonisch bei den Vertretungen der Reedereien in Deutschland. Die Telefon-Nummern stehen am Ende des jeweiligen Abschnitts. Bitte beim Preisvergleich beachten: Oft verbergen sich im Kleingedruckten der Prospekte Zusatzkosten für Hafengebühren oder Steuern – vor dem Buchen unbedingt nachfragen. Wer sich technischer Hilfe beim Preisvergleich bedienen möchte, sollte das Internet einschalten. Die Homepage www.ocean24.de gibt einen guten Überblick über die zahlreichen Linien nach Sardinien oder Sizilien, errechnet die besten Preise und nimmt auch Buchungen entgegen. Die Seite www.faehre.com ist noch lange nicht so komfortabel, liefert aber immerhin auch eine Übersicht der kleineren Fähr-Reedereien, die im Mittelmeer aktiv sind.

▶ Elba

Für die kurze Überfahrt vom italienischen Festland auf die Insel Elba bieten sich die Schiffe der Moby Lines und der Reederei Torremar an, die zwischen Piombino und Portoferraio pendeln. Ein Preisbeispiel: An Bord der Moby Lines kostet die einfache Passage für einen erwachsenen Passagier je nach Saison und Abfahrt zwischen 6,50 und 9,50 Euro, für ein Reisemobil je angefangenem Meter zwischen 11,50 und 13 Euro, jeweils zuzüglich Hafengebühren.

Beim Buchen beachten: Durch die geschickte Wahl der Reisetage lassen sich selbst zur Hochsaison im Juli und August die vergleichsweise günstigen Vorsaison-Tarife buchen. Faustregel: Abfahrten zur Wochenmitte sind generell günstiger als am Wochenende.

Preisauskünfte und Buchungen: Moby Lines Europa GmbH, Wilhelmstraße 36-38, 65183 Wiesbaden, Telefon 06 11/1 40 20, Fax 06 11/1 40 22 44, www.mobylines.de.

▶ Sardinien

Mehrere Reedereien werben auf den Strecken nach Sardinien um die Gunst der Kunden, unter anderem Moby Lines, Sardinia Ferries, Grandi Navi Veloci und Linea dei Golfi. Diese Gesellschaft bietet übrigens auf ihren Routen nach Sardinien die süditalienische Variante des Campings an Bord, die Moby Lines bieten diese preisgünstige Idee auf einigen Abfahrten nach Sardinien ebenfalls an. Passagiere buchen dabei die günstige Deckspassage und können während der Überfahrt in ihrem Reisemobil oder Wohnwagen bleiben.

Generell empfiehlt es sich, beim Buchen einige Grundregeln zu beachten: Abfahrtstag geschickt auswählen. Bei den Moby Lines lässt sich auch in der Hochsaison der Fahrpreis für die Vorsaison bekommen – wenn man seine Fahrt an einem Wochentag antritt oder aber am Wochenende eine weniger beliebte Abfahrtszeit in der Nacht wählt.

Preisauskünfte und Buchungen: Reedereien Linea dei Golfi, Tirrenia, Enermar: Agentur Turisarda, Richardstraße 28, 40231 Düsseldorf, Telefon 02 11/2 29 40 00, Fax 02 11/22 94 00 29, www.turisarda.de.

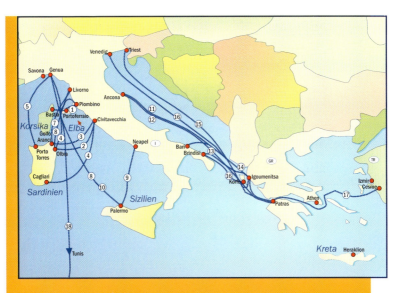

Fähren vom italienischen Festland

① Piombino–Portoferraio/Elba:
Moby Lines

② Civitavecchia–Olbia/Sardinien:
Moby Lines, Tirrenia

③ Civitavecchia–Golfo Aranci/
Sardinien: Sardinia Ferries

④ Genua–Olbia/Sardinien:
Moby Lines; Grandi Navi
Veloci

⑤ Genua–Porto Torres/Sardinien:
Grandi Navi Veloci, Tirrenia

⑥ Livorno–Olbia/Sardinien:
Moby Lines

⑦ Livorno–Golfo Aranci/Sardinien:
Sardinia Ferries

⑧ Genua–Palermo/Sizilien:
Grandi Navi Veloci

⑨ Neapel–Palermo/Sizilien:
Tirrenia

⑩ Livorno–Palermo/Sizilien:
Grandi Navi Veloci

⑪ Ancona–Patras:
Superfast Ferries, Anek Lines

⑫ Ancona–Igoumenitsa–Patras:
Blue Star Ferries, Minoan Lines;
Superfast Ferries

⑬ Bari–Igoumenitsa–Patras:
Superfast Ferries

⑭ Brindisi–Korfu–Igoumenitsa:
Blue Star Ferries

⑮ Triest–Patras:
Anek Lines

⑯ Venedig–Igoumenitsa–Patras:
Blue Star Ferries, Minoan Lines

⑰ Brindisi–Cesme:
Med Link Lines

⑱ Genua–Tunis: CTN

Moby Lines Europa GmbH, Wilhelmstraße 36–38, 65183 Wiesbaden, Telefon 06 11/1 40 20, Fax 06 11/1 40 22 44, www.mobylines.de.

Sardinia Ferries, Georgenstraße 38, 80799 München, Tel. 01 80/5 00 04 83, Fax 0 89/33 85 76, www.sardiniaferries.com.

▶ Sizilien

Mit echtem Kreuzfahrtkomfort – vom Meerwasser-Swimmingpool über Sonnendecks bis zum Gourmetrestaurant und Casino – werben die Grandi Navi Veloci für ihre futuristisch gestylten Schiffe, die zwischen Genua beziehungsweise Livorno und Palermo auf Sizilien verkehren – eine Alternative für Urlauber, welche die kilometerfressende Reise zum süditalienischen Hafen Reggio di Calabria vermeiden wollen.

Die Überfahrt von Genua nach Palermo dauert etwa 20, die Passage von Livorno nach Palermo etwa 17 Stunden.

Preisauskünfte und Buchungen: Grandi Navi Veloci: Generalagentur J. A. Reinecke, Jersbeker Straße 12, 22941 Bargteheide, Telefon 0 45 32/20 55 16, Fax 0 45 32/2 25 66, www.jareinecke.de.

Service: **Ortsregister**
Ausgewählte Stell- und Campingplätze

Dieses Ortsregister liefert Ihnen in alphabetischer Reihenfolge einen Gesamtüberblick über alle in diesem Band im Anschluss an die Tourenvorschläge veröffentlichten Stellplatz- und Campingplatz-Empfehlungen. Zur besseren Orientierung folgt nach dem Ortsnamen die Postleitzahl und die Seitenzahl.

ORT	PLZ	SEITE
Abbadia San Salvatore	53021	64, 65
Alberese	58010	94
Arcidosso	58031	64
Arezzo	52100	46
Bagno Vignoni	53027	84
Bibbiena	52011	46, 47
Buonconvento	53022	64
Casale Marittimo	56040	141
Castél del Piano	58033	65
Castellina in Chianti	53011	54
Cavo	57030	108
Castiglione d'Orcia	53023	65
Castiglione della Pescáia	58043	94
Certaldo	50052	26, 54
Chitignano	52010	46
Colle di Val d'Elsa	53034	55
Fabriano	60044	132
Figline Valdarno	50063	139
Firenze	50121	16
Fossombrone	61034	132
La Croce	53024	65
Lucca	55100	36
Lucignano	52044	74
Marciana Marina	57033	108
Marina di Cecina	57023	94
Marina di Grosseto	58046	95, 143
Montalcino	53024	65
Montepulciano	53045	74
Montopoli	56020	137
Pergola	61045	132
Pienza	53026	75
Piombino	57025	95
Pistóia	51100	36
Populónia	57020	95
Pratovécchio	52011	47
Próccio	57037	109
Porto Azzurro	57036	109
Portoferraio	57037	108, 109, 145, 146
Radda in Chianti	53017	55
Recanati	62089	133
San Baronto-Lamporecchio	51030	136
San Gimignano	53037	26
San Quirico d'Orcia	53027	75, 84
San Severino Marche	62027	133
Sansepolcro	52037	47
Sarteano	53047	140
Sesto Fiorentino	50019	16
Siena	53100	27, 54
Talamone	58010	144
Troghi	50010	138
Vignale Ritorto	57020	142
Volterra	56048	27, 84

Camping Cheque

EIN SENSATIONELLES ANGEBOT VON PROMOBIL UND CARAVANING:

SPAREN WIE EIN SCHOTTE, CAMPEN WIE EIN KÖNIG.

HOLEN SIE SICH DEN KATALOG!

▶ **Ausgewählte Top-Plätze zum Schnäppchenpreis**

▶ **Zahlreiche Super-Angebote für die Nebensaison**

▶ **Mit Camping Cheque sparen Sie 10 bis 50 % im Vergleich zum Normalpreis der jeweiligen Plätze**

Fordern Sie deshalb den informativen, mit vielen Fotos illustrierten Europa Guide inklusive Buchungsunterlagen noch heute an: Camping-Cheque-Bestellservice, D-70138 Stuttgart, Telefon 07 11/182-23 23, Fax 07 11/182-28 42.

pro mobil CARAVANING

19 STRASSENKARTE

Teil zwei des Reisemobil-Touren-Buchs bietet Ihnen die komplette Straßen-Karte der Toskana von Hallwag im Maßstab 1:700 000 mit Transit- und Cityplänen sowie einem ausführlichen Ortsverzeichnis.

Standardausstattung

Your Travel Partner

Übersichtskarte · Map key
Carta sinòttica · Overzichtkaart
Carte synoptique · Översiktskarta
Mapa sinóptico · Oversigtskort

Legende · Légende
Leggenda · Leyenda

Legend · Verklaring
Teckenförklaring · Signaturforklaring

Wohnmobil-Stellplatz
Emplacement pour camping-cars
Posto per autocaravan
Aparcadero para motocaravanas

Motorhome site
Staanplaats voor campingcars
Plats för motorcaravans
Parkeringsplads for motorcaravans

III

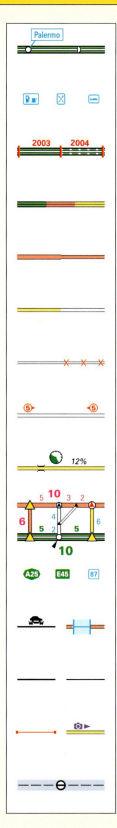

German	Italian	French	Spanish	English / Dutch / Swedish / Danish
Autobahn • Anschluss • Halb-Anschluss	Autostrada • Svincolo • Semi-svincolo	Autoroute • Echangeur • Semi-échangeur	Autopista • Acceso • Medio acceso	Motorway • Junction • Restricted junction / Autosnelweg • Aansluiting • Halve aansluiting / Motorväg • Anslutning • Ofullständig anslutning / Motorvej • Tilslutningsanlæg • Indskrænket tilslutning
Tankstelle / Bar • Restaurant • Motel	Stazione di servizio / bar • Ristorante • Motel	Station-service / bar • Restaurant • Motel	Estación de servicio / bar • Restaurante • Motel	Petrol station / bar • Restaurant • Motel / Benzinestation / bar • Restaurant • Motel / Bensinstation / bar • Restaurang • Motell / Tankanlæg / bar • Restaurant • Motel
Autobahn im Bau mit Eröffnungsdatum	Autostrada in costruzione con data d'apertura	Autoroute en construction avec date d'ouverture	Autopista en construcción con fecha de apertura	Motorway under construction with opening date / Autosnelweg in aanleg met datum van openstelling / Motorväg under byggnad med öppningsdatum / Motorvej under bygning med åbningsdato
Autostrassen	Superstrade	Routes rapides	Autovías	Dual / single carriageways / Autowegen / Motortrafikleder / Motortrafikveje
Hauptstrassen	Strade principali	Routes principales	Carreteras principales	Primary roads / Hoofdwegen / Huvudvägar / Hovedveje
Regionale-, lokale Verbindungsstrasse	Strada di collegamento regionale e locale	Route de liaison régionale ou locale	Carretera de comunicación regional, local	Main-, secondary road / Verbindingsweg regionaal, local / Regional och lokal förbindelseväg / Regionale og lokale forbindelsesvej
Nebenstrasse • Gesperrte Strasse	Strada secondaria • Strada vietata	Autre route • Route interdite	Carretera secundaria • Carretera cortada	Minor road • Closed road / Secundaire weg • Verboden weg / Övrig väg • Avstängd väg / Sidevej • Spærret vej
Gebührenpflichtige Strasse	Strada a pedaggio	Route à péage	Carretera con peaje	Toll-road / Tolweg / Avgiftsbelagd väg / Vej med betalingspligt
Pass • Offene Monate • Steigung	Passo • Mesi aperti • Pendenza	Col • Mois d'ouverture • Pente	Puerto • Meses abierto • Pendiente	Pass • Open months • Gradient / Pas • Openingsmaanden • Helling / Pass • Månadsöppen • Backe / Pas • Åben måneder • Stigning
Distanzen in Kilometern	Distanze in chilometri	Distances en kilomètres	Distancias en kilómetros	Distances in kilometers / Afstanden in kilometers / Avstånd i kilometer / Afstande i kilometer
Autobahn • Europastrasse • Nationalstrasse	Autostrada • Strada europea • Strada statale	Autoroute • Route européenne • Route nationale	Autopista • Carretera europea • Carretera nacional	Motorway • European road • National road / Autosnelweg • Europese weg • Nationale weg / Motorväg • Europaväg • Riksväg / Motorvej • Europavej • Hovedvej
Autoverlad: Bahn • Fähre	Trasporto automobili: Ferrovia • Traghetto	Transport des voitures: Voie ferrée • Bac	Transporte de automóvil: Ferrocarril • Transbordador	Car transportation: Rail • Ferry / Transport van auto's: Spoor • Veerdienst / Biltransporter: Järnväg • Färja / Biltransport: Jernbane • Færge
Eisenbahn: Hauptlinie • Nebenlinie	Ferrovia: Linea principale • Linea secondaria	Chemin de fer: Ligne principale • Ligne secondaire	Ferrocarril: Línea principal • Línea secundaria	Railway: Main line • Branch line / Spoorweg: Hoofdspoor • Zijspoor / Järnväg: Huvudlinje • Annan linje / Jernbane: Hovedstrækning • Sidebane
Luftseilbahn • Landschaftlich schöne Strecke	Funivia • Tratto di strada panoramica	Téléphérique • Parcours pittoresque	Teleférico • Ruta pintorescas	Cable car • Scenic route / Kabelbaan • Schilderachtige route / Linbana • Naturskön sträcka / Tovbane • Naturskøn rute
Staatsgrenze mit Zoll	Confine di stato con dogana	Frontière d'État avec douane	Frontera del Estado con aduana	International boundary with customs / Staatsgrens met douane / Riksgräns med tull / Rigsgrænse med told

Die Redaktion bemüht sich, die Karten trotz der ständigen Veränderungen auf aktuellem Stand zu halten, kann aber für den Inhalt keine absolute Garantie übernehmen. Für Hinweise und Beobachtungen sind wir Ihnen dankbar.

Deutsch	Symbol	Symbol	English / etc.
Flughafen • Flugplatz Aeroporto • Campo d'aviazione Aéroport • Aérodrome Aeropuerto • Aeródromo	✈	✈	Airport • Airfield Luchthaven • Vliegveld Flygplats • Flygfält Lufthavn • Flyveplads
Schloss / Burg • Ruine Castello / rocca • Rudero Château / château fort • Ruine Castillo / fortaleza • Ruina	♜	♖	Castle / stately home • Ruin Kasteel / burcht • Ruïne Slott / borg • Ruin Slot / borg • Ruin
Kirche / Kapelle • Kloster Chiesa / cappella • Monastero Eglise / chapelle • Couvent Iglesia / capilla • Monasterio	⛪	✝	Church / chapel • Monastery / convent Kerk / kapel • Klooster Kyrka / kapell • Kloster Kirke / kapel • Kloster
Einzelstehendes Hotel / Restaurant • Denkmal Albergo isolato / ristorante • Monumento Hôtel isolé / restaurant • Monument Hotel aislado / restaurante • Monumento	▲	▮	Secluded hotel / restaurant • Monument Afgelegen hotel / restaurant • Gedenkteken Enslig hotell / restaurang • Minnesmärke Ensomt beliggende hotel / restaurant • Mindesmærker
Leuchtturm • Höhle Faro • Grotta Phare • Grotte Faro • Cueva	⚓	∩	Lighthouse • Cave Vuurtoren • Grot Fyr • Grotta Fyrtårn • Hule
Golfplatz • Festungsanlage Campo da golf • Fortificazione Terrain de golf • Fortification Campo de golf • Fortificación	⛳	▫	Golf course • Fortification Golfbaan • Vesting Golfbana • Fästningsanläggning Golfbane • Fæstning
Autodrom • Pferderennbahn Circuito automobilistico • Ippodromo Circuit automobile • Hippodrome Autódromo • Hipódromo	🏎	🐎	Motor circuit • Racecourse Autocircuit • Renbaan Motorbana • Kapplöpningsbana Motorsportsbane • Hestesportsbane
Römische / griechische Ruine • Prähist. Monument Rovina romana / greca • Monumento preistorico Ruine romaine / grecque • Monument préhistorique Ruina romana / griega • Monumento prehistórico	Ⅲ	⊓	Roman / greek ruin • Prehistoric monument Romeinse / griekse ruïne • Prehistorisch monument Romersk / grekisk ruin • Förhistorisk monument Romersk / græsk ruin • Forhistorisk monument
Sehenswerter Ort • Sehenswertes Objekt Luogo d'interesse • Oggetto interessante Localité intéressante • Edifice remarquable Localidad interesante • Construcción interesante	★	▫	Place of interest • Object of interest Bezienswaardige plek • Bezienswaardigheid Sevärd ort • Sevärdhet Seværdigt sted • Seværdigt objekt
Freizeitpark • Zoo Parco ricreativo • Zoo Parc de loisirs • Jardin zoologique Parque de recreo • Zoo	🐎	🐘	Theme park • Zoo Recreatiepark • Dierentuin Nöjespark • Zoo Forlystelsespark • Zoologisk have
Panoramasicht • Schöne Aussicht Vista panoramica • Veduta Vue panoramique • Point de vue Vista panorámica • Bella vista	❋	❋	Panoramic view • Viewpoint Panorama • Mooi uitzicht Panorama • Vacker utsikt Panoramaudsigt • Udsigtspunkt
Camping • Heilbad Campeggio • Stazione termale Camping • Station thermale Camping • Balneario	▲	▲ ♨	Camp site • Health spa Camping • Kuuroord Camping • Spa Campingplads • Kursted
Natursehenswürdigkeiten • Wasserfall Curiosità naturali • Cascata Curiosités naturelles • Cascade Curiosidades naturales • Salto de agua	★ ★	≀	Natural curiosities • Waterfall Natuurmonumenten • Waterval Natursevärdheter • Vattenfall Naturseværdigheder • Vandfald
Wohnmobil-Stellplatz Emplacement pour camping-cars Posto per autocaravan Aparcadero para motocaravanas	🚐		Motorhome Staanplaats voor campingcars Plats för motorcaravans Parkeringsplads for motorcaravans

```
0     10     20     30     40     50 km
```

1:700 000

Hallwag
INTERNATIONAL

© Hallwag Kümmerly+Frey AG, CH-3322 Schönbühl-Bern

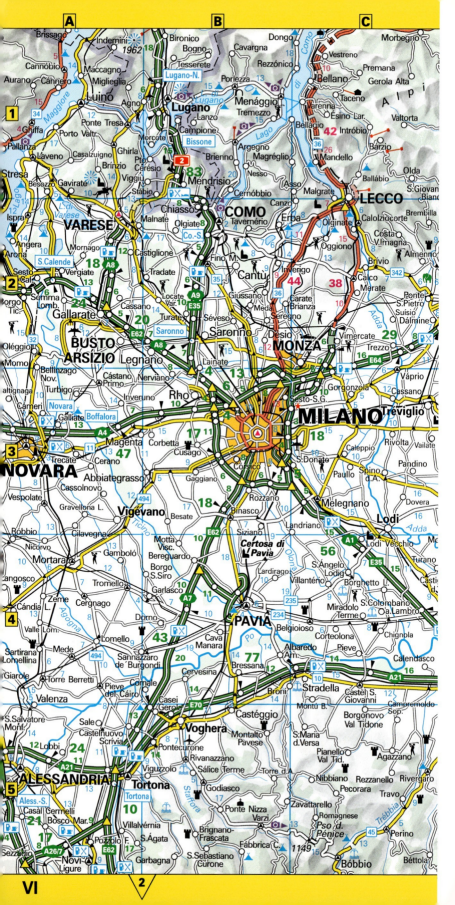

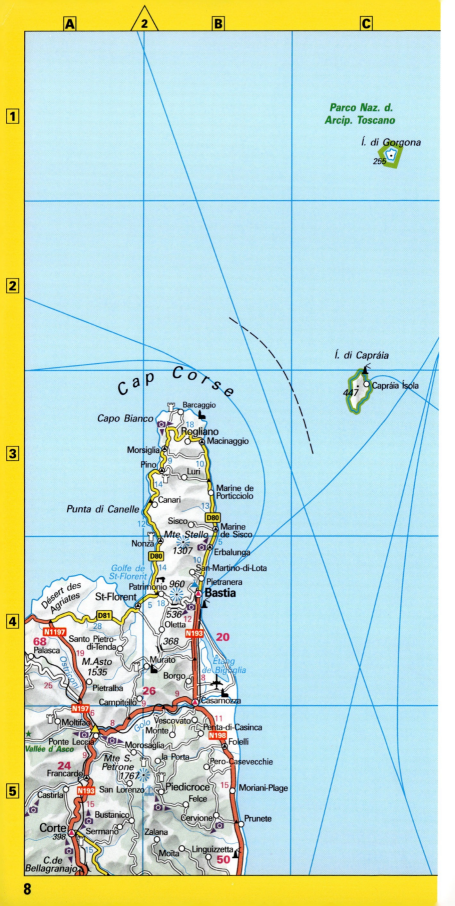

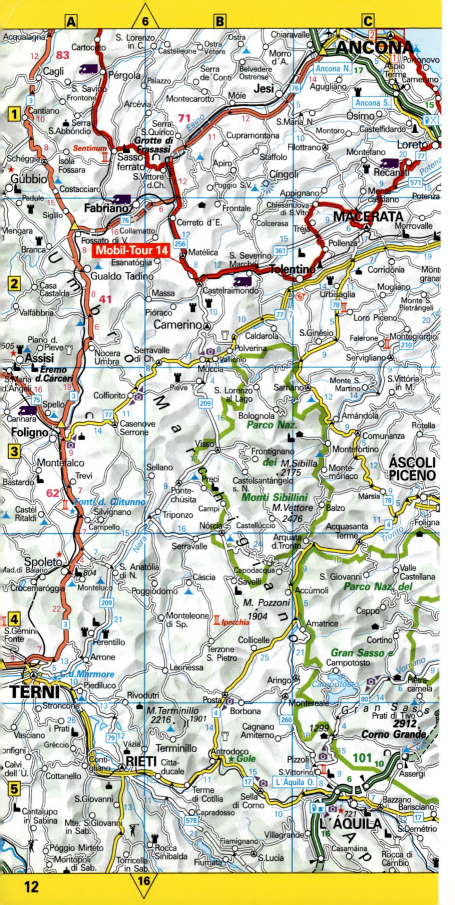

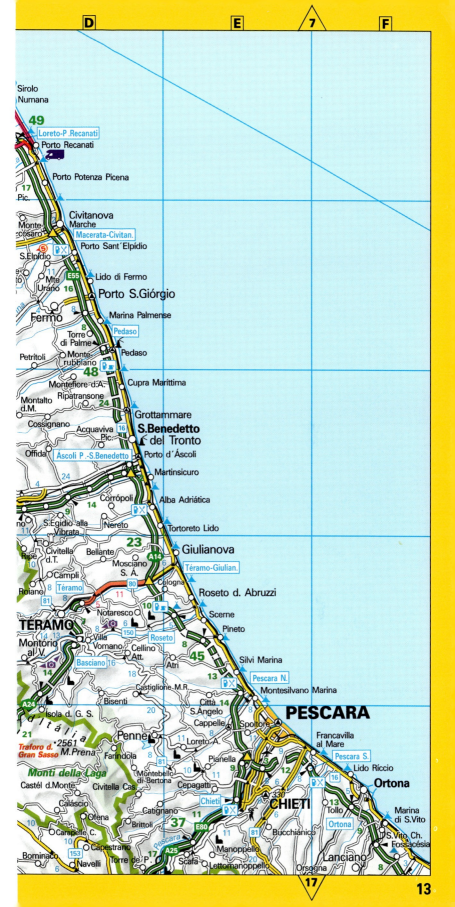

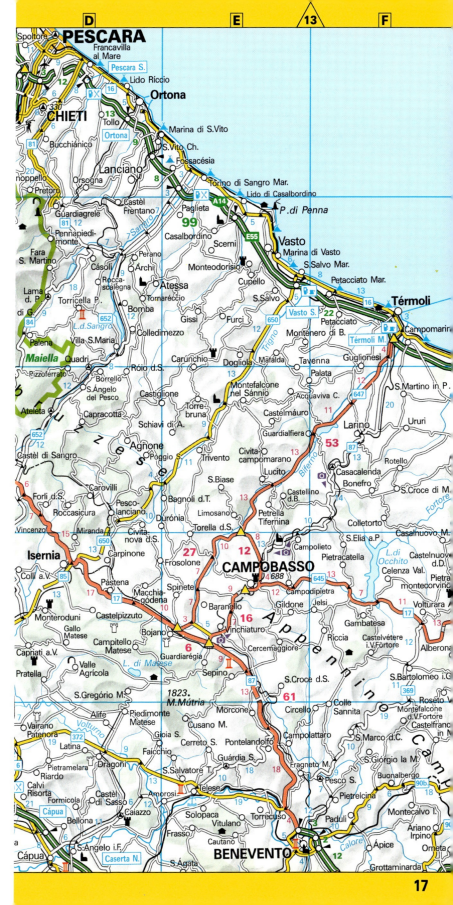

Ortsverzeichnis · Place index
Indice dei luoghi · Plaatsnamenregister
Index des lieux · Ortsforteckning
Indice de lugares · Stedsfortegnelse

A

Abbadia 14 A1
Abbadia S.Salvatore 10 C3
Abbiategrasso VI B3
Abetone 4 B3
Acciano 16 B2
Acciarella 15 E4
Accúmoli 12 C4
Acília 14 C3
Acqualagna 6 C5
Acquanegra 1 F4
Acquapendente 11 D4
Acquasanta Terme 12 C3
Acquasparta 11 F4
Acquaviva Pic. 13 D3
Acuto 15 F3
Adro 1 D2
Agazzano VI C5
Agliana 4 C4
Agugliano 7 E5
Alatri 16 A3
Alba Adriática 13 D3
Albano Laz. 15 D3
Albaredo Arn. VI B4
Albareto 3 D2
Alberese 10 B4
Alberino 5 E1
Albínia 10 B5
Albino 1 D2
Alessándria VI A5
Alfedena 16 C3
Alfero 6 B4
Alfonsine 6 B2
Allerona 11 D3
Allumiere 14 B2
Almenno S.Salv. VI C2
Alseno 1 D5
Altedo 5 E1
Altipiani di Arcinazzo 15 F3
Altopáscio 4 B4
Alviano 11 E4
Alvito 16 B3
Amándola 12 C3
Amaseno 16 A4
Amatrice 12 C4
Ambra 10 C1
Amélia 11 E4
Anagni 15 F3
Anciolina 5 E5
Ancona 7 F5
Anfo 1 F2
Angera VI A2
Anghiari 11 D1
Anguillara Sabázia 14 C2
Ansedónia 10 B5
Antignano 9 D1
Antrodoco 12 B5
Anversa d.A. 16 C2
Ánzio 15 D4
Anzola 5 D2
Apécchio 6 C5
Apiro 12 B1
Appignano 12 C1
Aprília 15 D4
Apsella 7 D4
Aquaviva 11 D2
Aquino 16 B4
Arce 16 B4
Arceto 4 B2
Arcévia 12 B1
Arcidosso 10 C3
Arcille 10 B3
Ardea 15 D4
Ardenza 9 D1
Ardésio 1 D1
Arenzano 2 A2
Arezzo 11 D1
Argegno VI B1
Argenta 6 A2

Aringo 12 B4
Arlena di Castro 11 D5
Arpino 16 B4
Arquata d. Tronto 12 C4
Arquata Scrívia 2 A1
Arrone 12 A4
Ársoli 15 E2
Artena 15 E3
Artogne 1 E2
Asciano 10 C2
Áscoli Piceno 12 C3
Ásola 1 F4
Áspio Terme 7 F5
Asseri 16 B1
Assisi 11 F2
Asso VI C1
Atina 16 C4
Atri 13 E4
Attigliano 11 E4
Aulla 3 E3
Aurunca 16 C5
Ausonia 16 B5
Avegno 2 B2
Avezzano 16 B2

B

Badagnano 3 D1
Badia 5 D2
Badia a Taona 4 C4
Badia Pratáglia 5 F5
Badia Pratáglia 6 A5
Badia Tedalda 6 B5
Bagnacavallo 5 F2
Bagnáia 14 C1
Bagni d.T. 15 E2
Bagni di Lucca 4 B4
Bagni di Petriolo 10 B2
Bagni di Stigliano 14 C2
Bagni di Vicarello 14 C2
Bagni di Viterbo 14 C1
Bagno di Romagna 5 F4
Bagnolo in Piano 4 B1
Bagnolo Mella 1 E3
Bagnone 3 E3
Bagnorégio 11 E4
Bagolino 1 F2
Báia Domízia 16 B5
Baigno 4 C3
Baiso 4 B2
Ballábio VI C1
Balsorano Nuovo 16 B3
Balze 6 B5
Balzo 12 C3
Bando 6 A1
Barberino di M. 5 D4
Barberino V.d'Elsa 10 B1
Bardi 3 D1
Barga 3 F4
Barghe 1 F2
Barigazzo 4 B3
Barisciano 16 B1
Barrea 16 C3
Bárzio VI C1
Bastardo 11 F3
Bastia U. 11 F2
Bazzano 4 C2
Bazzano 12 C5
Bedizzole 1 F3
Bedónia 3 D2
Belforte 10 B2
Belforte a.l. 6 B5
Belgioioso VI C4
Bellágio VI C1
Bellano VI C1
Bellante 13 D4

Bellária 6 C3
Bellinzago Nov. VI A3
Belvedere Ostrense 12 B1
Berceto 3 E2
Bereguardo VI B4
Bergamo 1 D2
Bertinoro 6 B3
Besate VI B3
Besozzo VI A1
Béttola 2 C1
Bettolle 7 E5
Bettona 11 F3
Bevagna 11 F3
Bibbiano 4 B1
Bibbiano 10 C2
Bibbiena 5 F5
Bibbona 9 E2
Biénna 4 B5
Binasco 15 E4
Bisegna 16 B3
Bisenti 13 D4
Bivigliano 5 D4
Blera 14 C1
Boário Terme, Darfo- 1 E1
Bóbbio 2 C1
Boccheggiano 10 B2
Bólgheri 9 E2
Bologna 5 D2
Bolognola 12 B3
Bolsena 11 D4
Bolzaneto 2 A2
Bomarzo 11 E5
Bominaco 16 B1
Bomporto 4 C1
Bonassola 2 C3
Bondone 1 F2
Borbona 12 B5
Bore 3 D1
Borello 6 B4
Boretto 1 F5
Borghetto 11 F5
Borghetto L. VI C4
Borghi 6 B4
Borgo 1 D3
Borgo a Mozzano 4 B4
Borgo Pace 6 B5
Borgo Piave 15 E4
Borgo S.Lorenzo 5 D4
Borgo S.Siro VI B4
Borgo Tossignano 5 E3
Borgo Val di Taro 3 D2
Borgonovo Val Tidone VI C5
Borgorose 15 F2
Borno 1 E1
Borselli 5 E4
Borzonasca 2 C2
Bosco 3 E2
Bosco 11 F2
Bosco Mar. 2 A1
Bósio 2 A1
Bóvegno 1 E2
Boville É. 16 B4
Bózzolo 1 F4
Braccagni 10 B3
Bracciano 14 C2
Brallo di Pregola 2 C1
Branca 12 A2
Branzi 1 D1
Bratto 1 E1
Brembilla VI C2
Breno 1 E1
Brescello 3 F1
Bréscia 1 E3
Bressana VI B4
Brienno VI B1
Brignano-Frascata VI B5
Brinzio VI A1

Brione 1 E2
Brisighella 5 E3
Brittoli 16 C1
Brivio VI C2
Broni VI B4
Brozzo 1 E2
Brugnato 3 D3
Búcine 10 C1
Búdrio 5 E2
Buggiano 4 B4
Bugnara 16 C2
Buonconvento 10 C2
Busalla 2 B2
Busana 3 E2
Busseto 1 E5
Bussi s.T. 16 C2
Busto Arsízio VI A2
Buti 4 B5

C

Cabanne 2 C2
Cabella Lígure 2 B1
Cadelbosco di Sopra 4 B1
Cagli 11 F1
Cagnano Amiterno 12 B5
Caicambiucci 11 F1
Cala Píccola 10 B5
Calambrone 4 A5
Caláscio 16 B1
Calci 4 B5
Calco VI C2
Caldarola 12 B2
Caldirola 2 B1
Calendasco VI C4
Calenzano 5 D4
Caleppio VI C3
Calestano 3 E2
Cálice a.C. 3 D3
Calolziocorte VI C2
Calvi dell'Ú. 11 F5
Camaiore 3 E4
Camerano 7 F5
Camerata Nuova 15 F2
Cámeri VI A3
Camerino 12 B2
Camisano 1 D3
Cámogli 2 B3
Campagnano di Roma 15 D2
Campagnático 10 B3
Campello 12 A3
Campi 5 D4
Campi 12 B3
Campíglia d'O. 10 C3
Campíglia Marítt. 9 E3
Campigna 5 E4
Campione VI B1
Campli 13 D4
Campo Catino 16 A3
Campo dell Osso 15 F2
Campo di G. 16 C2
Campo Felice 16 A2
Campo Lígure 2 A2
Campodimele 16 B4
Cámpoli App. 16 B3
Camporeggiano 11 F2
Campotosto 12 C4
Campremoldo Sop. VI C5
Campurgiane 3 F3
Cana 10 C3
Canepina 11 E5
Canino 14 B1
Cannara 11 F3
Cannara 12 A3
Cannero VI A1
Canneto s.Óglio 1 F4
Cannóbio VI A1

Canossa 3 F2
Cansano 16 C2
Cantagallo 4 C4
Cantalupo in Sabina 15 D1
Cantalupo Lígure 2 B1
Cantiano 12 A1
Cantù VI B2
Canzo VI C2
Caorso 1 D4
Capálbio 10 C5
Capánnoli 4 B5
Capánnori 4 B4
Capestrano 16 B1
Capistrello 16 A2
Capo di Ponte 1 E1
Capodacqua 12 B4
Capodimonte 11 D4
Capolíveri 9 E4
Capolona 11 D1
Cappadócia 16 A2
Cappelle 13 E5
Capradosso 12 B5
Capráia Ísola 8 C3
Capránica 14 C1
Caprarola 14 C1
Caprese Michelán- gelo 5 F5
Capriata d'Orba 2 A1
Capriolo 1 D2
Caramánico Terme 16 C2
Carapelle C. 16 B1
Carasco 2 C2
Carate Brianza VI B2
Caravággio 1 D3
Cardito 16 C4
Carignano 7 D4
Carínola 16 C5
Carona 1 D1
Carpaneto Piac. 1 D5
Carpegna 6 B4
Carpenédolo 1 F3
Carpi 4 C1
Carpineti 4 B2
Carpineto R. 15 F4
Carrara 3 E3
Carrega Lígure 2 B2
Carsóli 15 F2
Cartoceto 7 D5
Casa Caslalda 12 A2
Casàl Borsetti 6 B2
Casàl Cermelli VI A5
Casalbellotto 1 F5
Casalbuttano 1 D4
Casale 2 C2
Casalmaggiore 1 F5
Casalmorano 1 D4
Casaloldo 1 F4
Casalpusterlengo 1 D4
Casalromano 1 F4
Casalvieri 16 B4
Casalzuigno VI A1
Casamáina 16 B1
Casastrada 4 C5
Casazza 1 D2
Cáscia 12 B4
Casciana Terme 9 E1
Casciano 10 B2
Cáscina 4 B5
Casei VI B4
Casella 2 B2
Casemurate 6 B3
Casenove Serrone 12 A3
Casina 4 B2
Casinina 6 C4
Cásola in Lunig. 3 E3
Cásola Valsénio 5 E3

Cásole d´Elsa 10 A2
Cassano VI A2
Cassano VI C3
Cassino 16 C4
Cássio 3 E2
Cassolnovo VI A3
Castagneto Carducci 9 E2
Castagno 5 E3
Cástano Primo VI A3
Castéggio VI B5
Castel d´Aiano 4 C3
Castel I´Arquato 1 D5
Castel S. Giovanni VI C4
Castèl d.Monte 16 B1
Castél del Piano 10 C4
Castél Focognano 5 E5
Castèl Bolognese 5 E3
Castèl d.Rio 5 E3
Castèl dell´Aquila 11 E4
Castèl di C. 4 C3
Castèl Gandolfo 15 D3
Castèl Giórgio 11 D4
Castèl Madama 15 E2
Castèl Maggiore 5 D2
Castèl Rigone 11 E2
Castèl Ritaldi 12 A3
Castèl S.Pietro Terme 5 E2
Castèl S.Vincenzo 16 C3
Castèl Viscardo 11 D4
Casteldelci 6 B5
Castelfalfi 10 A1
Castelfidardo 12 C1
Castelfiorentino 4 C5
Castelforte 16 C5
Castelfranco 4 C2
Castelfranco di S. 4 B5
Castelfranco di Sopra 5 E5
Castellarano 4 B2
Castelleone 1 D4
Castelleone 7 D5
Castellina in Chianti 10 B1
Castellina Marítt. 9 E1
Castellúccio 12 B3
Castell´Azzara 10 C4
Castelnovo d.S. 4 B1
Castelnovo ne´Monti 4 B2
Castelnuovo Berardenga 10 C1
Castelnuovo di Garf. 4 A3
Castelnuovo di Porto 15 D2
Castelnuovo di V. di Cécina 10 A2
Castelnuovo Scrívia VI A5
Castelraimondo 12 B2
Castelsantángelo s. N. 12 B3
Castelvécchio Sub. 16 C2
Castelverde 1 E4
Castelvetro 1 D4
Castèlvetro di Mód. 4 C2
Castenaso 5 D2
Castenédolo 1 E3
Castiglion Fibocchi 5 E5
Castiglion Fiorentino 11 D2
Castiglioncello 9 E1

Castiglione VI A2
Castiglione 6 B3
Castiglione Chiav. 2 C3
Castiglione d.Lago 11 D2
Castiglione d.St. 1 F3
Castiglione dei Pépoli 5 D3
Castiglione della Pescáia 10 A4
Castiglione di Garf. 4 B3
Castiglione d´Adda 1 D4
Castiglione d´Orcia 10 C3
Castiglione M.R. 13 D4
Castione d.P. 1 E1
Castro d.V. 16 A4
Castrocaro Terme 6 A3
Casumaro 5 D1
Catignano 13 D5
Cattólica 7 D4
Cava Manara VI B4
Cavargna VI B1
Cave 15 E3
Cavezzo 4 C1
Cavi 2 C3
Cavo 9 E3
Cavriago 4 B1
Ceccano 16 A4
Cécina 9 E2
Cedégolo 1 E1
Celano 16 B2
Cella 6 B3
Celleno 11 E4
Céllere 11 D4
Cellino Att. 13 D4
Cento 5 D1
Centóia 11 D2
Cepagatti 13 E5
Ceppo 12 C4
Ceprano 16 B4
Cerano VI A3
Cerbáia 5 D5
Cerdomare 15 E2
Cergnago VI A4
Cernóbbio VI B1
Cerqueto 11 E3
Cerrè 3 F2
Cerrédolo 4 B2
Cerreto d´E. 12 B2
Certaldo 10 B1
Cervara di R. 15 F2
Cervaro 16 C4
Cervesina VI B4
Cervéteri 14 C2
Cérvia 6 C3
Cesano 7 E5
Cesena 6 B3
Cesenático 6 C3
Cetona 11 D3
Chianciano Terme 11 D3
Chianni 9 E1
Chiaravalle 7 E5
Chiari 1 D3
Chiávari 2 C3
Chiesanuova di S.Vito 12 C2
Chieti 13 E5
Chignola VI C4
Chiusdino 10 B2
Chiusi 11 D3
Chiusi d.Verna 6 A5
Cicagna 2 B2
Cichero 2 C2
Cicognolo 1 E4
Cilavegna VI A3
Cíngia 5 E1
Cíngoli 12 B1
Cinigiano 10 C3
Cinquale 3 E4
Cisterna di Lat. 15 E4
Città d. Vaticano 15 D3
Città d.Pieve 11 D3
Città di Castello 11 E1
Città S.Ángelo 13 E5
Cittaducale 12 B5

Cividate 1 D3
Cívita Castellana 15 D1
Civitanova Marche 13 D2
Civitavécchia 14 B2
Civitella Cas. 13 D5
Civitella di T. 13 D4
Civitella di Romagna 6 A4
Civitella in V. di Ch. 10 C1
Civitella Marítima 10 B3
Civitella Roveto 16 B3
Clusone 1 D1
Codogno 1 D4
Cogoleto 2 A2
Coiano 4 C5
Colcerasa 12 B2
Colfiorito 12 A3
Coli 2 C1
Collagna 3 E2
Collalto Sab. 15 E2
Collamatto 12 B2
Collarmele 16 B2
Colle di Tora 15 E2
Colle di Val d´Elsa 10 B1
Collécchio 3 E1
Colleferro 15 E3
Collelongo 16 B3
Collepardo 16 A3
Collesalvetti 4 B5
Collicelle 12 B4
Cóllio 1 E2
Cologna 13 D4
Colonna di Grillo 10 C2
Colonnata 3 E3
Colonnetta 11 E4
Colorno 1 F5
Comácchio 6 B1
Como VI B2
Comunanza 12 C3
Cona 5 E1
Concésio 1 E2
Configni 11 F5
Coniale 5 D3
Consándolo 5 E1
Consélice 5 F2
Consuma 5 E5
Contigliano 12 A5
Corbetta VI B3
Corciano 11 E2
Cori 15 E4
Coriano 6 C4
Corigliano 16 C5
Corignola 6 A2
Corinaldo 7 D5
Cornale VI B4
Corníglia 3 D3
Corníglio 3 E2
Corniolo 5 F4
Corréggio 4 C1
Corridónia 12 C2
Corrópoli 13 D4
Córsico VI B3
Corte Brugnatella 2 C1
Cortemaggiore 1 D5
Corteolona VI C4
Cortino 12 C4
Cortona 11 D2
Cósina 6 A3
Cossignano 13 D3
Costa V.Imagna VI C2
Costacciaro 12 A1
Cottanello 15 D1
Crema 1 D3
Cremona 1 E4
Crespino d. Lamone 5 E4
Crevalcore 5 D1
Crocefieschi 2 B2
Crocemaróggia 11 F4
Cupra Marítima 13 D3
Cupramontana 12 B1
Cura 14 C1
Cura Nuova 9 F3
Cusago VI B3

Cusércoli 5 F4
Cutigliano 4 C3

D
Dálmine VI C2
Darfo-Boário Terme 1 E1
Déiva Marina 2 C3
Dello 1 E3
Deruta 11 F3
Désio VI B2
Dezzo 1 E1
Dicomano 5 E4
Diécimo 4 B4
Dória 2 B2
Dorno VI B4
Dossena 1 D1
Dovádola 5 F3
Dovera VI C3
Dozza 5 E2

E
Empoli 4 C5
Éndine-G. 1 E2
Erba VI B2
Esanatóglia 12 B2
Ésino Lar. VI C1
Espéria 16 B5
Eur 15 D3

F
Fábbrica C. VI B5
Fábbrica 4 C1
Fabriano 12 A2
Fábrica di Roma 11 E5
Fabro 11 D3
Faenza 6 A3
Fáiti 15 E4
Falciano d.M. 16 C5
Falconara Mar. 7 E5
Falerone 12 C2
Fanano 4 C3
Fano 7 D4
Fara in Sabina 15 E2
Farindola 13 D5
Farini 2 C1
Farnese 10 C4
Faúglia 4 B5
Favale 2 B2
Felina 4 A1
Felísio 6 A2
Ferentillo 12 A4
Ferentino 15 F3
Fermignano 6 C5
Fermo 13 D2
Ferriere 2 C1
Fiamignano 12 B5
Ficulle 11 E3
Fidenza 1 E5
Fiésole 5 D4
Figline Vald. 5 D5
Filettino 15 F3
Filetto 5 F3
Filetto 6 B3
Filignano 16 C4
Filottrano 12 C1
Finale Emília 5 D1
Fino M. VI B2
Fiorentina 5 E2
Fiorenzuola d´Arda 1 D5
Firenze 5 D5
Firenzuola 5 D3
Fiuggi 15 F3
Fiumalbo 4 B3
Fiumata 15 F1
Fiumicino 14 C3
Fivizzano 3 E3
Fluno 5 E2
Focene 14 C3
Focognano 6 A4
Fogliano 15 E4
Foiano d.Chiana 11 D2
Folignano 13 D3
Foligno 11 F3
Follónica 9 F3
Fómbio 1 D4
Fondi 16 B5
Fontanélice 5 E3

Fontanellato 1 E5
Fonteblanda 10 B4
Fontécchio 16 B1
Fóppolo 1 D1
Forlì 6 A3
Forlimpópoli 6 B3
Forme 16 B2
Formello 15 D2
Fórmia 16 B5
Formígine 4 C2
Fórnoli 3 F4
Fórnoli 4 B4
Fornovo di Taro 3 E1
Fornovolasco 3 F4
Forte dei Marmi 3 E4
Fosdinovo 3 E3
Fossato di V. 12 A2
Fossombrone 7 D5
Fraine 1 E2
Francavilla al Mare 13 F5
Frascati 15 D3
Fratta Todina 11 E3
Fregene 14 C3
Frisolino 2 C3
Frontale 12 B2
Frontignano 12 B3
Frontone 12 A1
Frosinone 16 A4
Fucécchio 4 C5
Furlo 6 C5
Fusignano 6 A2

G
Gabbro 9 E1
Gabellino 10 A2
Gabícce Mare 7 D4
Gaeta 16 B5
Gaggiano VI B3
Gággio Montano 4 C3
Gaglián A. 16 B2
Gaibana 5 E1
Gaiole in Chianti 10 C1
Galeata 5 F4
Gallarate VI A2
Galleno 4 B5
Galliate VI A3
Gallicano 4 B4
Galliera 5 D1
Gallo 6 C5
Gallúccio 16 C5
Gámbara 1 E4
Gambassi Terme 10 A1
Gamboló VI A4
Gandino 1 D2
Garbagna 2 B1
Gardone 1 E2
Gardone Riv. 1 F2
Gargonza 10 C1
Garlasco VI B4
Gatteo a Mare 6 C3
Gattorna 2 B2
Gavardo 1 F2
Gavi 2 A1
Gavirate VI A1
Gavorrano 10 A3
Gazzaniga 1 D2
Gazzano 4 B3
Genazzano 15 E3
Génova 2 A2
Genzano di R. 15 D3
Gerola VI B4
Ghedi 1 E3
Ghiare 3 D2
Ghibullo 6 B2
Ghirla VI A1
Giano dell Umbria 11 F3
Giarole VI A4
Gíglio Campese 9 F5
Gíglio Castello 9 F5
Gíglio Porto 9 F5
Gióia d.M. 16 B2
Giulianova 13 E4

A
Giussano **VI** B2
Godiasco **VI** B5
Gómbito **1** D4
Gombo **3** E5
Gorgonzola **VI** C3
Gradara **7** D4
Gradoli **11** D4
Graffignano **11** E4
Gramolazzo **3** E3
Granaione **10** B3
Gravellona L. **VI** A3
Gréccio **12** A5
Greve in in Chianti **5** D5
Grezzo **3** D1
Gromo **1** D1
Groppallo **2** C1
Grosseto **10** B4
Grottaferrata **15** D3
Grottammare **13** D3
Grotte S.Stéfano **11** E4
Grotti **10** B2
Grumello **1** D2
Grumello **1** D4
Gualdo **6** B4
Gualdo Cattáneo **11** F3
Gualdo Tadino **12** A2
Guarcino **16** A3
Guardapasso **15** D4
Guardea **11** E4
Guardistallo **9** E2
Gúbbio **11** F1
Guidónia **15** E2
Guíglia **4** C2
Gussago **1** E2
Gussola **1** E5

I
i Prati **12** A5
Idro **1** F2
Igea Marina **6** C3
il Castagno **9** F1
Ímola **5** E3
Impruneta **5** D5
Incisa in V. d´Arno **5** D5
Intróbio **VI** C1
Inverigo **VI** B2
Inveruno **VI** A3
Iseo **1** E2
Ísola d. G. S. **13** D5
Ísola d. C. **2** B1
Ísola d. Liri **16** B3
Ísola d. Piano **6** C5
Ísola Fossara **12** A1
Isorella **1** E3
Ístia d´O. **10** B4
Itri **16** B5

J
Jenne **15** F3
Jesi **12** B1

L
La Spézia **3** D3
la Farnesiana **14** B2
la Lima **4** B4
la Sterza **9** F2
la Vécchia **4** B2
la Verna **5** F5
la Villa **9** D5
Láccio **2** B2
Lacona **9** D4
Ladíspoli **14** C2
Lagaro **5** D3
Lagosanto **6** B1
Lainate **VI** B2
Lajático **9** F1
Lama Mocogno **4** B3
Lamporécchio **4** C4
Landriano **VI** B3
Langhirano **3** E2
Lanúvio **15** D3
Lanzo **VI** B1
Larderello **9** F2
Lardirago **VI** B4
Lari **4** B5
Lariano **15** E3
Lastra **4** C5
Látera **11** D4
Laterina **10** C1

Latina **15** E4
Latina Scalo **15** E4
Lavagna **2** C3
Laveno **VI** A1
Lavenone **1** F2
Lavezzola **6** A2
Lavínio-Lido di Enea **15** D4
le Conie **11** D3
le Ferriere **15** E4
le Rocchette **10** A4
le Vagnole **16** C5
le Ville **11** D1
Lecce n.M. **16** B3
Lecco **VI** C2
Legnano **VI** B2
Leno **1** E3
Lénola **16** B4
Leofreni **15** F2
Leonessa **12** B4
Lérici **3** D4
Lettomanoppello **13** E5
Lévanto **2** C3
Licciana Nardi **3** E3
Licenza **15** E2
Lido Adriano **6** B2
Lido d. Estensi **6** B1
Lido d. Nazioni **6** B1
Lido d. Pini **15** D4
Lido d.Scacchi **6** B1
Lido di Camaiore **3** E4
Lido di Camaiore **4** A4
Lido di Capo Portiere **15** E4
Lido di Classe **6** B3
Lido di Dante **6** B2
Lido di Fermo **13** D2
Lido di Foce Verde **15** E4
Lido di Lolla **15** D4
Lido d. Òstia **14** C3
Lido di Pomposa **6** B1
Lido di Sávio **6** B3
Lido di Spina **6** B1
Lido di Volano **6** B1
Ligónchio **3** F3
Linaro **6** B4
Lisciano Niccone **11** E2
Livorno **3** E5
Lizzano in Bel. **4** C3
Lobbi **VI** A5
Locate nr. V. **VI** B2
Loco **2** C2
Lodi **VI** C3
Lodi Vécchio **VI** C4
Lograto **1** E3
Loiano **5** D3
Lomello **VI** A4
Lonato **1** F3
Londa **5** E4
Loreto **12** C1
Loreto A. **13** E5
Lornato **10** B1
Loro Ciuffenna **5** E5
Loro Piceno **12** C2
Lóvere **1** E2
Lovoleto **5** D2
Lucca **4** B4
Lucignano **11** D2
Luco d.M. **16** B2
Lucrézia **7** D5
Lugagnano Val d´Árda **1** D5
Lugnano **11** E4
Lugo **5** F2
Luino **VI** A1
Lumezzane **1** E2
Lunano **6** C5
L´Áquila **16** A1

M
M.Ísola **1** E2
Maccagno **VI** A1
Macchiascandona **10** A3
Macchie **11** E3
Macerata **12** C2
Macerata Féltria **6** C4/5

Maclódio **1** E3
Mad. di Baiano **12** A4
Mad.d. Bosco **6** A2
Mad.d. Fornelli **5** D3
Mad.di Baiano **11** F4
Madignano **1** D3
Madonnino **10** C2
Maenza **15** F4
Magenta **VI** B3
Magione **11** E2
Magliano **10** B4
Magliano de´Marsi **16** A2
Magliano Sabina **11** F5
Magréglio **VI** B1
Malagnino **1** E4
Malalbergo **5** E1
Malgrate **VI** C1
Malnate **VI** A2
Manciano **10** C4
Mandello **VI** C1
Manerba **1** F3
Manérbio **1** E3
Manoppello **13** E5
Manziana **14** C2
Mar. di Monte-marciano **7** E5
Mar.di Carrara **3** E4
Maranello **4** C2
Marano s. P. **4** C2
Maranola **16** B5
Marciana **9** D4
Marciana Marina **9** D3
Marciano d. Chiana **11** D2
Mariana M. **1** F4
Marina di Alberese **10** A4
Marina di Bibbona **9** E2
Marina di Campo **9** D4
Marina di Castagneto-Donorático **9** E2
Marina di Cécina **9** E2
Marina di Grosseto **10** A4
Marina di Massa **3** E4
Marina di Péscia Romana **14** A1
Marina di Pietrasanta **3** E4
Marina di Pisa **3** E5
Marina di Ravenna **6** B2
Marina Palmense **13** D2
Marina Romea **6** B2
Marina Velca **14** B1
Marino **15** D3
Marotta **7** E5
Marradi **5** E4
Marsciano **11** E3
Mársia **12** C3
Marta **11** D4
Martina Olba **2** A2
Martinengo **1** D3
Martinsicuro **13** D3
Marzabotto **5** D3
Marzeno **5** F3
Marzocca **7** E5
Masone **2** A2
Massa **3** E4
Massa **12** B2
Massa Lombarda **5** E2
Massa Marittima **9** F3
Massa Martana **11** F3
Massarosa **3** F4
Matélica **12** B2
Meda **VI** B2
Mede **VI** A4
Medesano **3** E1
Medicina **5** E2
Médole **1** F3
Méina **VI** A2

Méldola **6** B3
Melegnano **VI** C3
Meleti **1** D4
Menággio **VI** B1
Menata **6** A2
Mengara **11** F2
Mensa **6** B3
Mentana **15** D2
Merate **VI** C2
Mercatello sul Metáuro **6** B5
Mercatino Conca **6** C4
Mercato **6** B4
Meta **16** A3
Metaurília **7** D4
Mezzolara **5** E2
Mezzoldo **1** D1
Miemo **9** E1
Migliano **11** E3
Migliarino **4** A5
Migliarino **5** F1
Milano **VI** C3
Milano Marittima **6** C3
Minérbio **5** E2
Minturno **16** B5
Miradolo Terme **VI** C4
Miramare **6** C4
Misano Adriático **6** C4
Módena **4** C1
Modigliana **5** E3
Mogliano **12** C2
Móie **12** B1
Molinella **5** E2
Molini **2** A2
Molino d.P. **5** D4
Mombaróccio **7** D5
Mónchio d.Corti **3** E2
Mondávio **7** D5
Mondolfo **7** E5
Monéglia **2** C3
Monghidoro **5** D3
Monsagrati **4** B4
Monsummano Terme **4** C4
Montagnano **11** D2
Montalcino **10** C3
Montaldo d. Cos. **2** B1
Montalto d.M. **13** D3
Montalto di Castro **14** A1
Montalto Marina **14** A1
Montalto Pavese **VI** B5
Montáquila **16** C4
Monte Buono **11** E2
Monte Calderaro **6** C4
Monte Cerignone **6** C4
Monte Doménico **2** C3
Monte Romano **14** B1
Monte S. **12** C2
Monte S.Martino **12** C3
Monte S.Savino **10** C2
Montebello di Bertona **13** D5
Montebruno **2** B2
Montecarotto **12** B1
Montecassiano **12** C1
Montecastrilli **11** F4
Montecatini Terme **4** B4
Montecatini Val di Cécina **9** F1
Montécchio **4** B1
Montécchio **6** C4
Montécchio **11** E4
Montecósaro **12** C2
Montecreto **4** B3
Montefalco **12** A3

Montefano **12** C1
Montefiascone **11** D4
Montefiore d.A. **13** D3
Montefiorino **4** B2
Monteflávio **15** E2
Montefortino **12** C3
Montegiórgio **12** C2
Montegranato **13** D2
Monteguidi **10** A2
Montelánico **15** F4
Monteleone di Sp. **12** B4
Monteleone d´Orvieto **11** D3
Monteleto **11** F1
Montelibretti **15** E2
Monteluce **12** A4
Montelupo **4** C5
Montemassi **10** B3
Montemerano **10** C4
Montemónaco **12** C3
Montenero **9** E1
Montenero **10** C3
Montepiano **5** D3
Montepulciano **11** D2
Monterchi **11** E1
Montereale **12** B4
Monterénzio **5** D3
Monteriggioni **10** B1
Monteroni d´Árbia **10** C2
Monterosso al M. **3** D3
Monterotondo **15** D2
Monterotondo Marítt. **9** F2
Monterubbiano **13** D2
Montese **4** C3
Montesilvano Marina **13** E4
Montespértoli **4** C5
Montevarchi **10** C1
Monteveglio **4** C2
Monteverdi M. **9** F2
Montiano **10** B4
Monticelli d´Ongina **1** D4
Montichiari **1** F3
Monticiano **10** B2
Montieri **10** A2
Montódine **1** D4
Montone **11** E1
Montópoli **4** B5
Montópoli in Sab. **15** D1
Montório al V. **13** D4
Montoro **12** C1
Montú B. **VI** C4
Monza **VI** C2
Monzone **3** E3
Monzuno **5** D3
Morciano **6** C4
Mordano **6** A2
Morfasso **3** D1
Moricone **15** E2
Mormorola **3** D2
Mornago **VI** A2
Morro d´A. **7** E5
Morrovalle **12** C2
Mortara **VI** A4
Mosciano S. Á. **13** D4
Motta Visc. **VI** B4
Mozzánica **1** D3
Mte S. Maria **11** F1
Mte S. Vito **7** E5
Mte Urano **13** D2
Mte. S. Giovanni di Sab. **15** E1
Múccia **12** B2
Mulazzo **3** D3
Mura **4** C5
Murci **10** C4

N
Narni **11** F4
Nave **1** E2
Navelli **16** B1
Nemi **15** E3
Nepi **11** E5
Nereto **13** D3
Nérola **15** E2
Nervi **2** B2

Nerviano **VI** B3
Nesso **VI** B1
Nettuno **15** D4
Neviano d. Ard. **3** E2
Nibbiano **VI** C5
Niccone **11** E2
Nicorvo **VI** A4
Nocera Umbra **12** A2
Noceto **1** E5
Nona **1** E1
Nonántola **4** C1
Nórcia **12** B3
Norma **15** E4
Notaresco **13** D4
Novaféltria **6** B4
Novara **VI** A3
Novellara **4** B1
Novi Lígure **2** A1
Numana **7** F5

O

Ódolo **1** F2
Ofena **16** B1
Offida **13** D3
Oggiono **VI** C2
Olda **VI** C1
Olévano R. **15** E3
Olgiate **VI** B2
Olginate **VI** C2
Oltre il Colle **1** D1
Onano **11** D4
Opi **16** C3
Orbetello **10** B5
Orciano di.P. **7** D5
Orciano P. **9** E1
Orézzoli **2** C2
Oriolo R. **14** C2
Orte **11** E5
Ortimino **4** C5
Orvieto **11** E4
Orvínio **15** E2
Orzinuovi **1** D3
Ósimo **12** C1
Ospitale **4** C3
Ospitaletto **1** E3
Ostellato **5** F1
Osteria Nuova **14** C2
Ostiano **1** E4
Ostra **7** E5
Ostra Vétere **7** D5
Otrícoli **11** F5
Ottone **2** C2
Ovindoli **16** B2
Ozzano d.Emília **5** E2

P

Padule **11** F2
Pagánico **10** B3
Palágano **4** B3
Paláia **4** C5
Palanzano **3** E2
Palazzetto **10** B2
Palazzo **12** B1
Palazzo d.Pero **11** D1
Palazzolo **1** D2
Palazzuolo sul Sénio **5** E3
Palazzuolo sul Sénio **5** E3
Palestrina **15** E3
Paliano **15** E3
Palidoro **14** C3
Páncole **10** B4
Pandino **VI** C3
Panicale **11** E3
Pantalla **11** E3
Panzano **10** B1
Parma **4** A1
Parnacciano **11** E1
Parrano **11** E2
Paspardo **1** F1
Passignano sul Tras. **11** E2
Pástena **16** B4
Pastorello **3** E2
Paullo **VI** C3
Pavia **VI** B4
Pavone d.M. **1** E4
Pavullo nel Frignano **4** C3
Péccioli **9** F1

Pecorara **VI** C5
Pedaso **13** D2
Pellegrino Parmense **3** D1
Pennabilli **6** B4
Penne **13** D5
Pereta **10** B4
Pereto **15** F2
Pérgine Vald. **10** C1
Pérgola **7** D5
Perino **VI** C5
Perticara **6** B4
Perúgia **11** E2
Pésaro **7** D4
Pescáglia **3** F4
Pescara **13** E5
Pescarolo **1** E4
Pescassérоli **16** C3
Péscia **4** B4
Péscia Romana **10** C5
Péscia Romana Marina di **10** C5
Pescina **16** B2
Pescocostanzo **16** C3
Petrítoli **13** D2
Piacenza **1** D4
Piádena **1** F4
Piagge **7** D5
Piancastagnáio **10** C3
Piandelagotti **4** B3
Pianella **10** C1
Pianella **13** E5
Pianello **11** F1
Pianello Val Tid. **VI** C5
Piano d. Pieve **11** F2
Pianoro **5** D2
Pianosa **9** D4
Piansano **11** D4
Piazza al Sérchio **4** A3
Piazza al Sérchio **4** A3
Piazza Brembana **1** D1
Piazzatorre **1** D1
Piazze **11** D3
Piccione **11** F2
Picinisco **16** C4
Pico **16** B4
Piediluco **12** A4
Piegaro **11** E3
Pienza **10** C2
Pietracamela **12** C4
Pietráia **4** C3
Pietralunga **11** F1
Pietramala **5** D3
Pietrángeli **12** C2
Pietrasanta **3** E4
Pieve **VI** C4
Pieve **11** D1
Pieve del Cáiro **VI** A4
Pieve di Cento **5** D1
Pieve d'O. **1** E4
Pieve S. Stefano **6** B5
Pieve S. Stefano **5** F5
Pieve T. **12** B3
Pievepélago **4** B3
Pievescola **10** B2
Píglio **15** F3
Pignone **3** D3
Pilastro **4** A1
Pinarella **6** C3
Pineto **13** E4
Pióbbico **6** C5
Piombino **9** E3
Pióraco **12** B2
Pisa **3** F5
Pisogne **1** E2
Pistóia **4** C4
Pitigliano **10** C4
Piúbega **1** F4
Pizzighettone **1** D4
Pízzoli **12** C5
Pizzone **16** C3
Podenzano **1** D5
Pofi **16** B4

Poggibonsi **10** B1
Poggio S. V. **12** B1
Póggio a Caiano **4** C4
Póggio Mirteto **15** D1
Póggio Renático **5** E1
Poggiodomo **12** B4
Poggioferro **10** B4
Polésine **1** E4
Poli **15** E3
Polinago **4** B3
Pollenza **12** C2
Polverina **12** B2
Pomarance **9** F2
Pomézia **15** D3
Pomonte **9** D4
Pompiano **1** E3
Ponsacco **4** B5
Pontassieve **5** D5
Ponte a Moriano **3** F4
Ponte d'Ólio **1** D5
Ponte Nizza **VI** B5
Ponte S.Pietro **VI** C2
Ponte Tresa **VI** A1
Ponteceno **2** C2
Pontechúsita **12** B3
Pontecorvo **16** B4
Pontecurone **VI** B5
Pontedédcimo **2** A2
Pontedera **4** B5
Ponteginori **9** F2
Pontenure **1** D5
Pontepetri **4** C4
Pontevico **1** E4
Pontínia **15** F4
Pontrémoli **3** D2
Popiglio **4** B4
Pópoli **16** C2
Poppi **5** E5
Populónia **9** E3
Porlezza **VI** B1
Porretta Terme **4** C3
Pórtico di Rom. **5** E4
Porto Azzurro **9** E4
Porto d'Ascoli **13** D3
Porto Ércole **10** B5
Porto Garibaldi **6** B1
Porto Potenza Picena **13** D1
Porto Recanati **13** D1
Porto S.Giórgio **13** D2
Porto S.Stefano **10** B5
Porto Sant'Elpídio **13** D2
Porto Valtr. **VI** A1
Portoferráio **9** D3
Portofino **2** B3
Portomaggiore **6** A1
Portonovo **7** F5
Portovénere **3** D4
Portoverrara **6** A1
Posta **12** B4
Potenza Pic. **12** C1
Povíglio **4** B1
Pozzáglia Sab. **15** E2
Pozzolo F. **2** A1
Pozzuolo **11** D2
Pradovera **2** C1
Pralboino **1** E4
Prati di Tivo **12** C5
Prato **5** D4
Pràtola P. **16** C2
Pratolino **5** D4
Pratovécchio **5** E5
Preci **12** B3
Predáppio **6** A3
Préggio **11** E2
Prelerna **3** D1
Premana **VI** C1
Premilcuore **6** A4
Prignano **4** B2
Prima Porta **15** D2
Principina a Mare **10** A4
Privervo **15** F4
Prócchio **9** D4
Propata **2** B2
Prossedi **15** F4
Prováglio **1** F2

Prunetta **4** C4
Pte alla Chiassa **5** F5
Pte.Nossa **1** D1
Pto Cerésio **VI** A1
Puianello **4** B2
Punta Ala **10** A3
Sab. **15** E2

Q

Quarrata **4** C4
Quarto **6** B4
Quattro Castella **4** B2
Quercianella **9** E1
Quinzano **1** E3

R

Róbbio **VI** A3
Rho **VI** B3
Rozzano **VI** B3
Rivanazzano **VI** B5
Rezzónico **VI** C1
Rivolta **VI** C3
Rezzanello **VI** C5
Rivergaro **VI** C5
Romagnese **VI** C5
Ricengo **1** D3
Roccafranca **1** D3
Romanengo **1** D3
Romano **1** D3
Rudiano **1** D3
Riva di Solto **1** E2
Rezzato **1** E3
Rovato **1** E3
Robecco **1** E4
Roccabianca **1** E5
Rivarolo Mant. **1** F4
Rapallo **2** B2
Recco **2** B2
Riccò **2** B2
Ronco S. **2** B2
Rezzóaglio **2** C2
Rovegno **2** C2
Riccò **3** D3
Riomaggiore **3** D3
Ramiseto **3** E2
Ranzano **3** E2
Réggio Nell Emilia **4** B1
Rotéglia **4** B2
Rubiera **4** C1
Riola **4** C3
Rivara **5** F1
Riovéggio **5** D3
Rignano **5** D5
Riolo Terme **5** E3
Razzuolo **5** E4
Rúfina **5** E4
Reggello **5** E5
Rocca Ricc. **5** E5
Rovereto **5** F1
Russi **5** F2
Rocca S. Casciano **5** F4
Rássina **5** F5
Ravenna **6** B2
Riccione **6** C4
Rímini **6** C4
Riparbella **9** E1
Rosignano Marítt. **9** E1
Rosignano Solvay **9** E1
Rio Marina **9** E3
Riotorto **9** E3
Ribolla **10** A3
Radda in Chianti **10** B1
Radicóndoli **10** B2
Rosia **10** B2
Roccastrada **10** B3
Roselle **10** B3
Rapolano Terme **10** C2
Rigutino **11** D1
Ríccio **11** D2
Radicófani **11** D3
Ronciglione **11** E5
Rivodutri **12** A4
Recanati **12** C1

Rotella **12** C3
Ripatransone **13** D3
Ripe **13** D4
Roiano **13** D4
Roseto d. Abruzzi **13** E4
Rignano Flamínio **15** D2
Roma **15** D2
Rieti **15** E1
Rocca Sinibalda **15** E1
Rocca di Papa **15** E3
Rocca Massima **15** E3
Rocca Priora **15** E3
Roccagorga **15** F4
Rocca di Cámbio **16** B1
Rendinara **16** B3
Roccasecca **16** B4
Raiano **16** C2
Rivisóndoli **16** C3
Roccaraso **16** C3
Roccamonfina **16** C5

S

Savignone **2** B2
Salsomaggoire Terme **3** D1
Sarzana **3** E3
Scandiano **4** B2
Sassuolo **4** C2
Savigno **4** C2
Sambuca P. **4** C3
Sammartini **5** D1
Sasso Marconi **5** D2
Sassonero **5** D3
Savignano sul Rubicone **6** B3
Sávio **6** B3
Sársina **6** B4
Sansepolcro **6** B5
Saludécio **6** C4
Santarcángelo di Rom. **6** C4
Sassocorvaro **6** C5
Sassa **9** E2
Sassetta **9** E2
Saline di Volterra **9** F1
Sambuca **10** B1
Satúrnia **10** C4
Sarteano **11** D3
Sassoferrato **12** A1
Savelli **12** B4
Sarnano **12** C3
Sasso **14** C2
Sabáudia **15** E5
Santopadre **16** B4
Scafa **16** C1
Sannazzaro de´Burgondi **VI** A4
Sale **VI** A5
Saronno **VI** B2
Sálice Terme **VI** B5
Sárnico **1** D2
Sale Marasino **1** E2
Sábbio **1** F2
Salò **1** F2
Sabbioneta **1** F5
Somma Lomb. **VI** A2
Seregno **VI** B2
Séveso **VI** B2
Sesto-S.G. **VI** B3
Siziano **VI** B3
Suísio **VI** C2
Spino d. A. **VI** C3
Stradella **VI** C4
Serina **1** D1
Spiazzi **1** D1
Selvino **1** D2
Seriate **1** D2
Sergnano **1** D3
Soncino **1** D3
Soresina **1** D4
Schilpário **1** E1
Scandolara Ravara **1** E4
Seniga **1** E4
Soarza **1** E4
Sissa **1** E5
Soragna **1** E5
Storo **1** F1
Serravalle Scrívia

2 A1
Silvano d´O. 2 A1
Serra 2 B2
Sori 2 B2
Selva 2 C2
Sestri Levante 2 C3
Solignano 3 D2
Stradella 3 D2
Sesta Godano 3 D3
Schia 3 E2
Sillano 3 E3
Seravezza 3 E4
Sórbolo 4 B1
Stáffoli 4 B5
Soliera 4 C1
Sorbara 4 C1
Serramazzoni 4 C2
Spilamberto 4 C2
Séstola 4 C3
Serravalle P. 4 C4
Signa 4 C5
Scarperia 5 D4
Sesto Fior. 5 D4
Strada in Chianti 5 D5
Spazzate 5 E2
Scarzana 5 E4
Stia 5 E4
Spinello 6 A4
Strada S.Zeno 6 A4
Subbiano 6 A5
Sorrívoli 6 B3
Sogliano al Rubicone 6 B4
Sestino 6 B5
Scapezzano 7 E5
Senigállia 7 E5
Sirolo 7 F5
Suvereto 9 E2
Serrazzano 9 F2
Scarlino 9 F3
Stággia 10 B1
Siena 10 B2
Sovicille 10 B2
Sticciano 10 B3
Scansano 10 B4
Sinalunga 10 C2
Seggiano 10 C3
Selva 10 C3
Semproniano 10 C4
Sorano 10 C4
Sovana 10 C4
Soriano nel Cimino 11 E5
Schéggia 11 F1
Serravalle di Carda 11 F1
Serra S.Abbóndio 12 A1
Serravalle di Ch. 12 A2
Sigillo 12 A2
Silvignano 12 A3
Spello 12 A3
Spoleto 12 A4
Stroncone 12 A5
Serra de´Conti 12 B1
Serra S.Quírico 12 B1
Stáffolo 12 B1
Sellano 12 B3
Serravalle 12 B4
Sella di Corno 12 B5
Servigliano 12 C2
Scerne 13 E4
Silvi Marina 13 E4
Spoltore 13 E5
Sutri 14 C1
Segni 15 E3
Sermoneta 15 E4
Sgúrgola 15 F3
Subiaco 15 F3
Sezze 15 F4
Scúrcola M. 16 A2
Sonnino 16 A4
Supino 16 A4
Sora 16 B3
Scáuri 16 B5
Sperlonga 16 B5
Sub. 16 C2
Sulmona 16 C2
Scanno 16 C3
Settefrati 16 C3
Sessa 16 C5

Sparanise 16 C5

St

S. Ágata VI A5
S. Ágata Féltria 6 B4
S. Agostino 5 D1
S. Alberto 6 B2
S. Ambrógio 4 C2
S. Anatólia di N. 12 A4
S. Andrea 16 C5
S. Andrea Bagni 3 E1
S. Angelo R. 15 E2
S. Ángelo 7 D4
S. Ángelo in Vado 6 C5
S. Ángelo Lodig VI C4
S. Anna P. 4 B3
S. António 4 C2
S. António 5 E2
S. Benedetto d.M. 16 B2
S. Benedetto del Tronto 13 D3
S. Benedetto in Alpe 5 E4
S. Benedetto Querceto 5 D3
S. Biagio 5 F2
S. Biágio S. 16 C4
S. Carlo 2 A2
S. Casciano dei Bagni 11 D3
S. Casciano in V.di P. 5 D5
S. Cassiano 5 E3
S. Colombano a.Lambro VI C4
S. Costanzo 7 D5
S. Croce sull´Arno 4 C5
S. Daniele Po 1 E4
S. Demétrio 16 B1
S. Donato VI C3
S. Donato V.di C. 16 C3
S. Egidio alla Vibrata 13 D3
S. Élia Fium. 16 C4
S. Elpídio 13 D2
S. Eufémia a M. 16 C2
S. Felice 1 F2
S. Felice Circeo 15 F5
S. Fiora 10 C3
S. Gabriele 5 E1
S. gata s. Santerno 5 F2
S. Gémini 11 F4
S. Gémini Fonte 11 F4
S. Giac. 1 D3
S. Gimignano 10 A1
S. Ginésio 12 C2
S. Giórgio a.L. 16 B4
S. Giórgio di Piano 5 D1/2
S. Giórgio Piac. 1 D5
S. Giov.d. Pantano 11 E2
S. Giovanni 12 A5
S. Giovanni 12 C4
S. Giovanni Bianco 1 D1
S. Giovanni in C. 1 F4
S. Giovanni in Pers. 5 D1
S. Giovanni Inc. 16 B4
S. Giovanni Valdarno 5 E5
S. Giuliano Terme 3 F5
S. Giustino 11 E1
S. Godenzo 5 E4

S. Gregório da S. 15 E3
S. Ilário d´E. 3 F1
S. Leo 6 B4
S. Lorenzo al Lago 12 B3
S. Lorenzo in C. 7 D5
S. Lorenzo Nuovo 11 D4
S. Luce 9 E1
S. Lucia 15 F1
S. Marcello P. 4 C4
S. Margherita 2 B3
S. Maria d. Rispéscia 10 B4
S. Maria d.Angeli 11 F3
S. Maria d.Versa VI C5
S. Maria N. 12 C1
S. Marinella 14 B2
S. Marino 6 C4
S. Martino 1 D4
S. Martino 4 C1
S. Martino in Colle 11 E3
S. Miniato 4 C5
S. Nicoló 5 E1
S. Pellegrino Terme 1 D2
S. Piero a Sieve 5 D4
S. Piero in B. 6 A4
S. Pietro in Camp. 6 B3
S. Pietro in Casale 5 D1
S. Pietro Vara 2 C3
S. Polo d´Enza 4 B1/2
S. Quírico d´Órcia 10 C3
S. Savino 12 A1
S. Sebastiano Curone 2 B1
S. Secondo Parmense 1 E5
S. Severa 14 B2
S. Severino Marche 12 B2
S. Sofia 6 A4
S. Stéfano di M. 3 D3
S. Stéfano d´Áveto 2 C2
S. Venanzo 11 E3
S. Vincenzo 9 E2
S. Vito R. 15 E3
S. Vittore d.Ch. 12 B1
S. Vittória in M. 12 C3
S. Vittorino 12 C5

T

Trecate VI A3
Turbigo VI A3
Torre Berretti VI A4
Tromello VI A4
Tortona VI A5
Tremezzo VI B1
Tavernério VI B2
Tradate VI B2
Turate VI B2
Torre d.A. VI B5
Taceno VI C1
Trezzo VI C2
Tréviglio VI C3
Turano VI C4
Travo VI C5
Trescore Bal. 1 D2
Travagliato 1 E3
Tórmini 1 F2
Toscolano-Maderno 1 F2
Treviso B. 1 F2
Torríglia 2 B2
Tarsogno 2 C2
Tellaro 3 D4
Tabiano Bagni 3 E1
Torrechiara 3 E1
Tizzano V.Parma 3 E2

Torre d. Lago Puccini 3 E4
Traversétolo 4 A1
Tirrénia 4 A5
Toano 4 B2
Tereglio 4 B3
Tredózio 5 E3
Talla 5 E5
Terranuova Bracc. 5 E5
Tresigallo 5 F1
Teodorano 6 B3
Tavoleto 6 C4
Tavernelle 7 D5
Terme d. Bagnolo 9 F2
Tatti 10 A3
Tirli 10 A3
Torniella 10 B2
Talamone 10 B4
Torrenieri 10 C2
Triana 10 C4
Torrita di Siena 11 D2
Tuoro s.T. 11 D2
Tuscánia 11 D5
Trestina 11 E1
Tavernelle 11 E3
Todi 11 E4
Torgiano 11 F3
Terni 11 F4
Trevi 12 A3
Tolentino 12 B2
Triponzo 12 B3
Terzone S.Pietro 12 B4
Terme di Cotília 12 B5
Terminillo 12 B5
Tréia 12 C2
Torre di Palme 13 D2
Téramo 13 D4
Tortoreto Lido 13 E3
Tarquínia 14 B1
Tarquínia Lido 14 B1
Tolfa 14 B2
Trevignano Romano 14 C2
Tor Vaiánica 15 D4
Torricella in Sab. 15 E1
Tívoli 15 E2
Tagliacozzo 16 A2
Trevi n.L. 16 A3
Terracina 16 A5
Trasacco 16 B2
Torre de´P. 16 C1
Tocco da C. 16 C2
Terelle 16 C4
Teano 16 C5
Terme di Súio 16 C5

U

Urgnano 1 D2
Úscio 2 B2
Urbánia 6 C5
Urbino 6 C5
Umbértide 11 E2
Urbiságlia 12 C2

V

Varese VI A2
Vergiate VI A2
Vespolate VI A3
Vigévano VI A3
Valenza VI A4
Valle Lom. VI A4
Viggiù VI B1
Varzi VI B5
Viguzzolo VI B5
Voghera VI B5
Valtorta VI C1
Varenna VI C1
Vestreno VI C1
Vimercate VI C2
Vailate VI C3
Váprio VI C3
Villantério VI C4
Valcanale 1 D1
Verdello 1 D2
Villa d´A. 1 D2
Vígolo Marchese 1 D5
Valbondione 1 E1

Villa 1 E1
Vilminore d.S. 1 E1
Verolanuova 1 E3
Viarolo 1 E5
Valle Dorizzo 1 F1
Vestone 1 F2
Vobarno 1 F2
Viadana 1 F5
Villalvérnia 2 A1
Voltággio 2 A2
Voltri 2 A2
Vignole Bor. 2 B1
Vóbbia 2 B2
Varese Lígure 2 C2
Varsi 3 D1
Vernasca 3 D1
Villafranca in Lunig. 3 D3
Vezzano 3 E2
Varano 3 E3
Vinca 3 F3
Viaréggio 3 E4
Vetto 3 F2
Viano 3 F2
Vico 4 A2
Vecchiano 4 A5
Viano 4 B2
Villa Minozzo 4 B3
Vico Pancellorum 4 B4
Villa Basílica 4 B4
Vignola 4 C2
Vergato 4 C3
Vellano 4 C4
Vinci 4 C5
Vado 5 D3
Váglia 5 D4
Vaiano 5 D4
Vérnio 5 D4
Vigarano 5 E1
Vícchio 5 E4
Víllore 5 E4
Vallombrosa 5 E5
Voghiera 6 A1
Verghereto 6 A4
Viserba 6 C3
Verúcchio 6 C4
Vada 9 E2
Venturina 9 E3
Valpiana 9 F3
Volterra 10 A1
Valiano 11 D2
Valentano 11 D4
Volterrano 11 E1
Valle Dame 11 E2
Vignanello 11 E5
Viterbo 11 E5
Vitorchiano 11 E5
Valfábbria 11 F2
Vasciano 11 F5
Vázia 12 A5
Vallichio 12 B2
Visso 12 B3
Valle Castellana 12 C4
Villa Vomano 13 D4
Vejano 14 C1
Vetralla 14 C1
Vicovaro 15 E2
Valmontone 15 E3
Velletri 15 E3
Vallepietra 15 F3
Villagrande 16 A1
Véroli 16 A3
Vallecorsa 16 A4
Villa-Vallelonga 6 B3
Villalago 16 C3
Villetta Barrea 16 C3
Venafro 16 C4
Villa Latina 16 C4

Z

Zeme VI A4
Zavattarello VI C5
Zogno 1 D2
Zone 1 E2
Zeri 3 D2
Zum Zeri 3 D2
Zignago 3 D3
Zappolino 4 C2
Zocca 4 C2
Zagarolo 15 E3

22

Regionen und Provinzen · Regions and provinces
Regioni e province · Regio's en provincies
Régions et provinces · Regioner och provinser
Regiones y provincias · Regioner og provinser

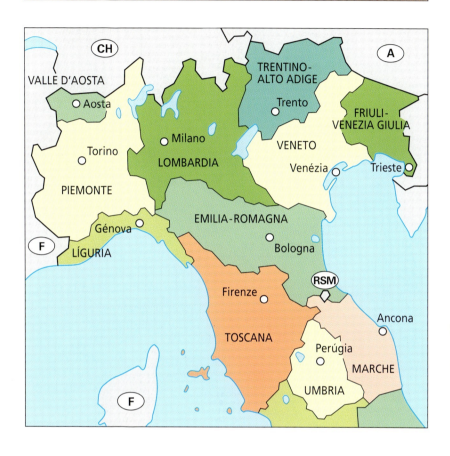

REGIONI E PROVINCE	Sigla automobile		
TOSCANA 22 992 km2		**FRIULI - VENÉZIA GIULIA** 7 846 km2	
Arezzo	AR	Gorízia	GO
Firenze	FI	Pordenone	PN
Grosseto	GR	**Trieste**	TS
Livorno	LI	Údine	UD
Lucca	LU		
Massa Carrara	MS	**LÍGURIA** 5 416 km2	
Pisa	PI	**Génova**	GE
Pistóia	PT	Impéria	IM
Siena	SI	La Spézia	SP
		Savona	SV
MARCHE 9 693 km2			
Ancona	AN	**LOMBARDIA** 23 856 km2	
Áscoli Piceno	AP	Bergamo	BG
Macerata	MC	Bréscia	BS
Pésaro e Urbino	PS	Como	CO
		Cremona	CR
EMILIA-ROMAGNA 22 123 km2		Mantova	MN
Bologna	BO	**Milano**	MI
Ferrara	FE	Pavia	PV
Forlì	FO	Sóndrio	SO
Módena	MO	Varese	VA
Parma	PR		
Piacenza	PC		
Ravenna	RA		
Réggio nell'Emilia	RE		

PIEMONTE 25 399 km2	
Alessándria	AL
Asti	AT
Cúneo	CN
Novara	NO
Torino	TO
Vercelli	VC
TRENTINO - ALTO ADIGE 13 618 km2	
Bolzano	BZ
Trento	TN
UMBRIA 8 456 km2	
Perúgia	PG
Terni	TR
VALLE D'AOSTA 3 262 km2	
Aosta	AO
VENETO 18 364 km2	
Belluno	BL
Pádova	PD
Rovigo	RO
Treviso	TV
Venézia	VE
Verona	VR
Vicenza	VI

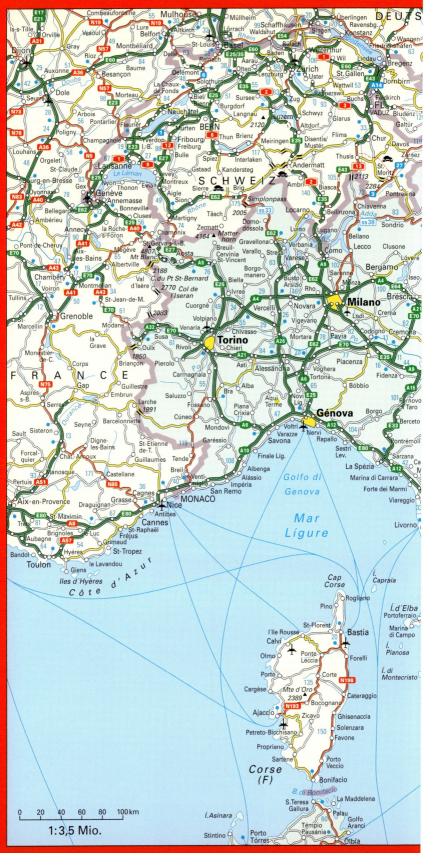

I	Italien / Italia / Italy / Italie

ZOLL / DOGANA

( ) = Einfuhr aus EU-Ländern.
Importazione dai paesi dell'UE.
Importation from EU-countries.
Importation des pays de l'UE.
(–) unbeschränkt / illimitato / unrestricted / illimité

200 (800)	50 (200) oder/o/or	250 g (1 kg) oder/o/or

| 500 g (–) | 100 g (–) | 50 g (–) | 2 (20) l | 1 (10) l | € 175.– (–) | 10 l |

ZOLL / DOGANA

Id = Identitätskarte / Carta d'identità / Identity card / Carte d'identité
P = Pass / Passaporto / Passport / Passeport
V = Visum / Visto / Visa / Visa

	☏→Ⓘ	←Ⓘ		☏→Ⓘ	←Ⓘ		☏→Ⓘ	←Ⓘ
Ⓐ	Id	00 39	00 43	ⒻⒾⓃ	P	00 39	00 358	ⓃⓁ	Id	00 39	00 31
Ⓑ	Id	00 39	00 32	ⒼⒷ	P	00 39	00 44	Ⓟ	Id	00 39	00 351
ⒷⒼ	PV	00 39	00 359	ⒼⓇ	Id	00 39	00 30	⒫Ⓛ	P	00 39	00 48
ⒸⓀ	Id	00 39	00 41	Ⓗ	P	00 39	00 36	ⓇⓄ	PV	00 39	00 40
ⒸⓏ	P	00 39	00 420	ⒽⓇ	P	00 39	00 385	Ⓢ	P	00 39	00 46
Ⓓ	P	00 39	00 49	Ⓘ	–	–	–	ⓈⓀ	P	00 39	00 421
ⒹⓀ	P	00 39	00 45	ⒾⓇⓁ	P	00 39	00 353	ⓈⓁⓄ	Id	00 39	00 386
Ⓔ	Id	00 39	00 34	Ⓛ	Id	00 39	00 352	ⓉⓇ	PV	00 39	00 90
Ⓕ	Id	00 39	00 33	Ⓝ	P	00 39	00 47	ⓊⓈⒶ	P	011 39	00 1

1 € (Euro) = 100 Euro Cents

€ 500 200 100 50 20 10 5 2 1
Cents 50 20 10 5 2 1

50 km/h | 90/110 (90*) km/h | 130 (120*) km/h → Pedaggio

*mit / with Spikes;
con pneumatici chiodati

0,5 ‰ | Spikes / Pneumatici chiodati / Pneus à clous
🄵🅂 - Milano ☏ 02 / 6 37 11 | 15.11.–15. 3.

Automobile Club d'Italia (ACI), Via Marsala 8, I-00185 Roma, ☏ 06 / 49 17 16
Touring Club Italiano (TCI), Corso Italia 10, I-20122 Milano, ☏ 02 / 535 99 71

Ente Nazionale Italiano per il Turismo (ENIT), Via Marghera 2, I-00185 Roma, ☏ 06 / 4 97 11

Ⓐ Staatliches Italienisches Fremdenverkehrsamt
Kärntnerring 4, A-1010 Wien
☏ 1 / 505 16 39

Ⓕ Office National Italien du Tourisme
23, rue de la Paix; F-75002 Paris
☏ 01 / 42 66 66 68

Ⓑ Office National Italien du Tourisme
176, avenue Louise; B-1050 Bruxelles
☏ 2 / 647 11 54

ⒼⒷ Italian State Tourist Board
1 Princes Street, GB-London W1R 8AY
☏ 20 / 74 08 12 54

ⒸⓀ Staatliches Italienisches Fremdenverkehrsamt
Uraniastrasse 32, CH-8001 Zürich,
☏ 01 / 211 30 31

ⓃⓁ Nationaal Italiaans Verkeersbureau
Stadhouderskade 2
NL-1054 ES Amsterdam, ☏ 20 / 616 82 46

Ⓓ Staatliches Italienisches Fremdenverkehrsamt
Kaiserstrasse 65, D-60329 Frankfurt/Main
☏ 69 / 23 74 34

Ⓢ Italienska Statens Turistbyrå
Strandvägen 7/a, Box 14040
S-104 40 Stockholm 14, ☏ 8 / 667 99 30

Ⓔ Organismo Oficial Italiano para el Turismo
Edificio España, Gran Vía 84, 1°-of.1
E-28013 Madrid, ☏ 91/ 559 97 50

ⓊⓈⒶ Italian Government Tourist Board
630 Fifth Avenue, Suite 1565, New York
NY-10111, ☏ 212 / 245 56 18

Federcampeggio
Via V. Emanuele 11, Casella postale 23
I-50041 Calenzano (FI), ☏ 055 / 88 23 91

⚡ 220V

🕐 11.–3. MEZ
4.–10. MEZ +1h

SOS
Polizei / Polizia
112 | 115 | 118 | 112 | 116

Transitpläne · Transit maps
Piante di transito · Transitkaarten
Plans de transit · Genomfartskartor
Mapas de tránsito · Transitkort

Elba	28-29	32	Livorno
Florenz	30-31	33	Pisa
Ancona	32	33	Siena

Bezeichnung der Ausfallstrassen Indicazione delle strade di uscita Indication des routes de sortie Denominación de carreteras de salida		Indication of arterial roads Aanduiding van uitvalswegen Beteckning för utfartsleder Betegnelse for udfaldsveje
Informationsbüro · Polizei Ufficio d' informazione · Polizia Office de tourisme · Police Oficina de turismo · Policía		Information centre · Police Informatie voor toeristen · Politie Turistinformation · Polis Turistbureau · Politi
Post · Jugendherberge Posta · Ostello della gioventù Poste · Auberge de jeunesse Correos · Albergue juvenil		Post office · Youth hostel Postkantoor · Jeugdherberg Post · Vandrarhem Post · Vandrerhjem
Bahnhof · Autoreisezug Stazione · Servizio navetta per auto Gare · Service auto-train Estación · Servicio auto-tren		Railway station · Car transporting train Station · Autoslaaptrein Järnvägsstation · Biltåg Banegård · Biltog
Schiffsanlegestelle · Jachthafen Debarcadero · Porto per i panfili Débarcadère · Port de plaisance Desembarcadero · Puerto deportivo		Docking · Yacht harbour Aanlegplaats voor schepen · Jachthaven Båtbrygga · Hamn för fritidsbåtar Anløbssted · Lystbådehavn
Bad · Hallenbad Bagno all' aperto · Piscina coperta Baignade · Piscine couverte Playa · Piscina cubierta		Bathing · Swimming-pool Zwemgelegenheid · Overdekt zwembad Bad · Simhall Bad · Svømmehal
Spital · Theater Ospedale · Teatro Hôpital · Théâtre Hospital · Teatro		Hospital · Theatre Ziekenhuis · Theater Sjukhus · Teater Sygehus · Teater
Botanischer Garten · Zoo Giardino botanico · Zoo Jardin botanique · Zoo Jardín botánico · Zoo		Botanical garden · Zoo Botanische tuin · Dierentuin Botansk trädgård · Zoo Botanisk have · Zoologisk have
Altstadt Città vecchia Vieille ville Ciudad antigua		Old city Oude stad Gamla stad Gamle by

Ísola d´Elba

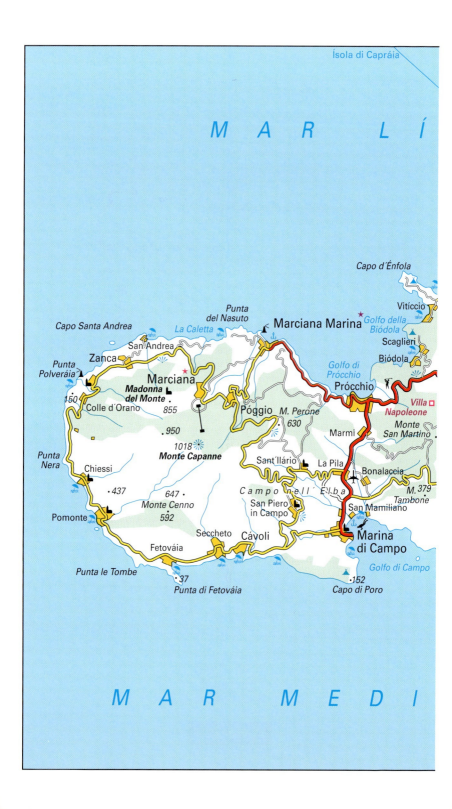

Ísola d´Elba

Firenze

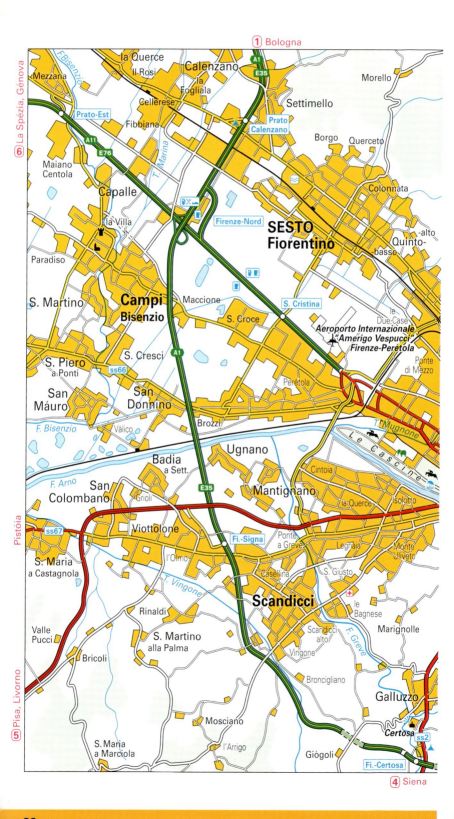

Firenze

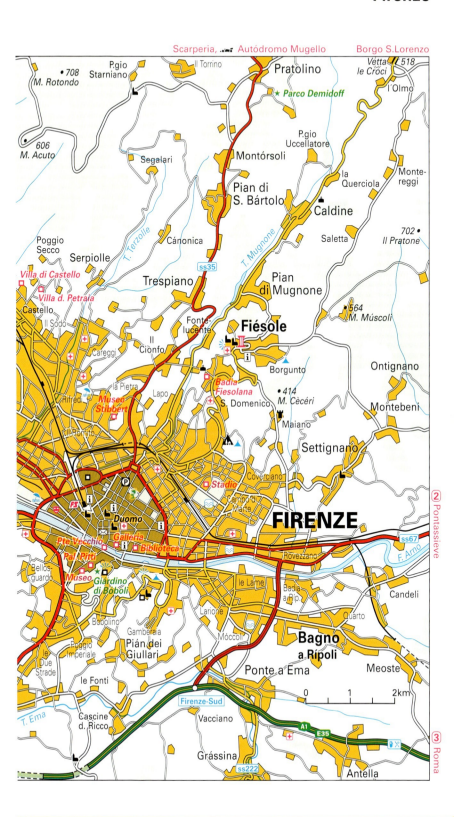

Ancona

Livorno

Pisa

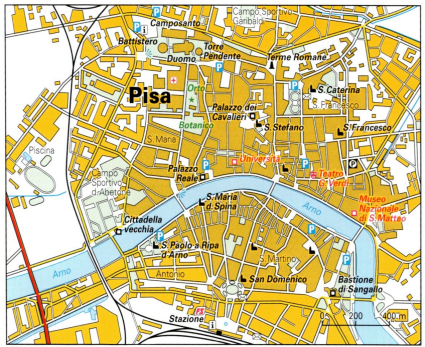

Siena

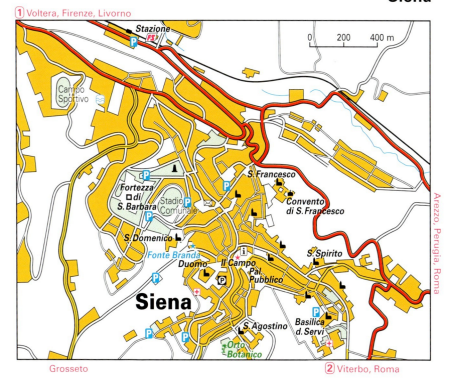

Packliste

Haben Sie alles dabei?

Sicher benötigen Sie nicht alles, was auf dieser Liste steht. Sie hilft Ihnen aber dabei, dass Sie wichtige Dinge ganz sicher nicht zu Hause vergessen.

KÜCHENBEREICH
- Aufwischtuch
- Becher
- Bier
- Bonbons
- Bratenwender
- Brot
- Brühwürfel
- Butter
- Dosenöffner
- Eierbecher
- Eistee
- Eiswürfelschale
- Erdnusscreme
- Essig
- Fertiggerichte
- Feuerzeug
- Flaschenöffner
- Frischhalteboxen
- Fruchtsäfte
- Frühstücksteller
- Gabeln
- Geschirrspülmittel
- Geschirrtücher
- Gewürze
- Grillbesteck
- Herdreiniger
- H-Milch
- Hundefutter
- Käse
- Kaffee/Espresso
- Kaffeefilter
- Kaffeekanne
- Kartoffeln
- Katzenfutter
- Kaugummi
- Kekse
- Ketchup
- Knäckebrot
- Konservendosen
- Korkenzieher
- Küchenrolle
- Löffel
- Marmelade
- Majonäsetube
- Messer
- Mineralwasser
- Müllbeutel
- Nudeln
- Öl
- Pfannen
- Reis
- Rührlöffel
- Salatbesteck
- Salz
- Schneidebrett
- Schokolade
- Schokoladencreme
- Schüsseln
- Senftube
- Softdrinkflaschen
- Soßentüten
- Spülbürste
- Spültücher
- Streichhölzer
- Süßstoff
- Tassen
- Tauchsieder
- Tee
- Teller
- Thermoskanne
- Töpfe
- Trinkgläser
- Tütensuppen
- Vollkornbrot
- Wein
- Wetzstein
- Wurst
- Zucker
- Zwieback

WOHNBEREICH
- Abfalleimer
- Adressenliste
- Autoatlas
- Badeschuhe
- Badetücher
- Ball
- Batterien
- Bett-Tücher
- Bettwäsche
- Bügeleisen
- Camping-Carnet
- Camping-Führer
- Cassettenrecorder
- Cassetten
- Devisen
- Elektroheizer
- Ersatzbirnen
- Fahrzeugschein
- Feldflasche
- Fernglas
- Fernsehantenne
- Fernsehgerät
- Feuerlöscher
- Filme
- Fotoapparat
- Führerschein
- Gasflasche
- Gaslampen
- Geld
- Grüne Versicherungskarte
- Gummistiefel
- Insektenlampe
- Insektenschutzmittel
- Kartenspiel
- Kehrbesen
- Kehrschaufel
- Kerzen
- Kinderausweis
- Kleiderbügel
- Kleiderbürste
- Kopfkissen
- Kreditkarte
- Landkarten
- Medikamente
- Nackenkissen
- Nähzeug
- Personalausweis
- Radio
- Regenkleidung
- Reiseapotheke
- Reiseliteratur
- Reisepass
- Rucksack
- Schlafsäcke
- Schreibutensilien
- Schuhe
- Schuhputzmittel
- Schwimmflügel
- Spielsachen
- Staubsauger
- Taschenlampe
- Taschenmesser
- Tischdecke
- Tresor
- Tüten für Schmutzwäsche
- Videokamera
- Videocassetten
- Visum
- Wäscheklammern
- Wäscheleine

BAD/SANITÄR
- Badehaube
- Deodorant
- Haarbürste
- Haartrockner
- Handtücher
- Kamm
- Kosmetika
- Rasierapparat
- Sanitärflüssigkeit
- Schminkzeug
- Seife
- Shampoo
- Tampons
- Toilettenbürste
- Toilettenpapier
- Waschlappen
- Zahnbürste
- Zahnpasta

FAHRZEUG/WERKZEUG
- Abwasserkanister
- Adapterstecker
- CEE-Adapter
- Draht
- Ersatzrad
- Ersatzlampen
- Ersatzsicherungen
- Gabelschlüssel
- Gasfülladapter
- Gasschlauch
- Gewebeband
- Hammer
- Kabeltrommel
- Keilriemen
- Klebstoff
- Kombizange
- Kompressor
- Lüsterklemmen
- Ösen
- Schlauchadapter
- Schlauchschellen
- Schneeketten
- Schraubendreher
- Stromprüfer
- Tauchpumpe
- Trittstufe
- Unterlegkeile
- Verbandskasten
- Wagenheber
- Warndreieck
- Warntafel
- Wasserschlauch

AUSSENBEREICH
- Abspannleine
- Aufblastiere
- Blasebalg
- Campingstühle
- Campingtisch
- Fahrräder
- Gepäckspinnen
- Hängematte
- Heringe
- Heringauszieher
- Isomatten
- Luftmatratze
- Planschbecken
- Schlauchboot
- Schloss
- Schnur
- Schwimmring
- Sonnencreme
- Spannbänder
- Spaten
- Strandmatten
- Zeltnägel
- Zelt